예수,
영혼의 안내자

| 추 천 사 |

"마침내 우리는 예수님의 인격과 사역을 중심으로 다룬 영성 지도에 관한 책을 만나게 되었다. 『예수, 영혼의 안내자』에서 디마레스트 박사는, 우리의 영적 행로를 비추기 위해 다양한 각도로 빛나는 눈부신 보석을 만들어 냈다. 당신이 영적 여정을 중요하게 생각한다면, 분명 이 책에서 많은 도움을 얻을 것이다."

_ 앤드류 마일스, 페코스 베네딕토 수도원의 은사주의 영성 지도자 학교 책임자

"브루스 디마레스트는 예수님이 인간의 필요와 삶의 방대한 스펙트럼을 아울러, 어떻게 영성 지도라는 사역을 이행하셨는지 솜씨 있게 탐구한다. 『예수, 영혼의 안내자』는 사람들이 삼위일체 하나님과 더 깊은 친밀감을 누리게 하는 데 관심을 기울이는 목회자들과 교회 지도자들에게 환영받는 자원이 될 것이다."

_ 탐 슈반다, 리폼드 바이블 칼리지 기독교 영성학 부교수

"브루스는 영혼을 자라게 하고 마음을 격려하는 무언가를 또 다시 우리 앞에 내놓았다. 많은 사람들은 신체를 단련시키도록 도와주는 트레이너를 두고 있다. 그리스도인으로 살아 온 30년 남짓한 시간 속에서, 나는 영혼의 근육을 키우는 일이 신체의 근육을 키우는 일보다 훨씬 더 큰 도전이라는 것을 발견했다. 『예수, 영혼의 안내자』는 당신을 너무나 잘 알고 있는 영적 트레이너와 같은 책이다."

_ 게리 J. 올리버, 존 브라운 대학교 심리학 및 실천신학 교수

"영감으로 가득 찬 이 안내서의 저자는, 고전과 현대를 넘나들고 자신의 직접적인 경험과 축적된 지혜를 융화시키면서, 진리를 탐구하는 영혼들의 지도자이자 대변자이신 예수님의 마음 안으로 우리를 이끌어 준다. 이 책은 사역자들뿐 아니라 하나님의 뜻을 따르기 원하는 평신도들을 위해 쓰였다."

_ 수잔 무토, 기독교 영성 아카데미 학장

"『예수, 영혼의 안내자』는 영성 지도 사역에 대한 내용을 충실하게 소개한다. 이 책은 영성 지도 사역자들에게 기독교 공동체의 삶과 전통에 대한 기초 지식을 가르쳐 주고, 이 사역에 대한 오늘날의 절박한 필요성을 분명하게 드러낸다. 또한 예수님의 영성 지도 사역과 현대의 상황들을 조화시킴으로써, 다양한 상황 속의 사람들을 다루는 영성 지도 사역을 창조적으로 설명한다."

_ M. 로버트 멀홀랜드 주니어, 애즈베리 신학교 신약학 교수

국제제자훈련원은 건강한 교회를 꿈꾸는 목회의 동반자로서 제자 삼는 사역을 중심으로 성경적 목회 모델을 제시함으로 세계 교회를 섬기는 전문 사역 기관입니다.

예수, 영혼의 안내자

초판 1쇄 인쇄 | 2009년 7월 8일 초판 1쇄 발행 | 2009년 7월 13일

지은이 | 브루스 디마레스트   옮긴이 | 박지은
펴낸이 | 김명호   펴낸곳 | 도서출판 국제제자훈련원

기획책임 | 김건주   마케팅책임 | 김석주
편집책임 | 김순덕   디자인책임 | 고경원
교정교열 | 최지영   디자인 | 이명선

등록 | 제22-1240호(1997년 12월 5일)
주소 | (137-865) 서울시 서초구 서초1동 1443-26
e-mail | dmipress@sarang.org   홈페이지 | www.discipleN.com
전화 | 편집부 (02)3489-4310 영업부 (02)3489-4300
팩스 | 편집부 (02)3489-4319 영업부 (02)3489-4309

책값은 표지에 있습니다.
ISBN 978-89-5731-397-8 03230

● 독자의 의견을 기다립니다.

This edition issued by contractual arrangement with NavPress, a division of The Navigators, U.S.A.
Originally published by NavPress in English as *SOUL GUIDE*,
copyright © 2003 by Dr. Bruce Demarest.
All rights reserved.
Korean Copyright © 2009 by DMI Press, Seoul, Republic of Korea.
Used and translated by the permission of NavPress through KCBS Literary Agency, Seoul, Republic of Korea.

본 저작물의 한국어판 저작권은 KCBS Literary Agency를 통하여 NavPress와 독점 계약한 국제제자훈련원에 있습니다.
신 저작권법에 의하여 한국 내에서 보호받는 저작물이므로 무단전재와 무단복제를 금합니다.

예수,
영혼의 안내자

브루스 디마레스트 지음 | 박지은 옮김

국제제자훈련원

1
과거와 현재의 영혼 치유

1장. 예수, 우리의 모델 : 11
2장. 우리에게는 영혼 돌봄의 사역이 필요하다 : 25
3장. 우리의 영적 여정 : 41
4장. 제자도, 멘토링, 영성 지도 : 57
5장. 영혼 돌봄의 역사 : 73

2
영혼을 돌보시는 예수님

6장. 하나님의 때를 기다리지 못하는 사람 : 89
7장. 분개하고 저항하는 사람 : 101
8장. 삶의 열정을 상실한 사람 : 115
9장. 경험의 노예가 된 사람 : 127
10장. 죄책감으로 괴로워하는 사람 : 137
11장. 분주함으로 메마른 사람 : 151
12장. 부를 과신하는 사람 : 163
13장. 남을 착취하는 사람 : 175
14장. 신뢰를 배반하는 사람 : 185
15장. 혼란을 느끼는 사람: 하나님은 무엇을 하고 계시는가? : 197

16장. 두려워하는 사람 : 209
17장. 낙담하고 절망하는 사람 : 221
18장. 헌신에 실패한 사람 : 233
19장. 분노와 광기에 사로잡힌 사람 : 247

3
영혼의 돌봄을 받으신 예수님

20장. 풍요로운 관계 : 261
21장. 친밀한 대화 : 269
22장. 깊은 항복 : 275
23장. 아버지의 품에 달려들기 : 283

4
예수님을 따라 다른 이들을 인도하는 법

24장. 예수님의 본을 따라 : 291
25장. 예수님의 인격을 따라 : 301

에필로그 : 309
부록: 역사적인 여정의 패턴 : 313
주 : 321

1 과거와 현재의 영혼 치유

우리 그리스도인들은, 예수 그리스도가 하나님의 임재로 충만하신 분이시며,
하나님의 인도로 살아가는 완전한 인생의 모범을 보여 주시기 위해 육신을 입고 찾아오신 분임을 고백한다.
예수님은 온전한 인간을 위한 완전한 패러다임이시며, 그리스도인의 사역을 위한 모범이시다.
예수님을 바라보며, 우리가 인간으로서 씨름하고 있는 모든 문제와 쟁점에 대한 답을 찾을 수 있다.
예수님을 바라보며, 우리가 제자로서 영적 구도자들에게 은혜를 끼치는 방법의 완전한 모범을 찾을 수 있다.

예수, 우리의 모델

수 세기 동안, 하나님의 백성을 영적인 길로 인도하는 사역은 은혜의 선물이었다. 그러나 오늘날 일부 교회에서, '영성 지도' spiritual direction 라는 말로 잘 알려진 이 사역은 유감스럽게도 풀기 힘든 숙제로 남아 있다. 수많은 그리스도인들은 다음과 같은 어려운 질문과 씨름한다. "보이지 않는 거룩하신 하나님, 그럼에도 불구하고 '우리와 함께' 계시는 하나님과 어떻게 풍성한 교제를 나누며 살아갈 수 있을까?" 이 질문은 다른 사람들과 평화로운 공동체를 이루며 사는 법에 대한 질문들과 마찬가지로, 수많은 그리스도인들에게 어려운 수수께끼이자 때로는 고통스러운 수수께끼이기도 하다.

하나님을 사랑하고 이웃을 사랑하라는 것은 예수님이 우리에게 주신 가장 중요한 두 가지 명령이다 막 12:29-31 참조. 공교롭게도 이 명령들은 가장 지키기 어려운 것들이다. 이러한 주님의 위대한 계명을 이루면서, 동시에 영적으로 성숙한 삶을 사는 비결을 누가 우리에게 가르쳐 줄 수 있을까? 슬프게도 많은 그리스도인들에게 있어서, 예수 그리스도의 길을 따른다는 것은 매주 주일 예배에 참석하고 도덕적인 삶에 대해 새로운 결의를 다지는 데 지나지 않는다. 대부분 실제적이고 개인적인 지도를 받았던 경험이 거의 없으며, 자신의 영혼은 늘 외롭다고 느낀다.

그 결과 오늘날의 수많은 그리스도인들은 여러 모양으로 영적 지도자들을 찾아 헤매고 있다.

가르침을 구하는 제자들

제리는 수년간 목사로 사역해 왔다. 처음에 그의 사역은 역동적으로 살아 움직이는 것 같았고, 그가 섬기는 두 개의 교회도 꾸준히 성장했다. 하지만 시간이 흐르면서 제리는 자신에게 뭔가 부족하다는 것을 깨닫기 시작했다. 그것은 바로 사역에 대한 열정이었다. 얼마 지나지 않아 그는 완전히 소진되었다. 소명이 흔들리고 있었을 뿐 아니라 아내와 아이들과의 관계도 견딜 수 없이 짐스럽게 느껴졌다. 그는 집에서 갑자기 폭언을 퍼붓거나 아니면 반대로 완전히 움츠리고 있기 일쑤였고, 어떤 행동을 하든지 수치심을 느꼈다.

사역을 시작한 지 11년 째 되던 해에, 제리는 절망에 가까운 감정에 휩싸였다. 열정이나 하나님의 임재에 대한 느낌은 이미 사라져 버린 지 오래였다. 그는 자신의 일과 인생을 스스로 혐오하고 있었다. 이러한 괴로움을 한 친구에게 털어놓기 전까지, 몇 개월간 그는 조용한 절망 가운데 빠져 있었다.

친구의 제안으로 한 주간 모든 일정을 비우고 찾아간 어느 수양관에서, 제리는 영성 지도자와 함께 시간을 보냈다. 영성 지도자spiritual director라는 말은 제리에게 생소하게 들렸고, 처음에는 경계심마저 들었다. 하지만 긴장을 풀고 마음을 열자, 깊은 곳으로부터 치유와 회복이 시작되었다.

영성 지도자는 주로 하나님의 관점을 제시해 주었고, 제리의 고뇌가 담긴 말과 그의 문제들을 긴 시간 동안 열심히 들어 주었다. 그는 또한 제리의 삶과 경험, 하나님과의 관계에 대해, 그리고 하나님과의 관계가 끊어졌다는 느낌을 갖게 하는 요소들에 대해 여러 가지 질문을 던졌다. 제리는 어느 새 자신의 삶을 긴 안목으로 바라보게 되었고, 그 누구에게도 결코 이야기해 본 적 없는 비밀, 의심, 고통, 실망에 대해서도 털어놓았다. 한 주를 보내는 동안, 그 영성 지도자는 제리가 자신의 삶에 분명히 존재하는 중요한 패턴들을 이해하도록, 그리고 그것이 자신의 삶을 향한 하나님의 계획들을 실현하는 위대한 작업임을 이해하도록 도와주었다. 제리는 이미 알고 있었던 자신의 죄와 실패를 새롭게 바라볼 수 있었고, 왜 자신을 향한 하나님의 뜻에서 멀어졌는지도 알게 되었다.

수양관을 떠나면서, 제리는 이제 자신의 목표가 달라졌음을 알았다. 한 주 동안 받았던 영성 지도는 그가 하나님의 길을 더 깊이 이해하도록 도와주었던 것이다.

패트리샤는 제리만큼 절박하게 영성 지도를 필요로 하는 상태는 아니었다. 다만 인생의 큰 기로에 서 있었기에 좀 더 특별한 인도가 필요하다고 생각했다.

패트리샤와 빌은 둘 다 너무 어릴 때 결혼을 했고, 곧 두 아이를 낳았다. 패트리샤는 그리스도인이 되었지만, 빌은 그렇지 않았다. 두 사람은 아이를 키우면서 양육 스타일이 서로 다르다는 것을 알게 되었다. 빌은 자유스럽고 관대한 반면, 패트리샤는 아이들이 어떤 반항도 없이 부모의 말을 듣도록 가르쳐야 한다고 생각했다. 양육방식의 충돌은 결혼생활의 충돌로 이어졌다. 패트리샤는 너무 괴로웠다. 자신이 하는 것마다 빌이 반대한다면 어떻게 좋은 엄마가 될 수 있을지, 그리고 자신의 주관대로 양육하고 싶은 마음을 존중해 주지 않는 그를 어떻게 남편으로 존중할 수 있을지 온통 회의가 들었다.

패트리샤가 당장 필요로 하는 것은 삶 전체에 대한 거창한 전환이 아니라, 지금 이 상황에 대한 인도였다. 그래서 양육과 결혼의 딜레마를 해결하도록 도와줄 수 있는 성경적인 상담자를 만나고 싶었다.

조엘은 오래 전에 그리스도인이 되었고, 줄곧 북동부 지역에서만 살아 왔다. 그런데 그가 다니던 회사가 매각되면서, 일터도 서부 해안 쪽으로 옮겨졌다.

새 정착지로 온 조엘은 오랜 시간 동안 자신이 혼자라는 느낌을 지우지 못했다. 교회에 나가고 성경공부 모임과 남성들을 위한 수련회에도 참여했지만, 그 누구와도 진정한 교제를 나눌 수 없었다. 그러던 어느 날 그는 프랭크를 만났다. 나이가 지긋한 프랭크는 조엘과는 여러 모로 어울리지 않을 것 같이 보였다. 하지만 프랭크는 조엘에게 친근한 관심을 보여 주었다. 조엘에게 전화를 걸어 새 직장과 새 거주지에 잘 적응하고 있는지 물어보곤 했다. 조엘에 대해, 조엘이 잘 지내는지에 대해 염려하고 신경 써 주는 모습이 역력했다. 이사로 인한 어려움과 외로움에서 신앙생활에 이르기까지, 조엘이 마음을 열고 편하게 이야기할 수 있도록 따뜻하게 대해 주었다. 그리고 조엘이 하나님과 그분의 끊임없는 돌보심을 잊지 않도록 도와주었다.

어느 날 조엘이 프랭크에게 말했다. "프랭크, 당신을 만난 지 겨우 몇 개월밖에 되지 않았지만, 마치 평생 동안 당신과 알고 지낸 것처럼 느껴져요."

조엘은 프랭크를 영혼의 친구라 부를 만큼 소중한 존재로 여겼다. 매일 찾아오는 삶의 기복에도 불구하고 늘 곁에 있어 주고, 믿음의 초점을 유지하도록 도와줄 수 있는 그런 존재 말이다.

위의 예들은 영적 인도의 각기 다른 관계들을 보여 준다. 저마다 고유한 필요와 효력을 지닌 이러한 관계들에 대해, 우리는 다음 장에서 하나씩 좀 더 자세하게 살펴볼 것이다. 영적 상담자와 영혼의 친구는 우리와 매우 가까운 곳에 있을지도 모른다. 중요한 것은 그들이 우리의 영혼을 돌보시는 하나님의 계획과 어떻게 조화를 이루는지 분별하는 것이다. 이 장에서 초점을 맞추려는 것은, 더 깊은 의미와 목적, 더 친밀하고 견고한 하나님과의 관계를 찾는 일에 우리 모두가 갈급하다는 사실이다. 우리는 자신을 지도해 줄 누군가를 찾고 있다.

이 때문에 많은 사람들이 수도원이나 수양관을 방문하며, 직접적으로 혹은 인터넷을 통해 영성 지도자를 만난다. '영성 지도'라는 말에 익숙하지 않은 사람들을 위해, 이를 간단히 정의해 본다면 다음과 같다. "영성 지도란, 은사가 있는 숙련된 그리스도인들이 다른 영혼들을 돌보는 사역을 말한다. 그들은 예수 그리스도의 본보기를 따라, 하나님과의 관계가 성숙해 가고 하나님에 대한 순종이 깊어지도록 다른 사람들을 돕는다."

영성 지도: 은혜의 회복

영성 지도와 영적 인도의 모든 분야에서 회복이 일어나고 있는 것은 당연한 일이다. 영성 지도에 대한 방대한 필요들을 고려해 볼 때, 어찌 보면 이것은 성령의 새로운 움직임일지도 모른다. 그 어느 때보다 많은 기독교 지도자들이 새로운 회복과 지도에 대한 필요를 드러내고 있다.

《크리스채너티 투데이》Christianity Today 지에 실린 "대중 복음전도자에서 영혼의 친구로"From Mass Evangelist to Soul Friend 라는 제목의 기사는, 복음전도자 레이튼 포드Leighton Ford의 영적 여정을 다루고 있다. 30년 동안 빌리그레이엄 복음전도협회와 동역하며 대규모의 청중들을 위한 설교 사역을 했던 포드는, 새로운 비전을 구하기 위해 안식의 시간이 필요하다고 느꼈다. 그래서 고요한 시간을 보내는 가운데, 애니 딜라드Annie Dillard 의 『자연의 지혜』Pilgrim at Tinker Creek, 민음사 라는 책을 읽으면서 이를 영적 훈련의 기회로 삼았다. 그가 스스로 고백했듯이, 이 시간은 인생 전체의 초점을 바꾸었다. 하나님과의 친밀감에 대한 새로운 비전으로 충만해진 포드는, 지금까지 해 온 설교 사역을 내려놓고 영성 지도라는 일대일 사역으로 나아갔다. 지금 포드는 영적으로 갈급해하는 사람의 이야기를 들어주고, 그가 그리스도께로 향하도록 도와주며, 그와 더 깊은 관계를 이루도록 자신의 시간을 할애한다. 포드에게 있어서, "영성 지도의 핵심은 다른 사람이 하나님의 말씀을 듣고 그것에 집중하도록 돕는 것이다."[1)]

포드의 경험뿐 아니라 복음을 전하는 다른 많은 그리스도인들의 유사한 경험들에서 알 수 있는 것은, 수많은 사람들이 영적 성장과 성숙을 돕는 고대 그리스도인들의 훈련방법을 탐구하기 위해 복음주의 전통 밖으로 나가고 있다는 사실이다. 그들은 영혼을 돌보고 인도하는 '새로운' 방법을 적극적으로 찾고 있다. 점점 뚜렷해지고 있는 이러한 경향은 몇 가지 질문들을 제기한다. 예수 그리스도의 제자들처럼 그분을 따른다는 것은 영성 지도를 구하는 것과 어떤 관련이 있는가? 하나님과 우리의 근본적인 관계가 "하나님과 사람 사이의 중보자"딤전 2:5이신 그리스도를 '통해' 이루어지는 것이 아니란 말인가?

예수님을 첫째로

이 책은 21세기 제자들에게 영성 지도자의 모델이 되시는 예수님에 대해 이야기한다.

우리 그리스도인들은, 예수 그리스도가 하나님의 임재로 충만하신 분이시며, 하나님의 인도로 살아가는 완전한 인생의 모범을 보여 주시기 위해 육신을 입고 찾아오신 분임을 고백한다. 예수님은 온전한 인간을 위한 완전한 패러다임이시며, 그리스도인의 사역을 위한 모범이시다. 예수님을 바라보며, 우리가 인간으로서 씨름하고 있는 모든 문제와 쟁점에 대한 답을 찾을 수 있다. 예수님을 바라보며, 우리가 제자로서 영적 구도자들에게 은혜를 끼치는 방법의 완전한 모범을 찾을 수 있다.

그러므로 이 책은 두 가지의 목적을 지니고 있다. 첫 번째 목적은, 영적 인도를 갈급해 하고 있는 우리에게 말씀하시는 예수님의 메시지를 듣는 것이다. 두 번째 목적은, 우리—특히 목회자, 상담자, 혹은 영적으로 다른 사람을 돌보는 일에 종사하는 사람들—가 다른 사람들을 위해 효과적인 인도자로 설 수 있는 원칙들을 예수님의 사역 안에서 이끌어 내는 것이다. 예수님은 우리의 가장 중요한 모델이시지만, 다른 모델들을 통해 영성 지도의 방법을 배울 수도 있다.

성경은 예수님을 비롯하여 영성 지도 사역에 대한 통찰을 제공하는 수많은 예를 보여 준다. 모세, 나오미, 나단, 사도 바울은 효과적인 영적 인도자의 탁월한 본보기다. 2천 년의 기독교 역사 가운데서도, 경건한 영성 지도자들의 예를 찾아볼 수 있다. 즉 사막 교부들, 마르틴 루터Martin Luther, 십자가의 성 요한John of the Cross, 수많은 청교도 신학자들, 존 웨슬리John Wesley 뿐만 아니라 헨리 나우웬Henry Nouwen, 유진 피터슨Eugene Peterson, 제임스 휴스턴James Houston과 같은 동시대의 인물들이 여기에 속해 있다. 수도회 창시자들—예를 들어, 클레르보의 베르나르Bernard of Clairvaux, 시토회, 로욜라의 이그나티우스Ignatius of Loyola, 예수회, 아빌라의 테레사Teresa of Avila, 카르멜회—도 기독교 영성 지도에 있어서 많은 부분을 담당했다. 물론 마지막에 우리는 가장 중요한 모델이신 예수님께로 돌아갈 것이다. 위대한 영적 지도자들을 통해서도 많은 것을 배울 수 있지만, 영성 지도에 관한 우리의 궁극적인 모범은 모든 지혜와 긍휼을 갖고 계신 하나님의 아들이다.

나는 생명을 주는 영성 지도의 사역에서 예수님의 역할을 연구하는 일이 반드시 필요하다고 생각한다. 그분의 목적과 방법들을 연구함으로써 얻는 지침은 우리 자신의 영적 삶과 우리가 지도할 사람들의 삶에서 매우 중요한 위치를 차지할 것이다.

내가 예수님의 역할이 중요하다고 생각하는 이유는 다음과 같다.

첫째, 예수님은 십자가에서 죄에 대한 해결책을 제시하시고, 그리스도인들이 새 생명을 향한 영적 여정을 시작하게 하셨기 때문이다.요 10:9 참고. 둘째, 예수님은 이 여정을 떠나는 순례자들이 아버지께로 가기 위한 오직 한 길이시기 때문이다.요 14:6 참고. 마지막으로, 예수님은 1세기 구도자와 제자들의 영적인 길을 인도하셨던 영성 지도자의 모델이시기 때문이다. 예수님이 나누셨던 모든 대화와 모든 가르침은 우리에게 영적 모범이 된다. 예수님은 언제나 사람들을 하나님께로 이끄셨고, 그분의 제자라면 우리 역시 마땅히 그렇게 해야 한다. "내가 너희에게 행한 것같이 너희도 행하게 하려 하여 본을 보였노라."요 13:15라는 주님의 말씀을 기억하자. 과거나 지금이나 변함없이 예수님은 생명의 주인이시다. 그러므로 우리는 그분이 이 땅에 계시는 동안 행하셨던 영성 지도 사역이, 다양한 삶과 복잡한 피조세계 속의 모든 필요를 만족시키셨음을 신뢰할 수 있다. 그분은 앎knowing, 됨being, 행함doing의 주된 문제들에 초점을 맞추셨고, 지속적으로 사람들이 올바른 믿음, 올바른 관계, 올바른 행위로 나아가도록 가르치셨다.

예수님을 본받는 삶

예수님을 우리의 모델로 바라보고 있다면, 이제 어디서부터 시작해야 할까?

1부에서는 먼저 예수님의 '행하심'에 대해 기록한 복음서들을 살펴보려고 한다. 여러 계층 사람들과의 만남과 다채로운 상황들 속에서 예수님을 관찰하는 것은, 그분의 마음을 이해하고 그분의 실천을 본받는 출발점이 될 것이다. 예수님이 승천하시기 전에 마지막으로 남기신

"나를 따르라."요 21:22라는 초청은 베드로와 우리 모두에게 적용되는 말씀이다. 그것은 단순한 제안이 아니라 명령이었다.

그렇다면 우리의 목적은 그분의 삶과 사역을 본받는 것이다. 사도 요한은 이렇게 말했다. "그의 안에 산다고 하는 자는 그가 행하시는 대로 자기도 행할지니라"요일 2:6. 사도 바울 역시 그리스도와 같이 행하고자 하는 열심이 있었다. "내가 그리스도를 본받는 자가 된 것같이 너희는 나를 본받는 자가 되라"고전 11:1. 바울의 "본받는 자"라는 말은 문자적으로 '흉내 내는 자'를 뜻한다. 그리스도를 따른다는 것은 그분을 흉내 내는 것이다. 베드로는 다음과 같이 기록했다. "그리스도도 너희를 위하여 고난을 받으사 너희에게 본을 끼쳐 그 자취를 따라오게 하려 하셨느니라"벧전 2:21. 그리스도인인 우리는 구원에 대한 그리스도의 공로를 신뢰하며, 또한 사역 가운데서 그분의 본을 따라야 한다.

클레르보의 베르나르Bernard of Clairvaux, 1153년 서거는 이렇게 말했다. "우리가 그리스도의 본과 가르침을 따라 살지 않는다면, 그리스도인이라는 이름을 헛되게 하는 것이다."[2] 교회 전 역사에 걸쳐, 교회 지도자들 역시 생명력 있는 믿음을 훈련하기 위한 방법으로 '그리스도를 본받는 삶'imitatio Christi을 강조해 왔다. 초대 교부이자 신학자인 알렉산드리아의 클레멘트Clement of Alexandria, 215년 서거는 "우리는 그분을 닮기 위해 모든 것을 정돈함으로써 진실하게 구원자를 따른다."[3]고 기록했으며, 이에 그레고리 대제Gregory the Great, 604년 서거는 "우리의 신성한 구원자가 썩어질 육신을 입고 행하셨던 모든 것은 우리에게 본과 가르침을 주시기 위한 것이었다."[4]고 덧붙였다. 중세의 위대한 신학자 토마스 아 켐피스Thomas á Kempis, 1471년 서거는 다음과 같이 주장했다. "삶과 행위에서 그리스도를 본받으라… 그리스도를 이해하기 위한 단서는 그분의 삶에 백 퍼센트 순응하는 것이다."[5] 널리 알려진 루터파 목사 존 아른트John Arndt, 1621년 서거 는 "그리스도를 사랑하는 사람이라면, 그분의 거룩한 삶을 본받는 일까지 사랑해야 한다."고 썼다. 그리고 우리가 설령 그에 못 미친다 하더라도 "(그분은) 우리가 사랑해야 할 대상이고, 우리가 숨을 쉬는 이유이며, 우리가 최선의 노력으로 추구해야 할 목표"라고 덧붙였다.[6] 프랑스의 영성 지도자 프랑소아 페넬롱François Fénelon, 1715년 서거 도 이와 비슷한 주장을 했다. "우리는 예수님을 본받아야 한다. 본받는다는 것은 그분이 사셨던 대로 사는 것이며, 그분이 생각하셨던 대로 생각하고, 그분의 형상을 닮는 것이다. 그것은 우리의 성화에 대한 확증의 표시다."[7]

어떻게 우리가 예수님을 본받을 수 있을까? 어떻게 우리가 다른 사람들을 영적으로 인도할 때 그분의 모범을 따를 수 있을까? 처음에는 이 목표가 너무 높게 생각될 수도 있고, 아예 도달할 수 없는 것처럼 느껴질 수도 있다.

그러나 예수님을 모방한다는 것은 그리스도의 모든 행동들을 복제하듯 되풀이한다는 의미가 아니다. 우리는 예수님처럼 죄를 위해 죽거나 세상을 심판하라는 권한을 위임 받지 않았다. 그러한 초자연적인 사역들을 시도하는 것은 칼뱅이 말했던 것처럼 "하나님께 결투하자고 덤비는 것"이다.[8] 다만 우리가 해야 할 일은, 그분이 소유하신 마음의 열정을 나누고 그분이 행하신 사역의 일반적인 모범을 따름으로써 그리스도를 본받는 것이다. 그것은 일상생활 속에서 만나는 다양한 사람들에게 예수님의 사역 정신, 전략, 방법을 반영하여 보여 주는 것에서부터 시작할 수 있다. 그리고 영향을 미칠 수 있는 범위 내에서 영적인 필요들을 느낄 때 주님을 따를 힘을 달라고 기도해야 한다. 감사하게도, 예수님을 본받는다는 것은 실제로 가능하다. 왜냐하면 "나를 따라오라", "내게 배우라"고 말씀하셨던 주님이 불가능이 아닌 가능의 영역으로 우리를 부르셨기 때문이다.

예수님을 본받아야 한다는 임무는, 촉망받는 한 젊은 화가의 이야기를 떠올리게 한다. 그 화가는 형태와 색채의 대가로 잘 알려진 자신의 스승처럼 훌륭한 작품을 만들고 싶었다. 그는 몇 개의 장면을 그렸지만, 스승의 탁월한 경지에 비하면 턱없이 부족한 느낌이었다. 그러던 중, 만일 선생님의 붓을 사용한다면 훌륭한 그림을 그릴 수 있을 것 같다는 생각이 들었다. 하지만 결국 그에게 남은 것은 실망뿐이었고, 여전히 그의 그림들은 스승의 작품들과 견줄 수 없었다. 애쓰는 젊은 화가를 지켜보던 스승은 이렇게 말했다. "너에게 필요한 것은 내 붓이 아니라 내 정신이다."

예수 그리스도의 이름으로 영적 인도의 사역을 하고자 한다면, 우리에게 궁극적으로 필요한 것은 열정적인 영성령과 예수님의 긍휼의 마음이다. 오늘날의 사람들은 "예수님이라면 어떻게 하실까?"라는 유명한 표어에 매혹되어 있다. 그러나 어쩌면 "예수님이 어떻게 하셨는가?"라는 질문에 대해 깊이 생각해 보는 것이 더 좋을지도 모르겠다.

그래서 우리는 예수 그리스도 안에서, 영적 인도의 모범과 이상적인 영성 지도자의 특성을 찾을 것이다. 날마다 그리스도를 본받는 일에 매진할 때 우리는 윌리엄 로우-William Law, 1761년 서거의 다음과 같은 경고에 좀 더 주의를 기울이게 될 것이다. "그분의 교훈에 불복하는 것이 옳지

않듯이, 그분의 본에서 벗어나는 것은 비정상적이다."⁹⁾

2부에서는 예수님과 복음서에 등장하는 다양한 사람들과의 만남을 살펴볼 것이다. 이 만남을 통해, 놀라울 정도로 우리와 비슷한 염려와 필요들을 지닌 이들을 예수님이 어떻게 인도하셨는지 배울 것이다.

하지만 먼저, 영성 지도 사역을 통해서 채워질 수 있는 인간의 광범위한 필요들이 무엇인지 살펴보도록 하자.

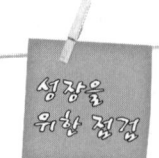

1. 예수님의 마음에 다가가기

마태복음을 처음부터 끝까지 읽어 보라. 다양한 사실들 가운데서, 예수님이 무엇에 열심을 내시고, 무엇에 집중하시고, 무엇을 의도하시는지에 대해 주의 깊게 관찰하라. 그 목록을 상세히 적어 보라. 그런 다음 예수님의 삶과 사역을 단일한 목표나 의의로 특성화할 수 있는 중심적인 열정들에 초점을 맞추어 '목적 선언문'을 기록해 보라.

예수님의 심장을 뛰게 하는 가장 강렬한 자극은 무엇이라고 말할 수 있는가?

2. 자기반성의 훈련

종교개혁자 마르틴 루터는 그리스도인들이 서로를 향해, 그리고 세상을 향해 '작은 예수'가 되도록 부르심을 받았다고 했다. 당신의 삶이 예수 그리스도의 열정과 목적을 반영할 수 있는 구체적인 방법에 관해 조용히 생각해 보라. 어떤 면에서 부족한가?

당신의 예배나 사역의 측면에 대해서도 생각해 보라.

3. 정직한 평가

영성 지도 사역이 가장 필요한 곳은 어디인가? 다시 말해, 어떤 면에서 개인적인 영혼의 돌봄이 가장 필요한가?

우리에게는 영혼 돌봄의 사역이 필요하다

세상 문화든 교회든 조금만 주의 깊게 살펴본다면, 돌봄을 간청하는 영적 필요가 얼마나 심각하고 방대한지 알 수 있다. 성숙한 그리스도인들이 영혼을 돌보는 그리스도의 일에 참여한다면, 그러한 필요들은 영성 지도 사역을 통해 충분히 다룰 수 있을 것이다. 이 필요들은 무엇일까? 그 중 몇 가지를 생각해 보자.

세상 문화의 영혼 돌봄과 그 필요들

미국은 종교적인 문화가 강하게 남아 있는, 지구상에서 가장 '기독교적인' 국가다. 갤럽 조사에 의하면, 미국의 성인 96퍼센트가 하나님이나 우주적 영을 믿는 것으로 나타났다. 또한 천국이 있다고 믿는 이들은 91퍼센트, 스스로 그리스도인이라 칭하는 이들은 88퍼센트, 자신이 교회, 유대교 회당, 혹은 다른 종교 집단의 구성원이라고 말하는 이들은 69퍼센트에 달했다.[1] 그러나 불행하게도, 미국인들의 종교적 주장들은 일상적인 삶과 좀처럼 조화를 이루지 못한다. 실제로 다양한 신앙적 배경을 지닌 독실한 사람들은 미국의 영적 상태에 대해 불안한 심리를 공유하고 있다.

최근 나는 아내와 함께 잠링 텐징 노르게이Jamling Tenzing Norgay의 강연에 참석했다. 잠링은, 1953년 에드먼드 힐러리 경Sir Edmund Hillary과 함께 처음으로 에베레스트 산 정상에 올랐던 텐징 노르게이 셰르파Tenzing Norgay Sherpa의 아들이다. 잠링은 1996년에 IMAX 영화촬영 등 반대와 함께 에베레스트 산에 올랐고, 그때 겪은 일들을 *Touching My Father's Soul* 아버지의 영혼에 닿기라는 책으로 펴냈다. 잠링은 위스콘신에 있는 대학에 다녔고, 와이오밍 주의 잭슨 홀에서 야외모험 사업을 경영하고 있기 때문에 북 아메리카의 사정에 대해 잘 알고 있다. 독실한 불교신자인 잠링은 미국의 영적 생명력이 약화되는 데 대해 깊은 염려를 표하며 다음과 같이 썼다.

"나는 미국이 영적 진보의 힘으로 번영하고 발전했다고 생각한다. 하지만 미국에 체류하고 있는 우리는 이 나라의 종교성과 영성에 대한 의식이 어디로 사라져 버린 것인지 묻곤 한다. 오늘날 내가 이해하는 바로는, 그러한 것들의 결여가 바로 수많은 미국인들을 괴롭히고 있는 쉼 없는 활동, 불만족, 혼란의 근원이다. 재물과 소유는 그들의 불안을 덜어 주지 못했고, 오히려 더 악화시켜 왔는지도 모른다." [2)]

오사마 빈 라덴Osama bin Laden과 그의 지지자들은, 2001년 9월 11일 자신들이 뉴욕과 워싱턴에 끔찍한 테러 공격을 저지른 이유가 미국에 대한 분노 때문이라고 주장했다. 그들은 번영하는 미국이나 서구 사회에 편재한 도덕적 타락과 불경에 혐오감을 느낀다고 전했다. 그들은 미국의 탐욕, 물질주의, 성적 부도덕, 세계의 빈곤에 대한 무관심을 인식하고 이에 격분했던 것이다.

연구자인 조지 바나George Barna와 마크 해치Mark Hatch는 미국이 최근 '도덕적·영적 무정부 상태'를 경험하고 있다고 말했다.[3] 수많은 미국인들에게 있어서 신앙생활은 절대적인 것들에 대한 신뢰, 하나님을 향한 깊은 경외심, 개인적인 경건생활 같은 것과는 별 상관이 없다. 예배는 물론 성경읽기와 기타 성경공부 모임의 참여자는 지난 몇 세기 동안 점차 감소해 왔다. 《USA 투데이》USA Today 지는 다음과 같이 보도했다. "대다수의 사람들은 성경이 완전히 정확하지 않으며, 예수님이 이 땅에 계시는 동안 죄를 지었고, 사탄에 관한 이야기가 '시시하다'고 생각한다."[4] 미국의 성인들 중 3분의 2 이상은 영적 가치나 도덕적 가치에 대해 전혀 고려하지 않고 오직 돈, 소유물, 지위라는 측면에서만 '인생의 성공'을 정의한다.[5]

비길 데 없는 번영의 한가운데서, 미국의 대중들은 개인적으로 심각한 외로움을 느낀다고 시인한다. 무엇이 이러한 내면의 고립을 만드는 것일까? 공동체의 해체, 주당 60시간 근무로 인한 육체적 소진, 소비문화에 대한 권태, 소유물에 지배당한다는 느낌, 온갖 중독들에서 헤어나오지 못하는 삶 등이 아마 그 원인일 것이다. 우리는 미디어의 관능주의에 싫증나 있고, 산더미 같은 정보들에 눌려 있으며, 노동력을 절약시켜 주는 기계들에 스트레스를 받고 있고, 의미 있는 가치와 미래에 대한 희망의 부재로 의기소침해 있다. 작년에 새 호출기, 휴대전화, 전

자수첩, 디지털 카메라, GPS를 구입한—각 기기의 작동법을 충분히 파악할 능력이 없는—어느 소비자는 제조업자에게 이런 편지를 썼다. "귀사의 최신 제품 생산에 대해서는 고맙게 생각하지만, 아직 지난 번 기기의 작동법도 다 이해하지 못했습니다."

우리 집에서 5킬로미터 떨어진 곳에 있는 콜럼바인 고등학교는 콜로라도 리틀턴의 조용한 중산층 지역에 자리 잡고 있다. 평상시에는 안전한 고립 지역인 이곳에는 잘 다듬어진 골프 코스와 대형 교회가 드문드문 있다. 1999년 4월, 전문직의 부모 밑에서 자란 십대 두 명이, '분노' RAGE 라는 단어가 쓰여 있는 티셔츠를 입고 학교 건물 안으로 들어갔다. 총과 폭탄을 소지한 그들은, 격분한 상태에서 몇 시간 동안 열 명의 학생들과 한 명의 교사를 죽인 뒤에, 스스로 머리에 충격을 가하여 목숨을 끊었다. 미디어들은 저마다 책상 밑에 웅크린 채 두려움에 떨고 있었던 한 희생자의 이야기를 전했다. 총을 든 아이가 "넌 하나님을 믿니?"라고 질문하자 캐시 버넬이라는 그 학생은 "난 하나님을 믿어."라고 용감하게 대답했고, 곧 살인자는 캐시의 머리에 총을 쏘았다.

콜럼바인의 잔학성—그리고 나라 곳곳에서 벌어지는 각종 병적인 폭력 행위들의 잔학성—은 우리 문화의 영혼 깊은 곳에서부터 울려오는 메아리처럼 들린다. 그 메아리는 영적 죽음으로 향하는 길에서 문화의 통풍구가 막혀 헐떡이는 소리다.

다음은 "우리 시대의 역설" The Paradox of Our Time [6] 이라는 작자미상의 글을 내가 각색한 것이다. 이것은 문화의 영적 필요를 잘 요약해 준다.

"우리 시대의 역설이란

우리가 소유들은 증가시키면서도, 가치들을 감소시켜 왔다는 것이다.

우리는 너무 말이 많고, 너무 드물게 사랑하며, 너무 심하게 증오한다.

우리는 생계를 유지하는 법을 배웠지만, 생명에 대해서는 배우지 못했다.

우리는 삶에 몇 년을 추가해 왔지만, 그 몇 년에 삶을 추가하지는 않았다.

지금은 맞벌이의 시대이지만 이혼율 증가의 시대이고,

그림 같은 주택들의 시대이지만 깨어진 가정의 시대이다.

지금은 도덕성을 저버린 시대, 하룻밤 정사의 시대, 과체중의 시대,

위로에서부터 평화나 죽음에 이르기까지

모든 것을 제공할 수 있는 알약의 시대다.

누군가 불을 켜야 할 시간이지만, 집에 있는 사람은 아무도 없다."

서구 사회는 도덕적으로도, 영적으로도 방향성을 잃었다. 범죄, 약물 남용, 가족의 분열, 테러리즘은 우리 영혼의 내적 결함에 대한 외적 증후다. 서구 사회의 외로움과 혼란의 한가운데 있는 많은 사람들은 '무엇'과 '어떻게'의 세상 속에서 '누가'와 '왜'를 찾아 헤매고 있다.

교회의 영혼 돌봄과 그 필요들

교회 역시, 세상 문화를 괴롭히는 영적 침체로부터 자유롭지 않다. 깊은 영적 필요들은 평신도들, 신학생들, 목회자들 가운데도 만연해 있다.

평신도

조지 바나는, 교회 내의 영적 훈련 부재가 심각한 수준이라고 말한다. "거듭난 그리스도인 10명 중 4명이 교회에 출석하지 않거나 주중에 성경을 읽지 않으며, 10명 중 3명은 '기독교 신앙에 절대적으로 헌신하지는 않는다.'고 말하며, 10명 중 7명은 영적인 목적을 위한 소그룹에 참여하지 않는다." 바나에 의하면, "1천만 명 이상의 거듭난 그리스도인들이 교회에 나가지 않는다."[7)

기초적인 기독교 신앙에 대해 부끄러울 정도로 무지한 것 역시 교회의 현실이다. 스스로 그리스도인이라고 말하는 수많은 이들은, 성령이 위격이 아니라 하나님 능력의 상징일 뿐이라 생각하고, 사탄은 존재하지 않으며, 천국으로 가는 여러 가지 정당한 길이 있다고 믿는다. 슬프게도, 거듭났다고 주장하는 사람들이 비그리스도인들처럼 점성술 표와 점쟁이의 조언을 청할지도 모른다.

바나는 4,000명의 성인들을 대상으로 한 연구조사에서 그리스도인의 이혼율이 비그리스도인보다 높다고 보고한다. 특정 종파와 관계없는 그리스도인, 침례교 신자, 가톨릭 신자가 각각 34퍼센트, 29퍼센트, 21퍼센트의 이혼율을 보였으며, 이것은 무신론자나 불가지론자의 이혼율이 21퍼센트에 지나지 않는다는 사실과 비교해 볼 때 적지 않은 수치다. 바나는 다음과 같이 결론을 내린다. "기독교 공동체 내의 높은 이혼율은, 교회가 진정으로 결혼을 위해 삶을 변화시키는 실제적인 도움을 준다는 생각과 충돌하는 것이다."[8) 다섯 쌍의 그리스도인 부부 중 함께 기도하는 부부가 한 쌍 미만이라는 사실에서, 이런 현상에 대한 원인을 어느 정도 추측할 수 있다.[9)

하나님과의 살아 있는 관계를 누리지 못하는 이들도 많기는 마찬가지다. 1998년 한 조사에서, 바나는 교회에 정기적으로 출석하는 성인 중 48퍼센트가 지난 12개월간 하나님의 임재를 전혀 체험하지 못했다고 말하고 있음을 발견했다. 거듭난 그리스도인 중 36퍼센트만이 계속해서 삶의 의미를 찾고 있다고 말했다.[10]

수많은 그리스도인들은 하나님의 임재를 매일이 아닌 아주 가끔씩만—회심의 순간에, 아주 가끔씩 경험하는 영적 희열의 순간에, 혹은 위기의 때에—경험한다는 것을 인정한다. 일반적으로는 다음과 같은 넋두리를 늘어놓기 일쑤다.

"저는 몇 년 전에 회심을 했습니다. 교회의 여러 활동들에 참여하고, 성경을 계속 읽고 있지요. 물론 십일조도 합니다. 하지만 하나님은 멀게만 생각되고, 그분과 교제한다는 느낌도 전혀 없습니다. 솔직히 말하자면, 저는 영적으로나 감정적으로 죽어가고 있습니다."

"저는 그리스도인이 된 후로 몇 년째 교회를 계속 다니고 있습니다. 하지만 예수님과 관계를 맺는다는 것이 무슨 뜻인지 전혀 모르겠습니다. 하나님은 제게 어려움이 있을 때, 잠자리에 들기 전 기도하는 대상일 뿐입니다."

30년 동안 신앙생활을 해 온 50대의 한 교회 장로는 이렇게 말한다. "저는 가족들과 함께 정기적으로 교회에 갑니다. 하지만 하나님에 대해 마음으로가 아니라 머리로만 알고 있는 것 같습니다. 대략 한 달에 한 번

정도 성경을 읽습니다. 그리고 이따금씩 기도를 합니다. 아내나 가족과 함께 기도를 한 적은 거의 없는 것 같군요. 저는 개인적으로 하나님을 간절히 알기 원하고, 좀 더 헌신된 그리스도인이 되기 원합니다. 하지만 하나님께 나아가려고 노력할 때면 심하게 비틀거립니다."

우리 집에서 콜럼바인의 반대 방향으로 5킬로미터 정도 떨어진 곳에, 41세의 존 비샵이라는 남자가 살았다. 그에게는 셰릴이라는 아내와 여섯 살에서부터 아홉 살까지의 예쁜 세 아이들이 있었다. 친구들과 이웃들은 존의 가정이 '모범적인 가정'이며 아이들은 '그의 인생 최고의 선물'이라고 말했다.

존과 셰릴은 좋은 부모의 역할을 다했을 뿐 아니라, 성장하는 복음주의 교회에서 주일학교 교사로 성실하게 섬기고 있었다. 어느 날 밤 가족들이 잠자리에 든 후, 존은 벽장에서 소구경 소총을 꺼내 잠든 아내를 쏘고, 아이들 방으로 건너가 곤히 자고 있는 아이들을 쏘았다. 검시관은 존이 총을 사용했을 당시 법적으로 음주 상태였다고 판결했다. 충격과 혼란에 빠진 한 인척은 이렇게 말했다. "이 일은 그저 존의 비관 때문에 일어난 겁니다."[11]

탁월한 설교와 가르침, '풀서비스 프로그래밍'full-service programming, 해외 선교사 파송 등으로 이름난 교회들은 종종 교인들에게 있는 근본적인 영혼의 필요를 돌보지 못하는 것 같다. 교회에 나오는 수많은 이들은 도움을 필요로 하며 조용히 울부짖고 있다. 달라스 윌라드Dallas Willard는 소로우Thoreau의 말을 빌어 이렇게 주장한다. "대부분의 그리스도인들은 조용한 자포자기의 삶을 산다."[12]

신학생

목사나 선교사의 삶을 준비하는 수많은 신실한 청년들도 올바른 신앙생활에 어려움을 느낀다. 다음은 미국 전역의 신학교에서 들려온 소식들이다.

3년 동안 청소년 사역자로 섬겨 온 한 학생은 이렇게 말한다. "저는 올바른 신앙생활에 있어서 가뭄 상태에 있습니다. 어쩌면 영적 파산 상태에까지 이르렀는지도 모르겠습니다. 과거에 제가 저지른 일들에 대해 저 자신을 용서할 수가 없습니다. 죄책감, 두려움, 하나님과의 먼 관계가 제 삶을 지배하고 있습니다."

해외 선교 경험이 있는 또 다른 이는 이렇게 한탄한다. "제 영혼의 돌봄과 성장을 등한시했습니다. 저는 침몰하는 배에 있고, 물이 배 안으로 쏟아져 들어오고 있습니다."

몇 년 동안 캠퍼스 사역을 해 온 한 여성은 자신을 "하나님과는 거의 시간을 보내지 않는 성공과 활동 중심의 사람"이라고 설명한다. 그녀는 고통스러워하면서 "나를 정복한 사역이라는 괴물"에 대해 이야기한다.

또 어떤 신학생은 다음과 같이 시인한다. "저의 일상적인 생활은 제가 알고 있는 믿음에 대한 수준에 도달하지 못합니다. 저는 구원 받은 삶을 살고 있는 것 같지 않습니다. 제 삶은 불신자들의 삶과 다를 바가 없습니다."

미래에 사역자와 선교사가 되려는 학생들 중 일부는 하나님과 자신에 대한 변변치 못한 이미지를 가지고 신학교에 들어간다. 어떤 학생들은 역기능 가정의 상처와 씨름한다. 또 어떤 학생들은 은밀한 죄들을 피하지 못하고, 죄책감과 불안과 절망에 갇힌 채 살아간다. 이처럼 이상만 가진 학생들이 종종 우리의 교회에서 가장 훌륭한 신앙인의 전형이 된다. 그들은 올바른 그리스도인의 삶을 깊이 원하고 있지만, 어떻게 해야 그런 삶을 살 수 있는지 방법을 알지 못한다.

목회자

목회자들의 중압감은 그 어떤 견고한 영혼도 움츠러들게 하는 경향이 있다. 최근 조사에 의하면, 루터교 미주리 의회the Lutheran Church-Missouri Synod에 속한 목회자들의 20퍼센트는 상당히 심각한 수준의 기력 소진으로 괴로워하고 있다. 미미하게 소진됨을 느낀다는 목회자도 20퍼센트에 달했다. 한 사역자는 이렇게 말했다. "내일 은퇴를 해도 아무런 손해가 없다면 당장이라도 그만두고 싶은 심정입니다."[13]

다른 교파의 목회자들의 증언들 역시 이러한 통계 자료를 뒷받침하고 있다.

어느 대형 독립 교회의 목사는 이렇게 말했다. "사실상 제가 가진 모든 것들이 다 바닥나 버린 상태에서 너무 오랫동안 사역을 해 왔습니다. 하나님 나라를 위한 위대한 일들을 성취하면서 저의 미성숙함과 열등감을 감춰 왔던 것이지요. 약속의 땅으로 건너가지 못하고 요단강의 서쪽에 서 있는 내가 보이는군요."

한 장로교 목사는 이렇게 푸념한다. "사역을 하는 10년 동안, 영적 생활은 서서히 저를 착취해 왔습니다. 저는 '사역을 하느라' 너무 바쁜 나머지 그리스도와의 친밀감을 잃어버렸습니다. 아마도 제게 주어진 시간의 90퍼센트 정도는, 성령 안에서 걷기보다 저 자신의 힘으로 걷고 있는 듯합니다."

한 젊은 목사는 몇 년 간의 사역 후에 완전히 방향성을 잃어버린 자신을 발견했다. "저는 신학 학위를 받았고, 성경을 읽었고, 정기적으로 기도했습니다. 하지만 하나님과 교회에 대한 저의 믿음을 점점 무너뜨리는 혼란과 황량함을 경험했습니다. 최근에는 담임 목사님께 제가 더 이상 그 어떤 것도 믿고 있지 않다고 고백했습니다. 저 자신조차 도울 수 없는 상황에서 누군가를 돕는 위치에 있다는 것은 파괴적인 행동입니다."

잠시 안식년을 보내고 있는 한 여성 선교사는 이렇게 이야기한다. "사역 때문에 극도로 지친 상태로 몇 년이 흐른 지금, 저 자신이 영적으로, 감정적으로, 관계적으로 폐허가 되었음을 느낍니다. 하나님의 사랑에 대한 감각은 희미해졌습니다. 하나님에 대한 깨어진 신뢰, 제 삶의 모든 영역에 대한 무감각함, 자포자기, 무가치하다는 느낌이 바로 현재 제 마음의 상태입니다. 그러한 상태에서 제가 어떻게 영향력 있는 선교사가 될 수 있을까요?"

내가 만났던 희망을 잃은 목회자들 중, 샘보다 더 비참한 경험을 한 사람은 없는 것 같다.

샘은 규모가 큰 남부 교회의 유능한 청년 지도자로서, 수많은 청년 전문가들을 훈련시켰다. 남을 긍휼히 여길 줄 아는 그의 태도와 사역 수완을 통해 교회는 수적으로나 영적으로 성장을 이루었다. 샘은 사역에 필요한 지식을 좀 더 갖추기 위해, 주 2회 밤 시간에 신학교에 다니기로 결정했다. 설교학 수업 필수 과제 중에는 교인들 앞에서 설교하는 것이 있었다. 준비된 설교를 중간까지 했을 때, 샘은 갑작스럽게 설교를 멈추고는 교인들에게 이렇게 말했다. "저는 오늘 여러분께 했던 말을 믿지 않습니다."

회중들이 할 말을 잃은 채 자리에 앉아 있는 동안, 그는 강단에서 내려왔다. 그길로 아내와 어린 두 자녀를 떠났고 이혼을 요청했다.

이 이야기의 비참한 부분은, 샘이 그 누구에게도 도움을 받지 못하고 영적인 블랙홀에 빠졌다는 사실이다.

지금 여기에서, 우리는 어디로 가는가?

세상 문화에 속한 대부분의 사람들이 볼 때, 죄인들의 친구이신 예수님과 관계를 맺는다는 것은 쉽게 받아들이기 어려운 이상이다. 교회 내에 있는 사람들에게조차 선한 목자는 실체 없는 낯선 존재일 뿐이다. 역동적인 그리스도인들의 영성이 세상에 불을 붙였던 때로부터 수 세기가 지난 지금, 어둠 속에 있는 수많은 사람들을 부르는 일, 영혼들을 죄로부터 자유롭게 하는 일, 사람들에게 확실한 방향을 주는 일은 일찍이 사라져 버렸다. 우리는 어떻게 이런 상태에 이르게 되었는가? 아드리안 반 카암 Adrian van Kaam 은 이렇게 말한다. "예수님을 따르는 삶의 방식은 여러 요인들로 인해 사라져 버렸다. 우리는 자신의 내면에 있는 거룩한 분의 부드러운 임재에 좀처럼 반응하지 않게 되었다. 이 세상의 빛에 마음을 빼앗겨, 예수님의 빛에 눈이 멀어 버린 것이다."[14]

이런 상태에 이른 것은, 우리가 영혼 돌봄에 대한 기본적인 진리를 무시해 왔기 때문인지도 모른다. 영적 성장은 자동적으로 일어나는 것이 아니다.

예수님은 영혼의 삶을, 새 생명을 향해 활짝 열리며 싹을 틔우는 씨에 비유하셨다(마 13장 참고). 생각하고, 믿고, 보고, 행하는 모든 활동들이 멈추어 죽음에 이른 후, 오래된 껍질이 벌어지면서 새로운 생명이 돋는다. 회심이다. 그리고 영혼의 성장은 그것을 넘어 모든 것을 새로운 방식으로 생각하고, 믿고, 보고, 행하게 한다.

회심을 거친 후에는 돌봄이 필요하다. 식물이 성장하려면 규칙적으로 물을 주고 비료를 주어야 하는 것처럼, 믿음이 잘 자라기 위해서는 지속적으로 영양분이 공급되어야 한다. 영적 훈련을 통해 은혜 안에서 성장하지 않고 있다면, 우리는 영적 자기만족으로 역행하고 있는 것이다. 그런 상태에 있을 때, 하나님은 우리에게 비실제적인 존재가 되고, 우리는 좌절하거나 재능을 발휘하지 못하는 존재가 된다.

여기가 바로 영성 지도가 필요한 지점이다. 사람들의 내면 깊은 곳에는 상황이 암울해지더라도 가까이 다가와 주고 도망치지 않을 영적 친구에 대한 갈망이 있다. 또한 자신의 잘못된 선택들을 직면하게 하는 현명한 상담자를 갈망하고, 악한 세력의 목소리와 하나님의 목소리를 구분하도록 도와주는 강하고 신실한 영혼의 벗을 갈망한다.

주위에서 흔히 사용하는 '개인의 영성'이라는 말은 사실 모순 어법이다. 우리는 모두 하나님께로 향하는 길을 알려 줄 안내자의 도움과 지지와 조언이 필요하기 때문이다.

진실하고 건강한 내면의 성장으로 인도해 줄 영혼 돌봄을 원한다면, 어디서 시작해야 할까? 영적 지도자와 영혼의 친구가 될 수 있는 좋은 관계를 형성하려면 어떻게 해야 할까? 먼저, 우리가 가고 있는 여정의 본질을 이해할 필요가 있다.

다음 장에서는 영적 여정의 힘에 대해 이야기하고, 그 주의점과 가능성에 대해서 살펴볼 것이다.

1. 가장 중요한 영적 필요에 대해 생각해 보라.

산만하지 않고 방해요소도 없는 조용한 공간을 찾으라. 우리의 영적 필요들을 채워 주시는 하나님을 찬양하는 성경 본문 예를 들어, 시편 107편과 같은 말씀을 깊이 묵상하라. 하나님 앞에서, 마음의 가장 주된 갈망들이 무엇인지 기도하며 확인하라. 이 장을 읽기 전에 깨닫지 못했던 필요들이 있다면 특별히 주의를 기울여 보라. 배우자나 가까운 친구는 당신에게 무엇이 필요하다고 생각하는지, 그들의 관점을 알려 달라고 요청하라.

2. 아래의 내용을 깊이 생각해 보고, 하나님의 도우심을 구하라.

경건한 영적 친구나 상담자는 이러한 필요들을 위한 하나님의 공급을 어떻게 가져다줄 수 있을까?

기도하면서 그러한 사람을 당신에게 이끌어 달라고 구하라. 당신은 하나님이 이러한 깊은 기도에 어떻게 분명히 응답하시는지를 보고 놀라게 될 것이다.

사회는 도덕적으로도, 영적으로도 방향성을 잃었다.
범죄, 약물 남용, 가족의 분열, 테러리즘은 우리 영혼의 내적 결함에 대한 외적 증후다.
사회의 외로움과 혼란의 한가운데 있는 많은 사람들은
'무엇'과 '어떻게'의 세상 속에서 '누가'와 '왜'를 찾아 헤매고 있다.

우리의 영적 여정

우리가 어떤 여정을 택하든, 그것은 풍요로움을 가져다줄 수 있다. 익숙한 환경을 떠날 때마다 우리는 변화를 경험한다. 그 변화의 정도는, 여정 중에 무슨 일이 일어나는지, 그리고 우리가 그것에 어떻게 반응하는지에 달려 있다. 또한 우리의 여정에는 해변이나 산처럼 정해진 목적지가 있다.

영적인 삶은 여정에 비유되곤 한다. 그리스도인들에게 있어서 여정은 예수님과 계속적으로 깊은 관계를 만들어 가는 것이다. 궁극적인 목적지는 그리스도가 우리를 위해 예비하신 영광스러운 집에 그분과 함께 영원히 거하는 것이며요 14:2-3 참고, 만일 우리가 그리스도와 영적으로 더 깊고 강한 친밀함을 누린다면 이 땅에서도 그 영원한 교제를 맛볼 수 있다요 14:20 참고.

영성 지도의 목적은 그리스도와의 관계를 더 강화하는 것이다. 그렇기 때문에, 그리스도를 알고 우리 삶에서 그분의 가치와 중요성을 드러내는 과정이 어떻게 이루어지는지 이해해야 한다.

영혼의 여정

우리는 육체적·정서적으로 성장하면서 유아기, 사춘기, 성인기, 중년기, 노년기를 거친다. 영적인 측면에서 우리의 성장은 그리스도와 점차적으로 친밀한 관계를 이루어 가는 것이다. 이러한 과정은 우리가 얼굴과 얼굴을 대하여 그분을 보게 될 그날까지 이어질 것이다요일 3:2 참고. 자녀들을 향한 하나님의 목적은, '어린 아이'에 불과하며 육신에 속한 존재인 우리를 그리스도 안에서고전 3:1-3, 엡 4:14 참고 '성숙'하고 영적인 존재로고전 2:6, 15; 엡 4:13 참고 자라게 하시는 것이다. 래리 크랩 Larry Crabb은 이렇게 설명한다. "삶은 때로 우리가 찾을 수 없는 길을 따라, 우리가 아직 보지 못한 땅을 향해 가는 여정이다. 그것은 운명과 본향을 향하는 영혼의 여정이다."[1)]

여정에 대한 단상들

몇 년 전, 나는 아내 엘시와 갓 태어난 딸과 함께 선교용 소형 비행기에 탑승했다. 나이지리아 북부에서 출발하여 남부에 있는 우리의 거처로 이동할 예정이었다. 우리가 탄 비행기가 활주로에서 이륙했을 때는 희미한 구름들 몇 점이 하늘을 아름답게 수놓고 있었다. 하지만 비행을 시작한 지 한 시간쯤 되었을 때 낮은 구름층이 형성되면서 익숙한 표지물들을 시야에서 모두 가리고 말았다. 우리의 목적지였던 가설 활주로는 항행 표지가 없었다. 조종사는 방향을 알기 위해 구름의 틈새를 찾아보았지만 소용없는 일이었다. 걱정스러운 마음으로 비행을 하던 우리는, 얼마 후 구름 사이의 작은 틈새로 아래를 내려다볼 수 있었고 마침내 우리를 집으로 향하게 해 줄 표지물을 확인했다. 우리는 구름층을 지나 내려왔고, 조종사는 풀을 뜯는 몇 마리의 소들과 길 잃은 코끼리 한 마리 사이에 비행기를 착륙시켰다.

하나님과의 친밀함을 위한 영적 여정에서도, 명백한 표지물들과 믿을 수 있는 안내자가 필요하다. 아우구스티누스는 이를 훌륭하게 표현했다. "하나님이신 그리스도는 우리가 찾아 가야 할 본향이시다. 인간이신 그리스도는 우리가 여행해야 할 길이시다."[2)]

그리스도 안에서의 영적 성장은 하나님을 향한 사랑이 더 깊어지고 그분의 길에 더 가까워지는 것, 그리고 이웃을 향한 사랑이 더 깊어지는 것과 관련되어 있다. 하나님과 이웃을 향한 사랑이 모두 깊어지려면, 현명하고 능력 있는 인도자의 지도가 필요하다. 왜냐하면 홀로 걸어가기에는, 그 길이 그리 곧거나 평탄하지 않기 때문이다. 대부분의 경우 그 여정은 영적 전쟁, 이성적 도전, 정서적 어려움, 어두운 절망으로 인해 움푹 파이고 뒤틀려 있다. 하지만 우리는 힘을 주시고 목적지에 더 가깝게 인도하시는 예수님과 언제나 함께 걷고 있다 히 11:13-16 참고.

성경은 그리스도와 여정을 떠나는 과정이 단계적으로 펼쳐진다고 말한다. "이스라엘 백성이 부대를 편성하여…이집트 땅에서 나와 행군한 경로는 다음과 같다. 모세는 야훼의 명령에 따라 진을 거두어 길을 떠난 출발지들을 기록해 두었다"민 33:1-2, 공동번역. 마찬가지로, 초대교회 지도자들은 그리스도인의 영적 삶을 '발전'의 과정으로 여겼다. 이레니우스Irenaeus, 200년 서거는 다음과 같이 기록했다. "창조자는 언제나 동일하시다. 그러나 창조된 자들은 처음에서 시작하여 중간 과정을 지나며 성장과 발전을 거쳐야 한다. 하나님이 그들을 지으신 것은 이러한 증진과 발전을 위한 것이다."[3] 영적 여정은 액체처럼 유동적이며, 시작과 멈춤, 그리고 탈선을 포함한다. 그리스도인으로 살아간다는 것은 자라기 위해 멈추고, 이전의 단계들로 후퇴하고, 여러 단계를 동시에 경험하는 것인지도 모른다. 영적 성장의 여정에 대해 논할 때 한 가지 분명히 해야 할 것이 있다면, 천국으로 향하는 길은 오직 한 가지뿐이라는 것이며, 그 길이 바로 예수 그리스도라는 사실이다 요 14:6 참고.

만일 우리가 그리스도의 영으로 건강하고 굳세게 성장하기 원한다면, 예수님과 함께하는 여정은 반드시 두 가지 측면을 포함해야 한다. 바로 구속적 측면과 사명지향적 측면이다.[4]

예수님의 제자들은, 개인 성장과 관련한 구속적 차원의 여정 그리고 그리스도인의 섬김과 관련한 사명적 차원의 여정을 동시에 추구해야 한다는 것을 깨닫게 된다.

어떤 그리스도인들은 개인적·구속적 차원의 성장 없이 사명적 단계의 여정을 시작한다. 피상적으로만 섬기려 드는 사람들은 실패와 연약함에 짓눌려 버릴 것이고, 때로는 하나님의 군대 안에서 사상자가 될 수도 있다.

또 어떤 이들은 외적인 사명의 여정을 추구하지 않고, 개인적·구속적 여정에만 초점을 맞춘다. 결국 그들은 자기도취적인 존재가 되고 만다. 능력 있는 영성 지도자는 그리스도인의 성장에 필요한 이 두 가지 측면을 온전히 성취하도록 도와주어야 한다.

그리스도를 따르라는 부르심에 내재된 매력 중 하나는, 우리와 다른 제자들의 여정이 서로 같지 않다는 점이다. 바로 이것이 그리스도인들의 경험 가운데 다양한 모델들과 본보기들이 존재하는 이유다. 각 여정에는 저마다의 진로가 있고, 그 진로를 통해 각 영혼은 그리스도와의 관계가 깊어지며 열매를 맺는다. 역사 속에서 찾아볼 수 있는 여정의 모델들은, 다양한 추구들 위에 세워져 있다.

그 예로, 진리를 이해하는 데 초점을 맞추는 지적 추구가 있다. 지적 추구의 여정을 떠나는 사람은 하나님이 계시하신 것을 이해하기 위해 성경을 연구한다. 머리로 먼저 이해한 올바른 지식이 온전한 인격을 형성한다고 믿는 것이다. 또한 마음으로 하나님을 떠올리는 데 초점을 맞추는 관상적 추구가 있다. 이러한 여정을 떠나는 사람은 하나님의 임재에 자신의 마음을 열고 성령의 음성을 따른다. 또한 사랑으로 충만한 사역을 강조하는 사회적 정의의 추구가 있다. 이러한 사람은 공공의 장으로 들어가 깨어진 세상의 필요를 채우고, 더 공정한 사회적 질서를 위해 일한다.

우리는 성경과 경건서적들 속에서 유익하고 안전한 여정의 본들을 발견한다. 그 속에 나타난 다양한 본들과 추구들을 탐험해 보라. 당신은 어쩌면 인생의 특정한 때에 어떤 특정한 모델에 매력을 느낄지도 모른다. 그러고는 시간이 지나면 또 다른 모델로 인도를 받을 것이다.

성경 속에 나타난 여정의 모델

"삶은 여정이다."라는 말이 있다. 성공적으로 이 여정을 마친 성경 속 인물들은, 그들이 하나님과 누렸던 관계, 그리고 그들이 하나님을 섬기는 일에 있어 맺었던 열매를 모범으로 삼도록 우리에게 도전한다.

아브라함

아브라함의 여정은 하나님이 그에게 거처를 옮기라고, 즉 우르의 익숙한 환경에서 떠나 미지의 땅으로 가라고 부르셨을 때 시작되었다 창 12:1-2 참고. 아브라함은 여호와께 순종했고, 그의 허리에서 이스라엘과 메시아가 탄생했다. 그는 여호와 앞에 제단을 만들었고, 하나님과 매우 친밀한 관계를 맺음으로써 "하나님의 벗"으로 칭해졌다 약 2:23. 더 고결한 부르심에 순종하기 위해 자신의 아들 이삭을 바칠 준비도 되어 있었다. 아브라함은 때로 비틀거리기도 했다. 사라가 자신의 누이라고 두 번이나 거짓말을 했고, 하나님의 예정표를 기다리지 못하고 애굽 처녀 하갈을 통해 아들을 낳았다. 그러나 아브라함은 모든 세대의 사람들에게 믿음의 영적 지도자로 기억된다 갈 3:7-9; 히 11:12 참고.

다윗

다윗은 하나님의 마음에 맞는 사람으로 자라난 목동이자 왕이었고, 시인이자 전사였다 행 13:22 참고. 하나님과의 친밀한 관계는 그가 쓴 70편 이상의 감동적인 시편들 속에 잘 반영되어 있다. 다윗은 이스라엘의 가장 위대한 왕이 되었고, 나일 강에서부터 힛데겔-유브라데 유역에 이르기까지 영토를 확장했다. 그리고 다윗의 혈통에서 그리스도 예수가 나셨다 롬 1:3 참고. 하지만 다윗 역시 자신의 여정 중에, 몇 가지 심각한 죄들을 범했다. 그는 인구 조사를 했고, 수많은 아내를 두었으며, 밧세바와 간음했고, 그의 남편 우리야를 죽임으로써 하나님께 불순종했다. 그러나 하나님을 깊이 사랑한 다윗은 죄를 지었을 때 즉시 참회했다.

모세

역사상 가장 대담한 영적 여정은 이스라엘의 출애굽, 그리고 가나안으로의 순례였다. 모세의 리더십 아래, 이스라엘은 애굽의 억압적인 노역을 떠나 갈라진 홍해 사이를 통과했다. 하나님은 시내산에서 갓 독립한 이 민족에게 율법을 주셨고, 그들과 다시 언약을 맺으셨으며, 광야의 수많은 시련들 가운데서 그들을 인도하셨다. 모세는 이 여정의 새로운 인도자 여호수아에게 횃불을 넘겨주었다. 여호수아는 마른 땅을 밟고 요단을 건너 약속의 땅으로 이스라엘 백성을 이끌었다. 닛사의 그레고리우스Gregory of Nyssa, 394년 서거는 『모세의 생애』The Life of Moses, 은성에서, 그리스도인의 여정을 출애굽과 광야의 방황에 비유했다.[5] 이스라엘이 홍해를 지난 것, 하나님이 구름 가운데서 그의 백성과 함께하신 것, 이스라엘이 약속의 땅에 들어간 것은 모두 영적 여정의 일부다.

신약성경의 인물들

신약성경에서 예수님은 수많은 사람들을 영적으로 인도하셨다. 야곱의 우물에서 예수님의 질문을 슬쩍 회피하려 했던 사마리아 여인에게, 변화산에 올라갔다가 귀신이 들끓는 평지로 내려온 세 명의 제자들에게, 길을 가며 낯선 이와 이야기를 나누고 집에 도착해서야 그가 누구인지 깨닫게 된 글로바와 그 동행자에게, 그리고 예수님을 부인하는 고통스러운 여정 후에 자비로운 회복의 순간을 맞게 된 베드로에게, 예수님은 길을 가르쳐 주셨다. 의도는 좋았으나 그분의 사명을 오해하고, 그분과 함께 깨어 있지 못하고, 그분이 돌아가신 후 뿔뿔이 흩어져 버린 열두 제자를 위한 영성 지도 사역에 예수님은 수많은 시간을 할애하셨다.

역사적인 여정의 모델들

우리는 수 세기에 걸친 교회 역사 속에서 영적 여정에 대한 수많은 유익한 모델들을 볼 수 있다. 이 책의 부록에서는 이러한 모델들 중에서 가장 중요한 세 가지를 선별하여 보여 줄 것이다. 클레르보의 베르나르가 보여 준 발전적인 사랑의 모델, 아빌라의 테레사가 보여 준 발전적인 기도의 모델, 존 번연John Bunyan의 『천로역정』The Pilgrim's Progress, 기독교문서선교회에 등장하는 죄와 싸우는 청교도적 모델이 바로 그것이다. 이 중요한 이야기들을 읽고, 어떤 것들이 당신과 가장 비슷한지 생각해 보기 바란다.

통합적인 현대 여정의 모델

이제 부록에서 발견할 모델들을 비롯하여 성경과 교회의 가르침에서 얻을 수 있는 핵심적 통찰들을 구체화하는 현대 여정의 모델에 대해 이야기하려고 한다. 이것은 그리스도와의 더 깊은 관계 안에서 앎, 됨, 행함의 삶을 보여 준다. 다음의 내용은 자넷 해그버그Janet Hagberg와 로버트 궐리히Robert Guelich가 세운 6단계 여정의 모델을 내가 약간 수정해 본 것이다.[6]

1단계: 회심의 삶

순례자의 여정은 회심과 중생을 통해 하나님을 발견하는 데서 시작한다. 회심한 이들은 새 생명으로 인해 들떠 있지만, 처음 그들의 신앙은 불확실하고 불안정하다. 마치 갓 태어난 새끼사슴이 처음으로 일어설 때 비틀거리는 것과 같다.

2단계: 제자의 삶

어린 그리스도인들은 성경을 읽고 자기만의 신학이나 세계관을 만들어 간다. 또한 그리스도인의 삶에 대한 기초적 훈련도 쌓는다. 이러한 초신자들은 신념에 융통성이 없는 편이며, 어떤 좋은 개념 방언, 영혼 구원, 성경적 지식 등들을 성장을 위한 유일한 열쇠로 절대화할 수도 있다. 그들은 자신만이 '진리'의 전달자라고 생각하면서, 다른 사람들이 잘못된 신앙을 갖고 있다고 여기기도 한다.

3단계: 생산적인 삶

이것은 행함의 단계, 즉 '소매를 걷어붙이고 본격적으로 분주해지는' 단계다. 이 단계의 제자들은 분주함이나 성과 등으로 하나님의 사랑을 얻을 수 있다는 거짓 메시지를 받아들인다. 이들은 자신을 높여 다른 사람들의 갈채를 받으려는 함정에 빠지기 쉽다. 혹은 영적으로 준비되기 전에 책임을 지는 것에 대해 압박을 받는 자신을 발견할 수도 있고, 사역을 어떤 수행 과제로 보기 때문에 하나님과의 개인적인 만남을 잃어버릴 수도 있다. 영혼과 하나님 사이에 있는 불온한 틈은 점점 확장되지만, 동시에 아이러니하게도 '주님을 섬기는 일'에 많은 열매를 맺는 이들로 평가받는다. 이 상태가 지속되다 보면, 그들은 적개심을 품고 동료나 하나님에 대해 분노하게 될지도 모른다.

이 세 번째 단계에서 그리스도인들은 종종 심각한 위기를 경험한다.

그것은 바로 자신의 부족함에 대한 고통스러운 대면이다. 이러한 위기는 자연스러운 변화중년의 변화와 같은 것, 외부적인 사건실직, 개인적인 상황심각한 질병에 의해 발생할 수 있다. 한때 승승장구했던 이들은 이제 환멸, 실망, 분노를 느낀다. 데마와 같은 이들은딤후 4:10 참고 패배를 자인한다. 하지만 진실하게 하나님과의 관계를 재점검하는 이들은 이러한 위기를 이용하여 새로운 시작의 비전을 붙든다.

4단계: 내면의 여정

3단계의 경험은 변혁적인 내면의 여정을 추구하는 데 있어서 촉매로 작용한다. 과거의 삶이 얼마나 헛되고 무력한 것인지를 확인하고 나면, 그들은 영혼 깊숙한 곳에서 하나님과 관계를 맺는 자리로 들어간다. 묵상과 기도로 이어지는 영적 훈련을 시작할 수 있다. 혹은 조용한 곳에서 휴식의 기간을 가지면서, 영성 지도자들과 함께 문제를 해결하고, 삶과 신앙의 새로운 조화를 경험할 수도 있다. 그들은 놀랍게도 하나님이 언제나 자신들을 기다리고 계셨음을 깨닫는다. 예수님이 베드로의 깨어진 마음을 치유하신 사건은요 21:15-23 참고 내면을 향한 여정의 변혁적인 속성을 잘 묘사한다.

해그버그와 귈리히는 다음과 같은 도전적인 의견을 제시한다. "대부분의 성직자, 사역자, 영적 지도자들이 우리 앞에 놓인 벽을 지나 4단계를 통과하도록 인도할 수 있다고 믿는 것은 기쁜 일이다. 하지만 슬픈 현실은, 많은 리더들이 이 단계를 거치지 않았으며, 온전한 영적 여정을 위해 좀 더 깊은 질문을 던져 보지도 않았다는 것이다. 이 때문에 당연히 우리를 도와주리라 믿었던 지도자들 중 많은 이들이, 이 단계에서

적절한 안내자가 되지 못한다."[7] 이 길을 이미 경험한 영성 지도자들이야말로 어려움을 겪고 있는 순례자들에게 가장 바람직한 희망을 줄 수 있다.

5단계: 외면의 여정

하나님은 내면의 여정을 새롭게 한 이들을 분명한 비전과 목적으로 무장시켜 세상으로 다시 내보내신다. 같은 사역을 위한 부르심일 수도 있지만, 그 동기는 본질적으로 다르다. 이들은 하나님을 향한 깊은 사랑으로 가득 차 있으며, 이제 자신이 아닌 다른 사람들의 유익을 돌아본다. 이 과정을 지나는 그리스도인들은 과거에 자신이 예수님을 따른다는 것에 대해 전혀 이해하지 못하고 있었다는 사실을 깨닫고 놀라움을 금치 못한다. '생산적인' 단계에서, "우리는 너무 분주하고, 너무 요란스럽고, 너무 성공적이어서 그것을 볼 수 없었다."[8] 그리스도의 종이 되어 이방 세계를 섬겼던 바울의 예는 외면의 여정을 잘 설명해 준다.

6단계: 사랑의 여정

이 단계에 이른 그리스도인은, 다른 이들을 위해 그리스도의 이름으로 생명을 내려놓으라는 하나님의 부르심을 깨닫는다. 예수님처럼 아버지의 사랑으로 가득 찬 이들은, 비유적으로나 실제적으로 다른 이들의 발을 씻어 준다. "우리에게는 유명해지고, 부자가 되고, 성공하고, 눈에 띄고, 목표만을 지향하거나 '영적'인 존재가 되려는 야망이 없다. 우리는 하나님이 자신의 성령을 끊임없이 넘치도록 부어 주시는 그릇과 같은 존재다."⁹⁾ 이 단계에 이른 사람들은 단순하고 희생적으로 살아간다. 왜냐하면 그들의 초점이 하나님과 그분의 우선순위에 있기 때문이다. 성공과 평판에 신경 쓰지 않기 때문에 다른 사람들의 눈에는 인생을 낭비하는 것처럼 보이기도 한다. 나이가 지긋한 사도 요한의 모습은 욕심 없는 사랑의 삶을 보여 주는 좋은 예다 요일 참고.

이 모델은 중요한 내면의 여정을 추구하며 살아야 할 모든 제자들에게 도전을 준다. 또한 피상적이고 가시적인 사람이 되려는 데서 돌이켜, 내면을 지향하는 하나님 중심의 사람이 되는 삶으로 나아가라는 소명을 준다. 토마스 아 켐피스는 이를 다음과 같이 표현했다. "내적인 존재[하나님]는 종종 찾아와 당신과 즐거운 교제를 나누고 당신이 기대할 수 있는 그 어떤 것보다 더 큰 평화와 친밀함을 가져다준다."¹⁰⁾

이러한 여정의 패턴을 알게 된 한 훌륭한 목사는 다음과 같이 이야기했다. "저는 사역을 하는 동안 대체로 생산적인 단계에 머물러 있었습니다. 하지만 영적인 고전들을 읽고 내면의 여정에 대해 배우면서, 저의 삶과 사역에 큰 혁명이 일어났습니다." 강의를 통해 이 모델을 알게 된 한 선교사는, 성취에 집착하는 단계에 대해 토론하던 중 갑자기 눈물을 흘렸다. 그는 이렇게 고백했다. "저는 여러 해 동안 사랑으로 하나님을 섬기기보다 그분을 위해 뭔가를 성취하려 했습니다."

이 여정의 모델은, 성공적인 여행자들이 오해받는 이유를 이해할 수 있도록 도와준다. 영적 성장의 단계들에 대해 생각하면서, 정신과 의사이자 작가인 M. 스캇 펙 Scott Peck 은 사람들이 자신보다 한 단계 앞선 그리스도인들에게 관심을 갖는다고 설명한다. 하지만 종종 그들은 자신보다 두 단계 앞선 사람들 앞에서는 위협을 느끼곤 한다. 왜냐하면 훨씬 더 우월한 단계에 대한 개인적인 경험이 없기 때문이다. 펙은 이렇게 말한다. "그들이 우리보다 두 단계 앞선다면, 우리는 일반적으로 그들을 악하다고 생각한다. 그것이 바로 소크라테스와 예수님이 죽임을 당한 이유다. 그들은 악하다고 간주되었다."[11]

성경적이고 역사적인 여정의 모델들은, 2장에서 논했던 것처럼 세상과 교회 가운데 존재하는 영적 필요들을 위한 틀을 제공한다. 이 모델들은 또한 그리스도와 더 깊은 관계로 나아가는 여정에 대한 어려움과 보상들을 강조한다. 그리스도인들은 하나님이 그들을 위해 예비하신 보물에 대해 명확한 비전을 보여 줄 영적 친구들이나 인도자들과 함께 앞으로 나아간다.고전 2:9 참고.

1. 당신의 영적 여정에 대해 깊이 생각해 보라.

앞서 말한 여정의 모델들 중 당신 삶의 경험에 대해 가장 직접적으로 말하고 있는 것은 어느 것인가? 그 이유는 무엇인가?

당신은 지금 어떤 영적 여정 가운데 있는가?

순례자의 길에서 당신이 이룬 발전에 대해 만족하는가? 당신의 영적 발전을 방해할 가능성이 있는 요인들을 정의할 수 있는가?

2. 주님과 더 깊은 관계로 나아가게 하는 삶의 위기―육체적·감정적·직업적·영적 위기―를 경험한 적이 있는가?

하나님은 때로 우리가 예수님과 더 깊은 관계를 누리게 하시기 위해 여러 고난들을 사용하신다. 당신은 그러한 고난들에 어떻게 반응했으며 그로 인해 어떠한 결과가 나타났는가?

월터 브루그만 Walter Brueggemann 은 다음과 같이 말한다. "우리 믿음의 삶은 (a) 안전한 적응의 상태 oriented (b) 고통스러운 혼란의 상태 disoriented (c) 놀라운 재적응의 상태 reoriented 라는 순환적인 패턴을 통해 하나님과 함께 나아간다."

안전한 적응의 상태란 "평정의 상태다. 우리 모두가 그것을 갈망하고 있지만, 그것은 그리 재미있지도 않고 훌륭한 기도를 하게 하거나, 힘찬 찬양을 부르게 하지도 않는다." 이것은 "대다수의 중산층 교회에 있는 분위기다."[12] 고통스러운 혼란의 상태는 무력함을 극복하고 우리의 마음을 하나님께로 열어 드리는 전위轉位의 경험이다. 구약성경에 있는 슬픔이나 불평의 시들시 13, 44, 80편 참고은 혼란과 괴로움의 경험을 나타내고 있다. 놀라운 재적응의 상태는 하나님의 마음이 움직일 때, 우리가 새롭게 창조되는 경험을 말한다. 찬양의 시편들시 103, 116, 138, 145편 참고은 이러한 해방의 경험을 노래한다.

친구나 배우자와 함께 적응의 상태, 혼란의 상태, 재적응의 상태에 대해 이야기해 보라.

당신은 혼란의 상태와 관련한 사건을 경험한 적이 있는가? 만약 그렇다면, 그것의 영향들을 설명해 보라.

그러한 경험은 어떻게 당신을 영적으로 현저히 성장하게 했는가?

하나님은 이 과정에서 어떤 영적 인도자들을 사용하셨는가?

"하나님이신 그리스도는 우리가 찾아 가야 할 본향이시다.
인간이신 그리스도는 우리가 여행해야 할 길이시다."
_ 아우구스티누스

제자도, 멘토링, 영성 지도

배를 타고 강을 따라가든 높은 산을 오르든, 믿을 만한 인도자가 있다면 우리는 도움을 받을 수 있다. 영적 여정 중에도 우리를 돕고 우리와 동행하기 위해 존재하는 다양한 지도적 원리들이 있다. 이 원리들을 이해하는 것은 분명히 유익을 가져다줄 것이다.

특히, '도움을 주는' 사역들의 몇 가지 유형들, 즉 제자도, 멘토링mentoring, 영성 지도, 상담의 차이를 구별하는 것은 중요하다. 이러한 사역들은 어느 정도 탄력적으로 활용될 수 있지만, 각각의 특정한 초점과 목표가 있다. 우리는 영적 여정에서 지도적 원리를 필요로 하지만 모든 것이 동일하지는 않으므로, 각 원리에 내재된 독특한 특성들과 그것들 사이의 관계를 이해해야 한다.

복음전도

NBC의 "데이트라인"Dateline이라는 TV 프로그램은, 암 전문의인 제롬 그루프먼Jerome Groopman이 진 브라운AIDS 환자과 엘리자베스 샌더슨 유방암 환자을 살리기 위해 노력했던 2년간의 모습을 밀착 취재했다. 치료 과정을 통해 제롬은 자신의 환자들을 깊이 이해하게 되었다. 그는 자신의 환자들이 병과 씨름하는 것을, 그리고 샌더슨이 예수님을 믿게 된 것을 지켜보았다. 그러나 두 사람 모두 결국 병으로 사망했다. 이 고통스러운 시간을 겪으면서 그루프먼 박사는 이런 결론을 내렸다. "당신이 누군가의 영혼에 관심을 기울이지 않고 그를 돌본다면, 당신은 실제로 그를 돌보고 있는 것이 아니다."[1]

성장을 위한 여정의 시작점은 복음전도가 되어야 한다. 이것은 아직 복음을 알지 못하는 이들에게 예수 그리스도를 소개하고, 새로운 회심자로 하여금 평생의 영적 여정을 시작하게 하는 사역이다. 복음전도는 구원자와 주이신 그리스도 안에서 죄, 회심, 신뢰라는 주제들에 초점을 맞춘다. 모든 기독교적인 사역은 이 기초 위에 있다.

복음전도의 근본적인 메시지는 "하나님의 자녀가 되기 위해, 여기 당신이 해야 할 일이 있습니다."라는 것이다. 하지만 "복음을 전한 후, 그 다음에 할 일은 무엇인가?"라는 질문을 던져 보아야 한다.

영성 형성

슬프게도, 교회는 회심 후 새 신자들의 삶에서 일어나야 할 일에 관해 불투명하거나 근시안적인 태도를 취해 왔다. 하지만 이 문제에 대한 가장 간단한 대답은, 우리가 회심 후의 남은 인생을 영성 형성spiritual formation 과정에 참여하면서 보내야 한다는 것이다.

영성 형성은 예수 그리스도의 본을 따라 우리 삶을 형성하는 것을 말한다. 이는 내면의 자아 안에서 일어나는 과정이며, 그로 인해 우리의 인격이 성령에 의해 재형성된다. 이 과정이 완전히 은밀하고 개인적이라는 뜻은 아니다. 오히려 그것은, 우리가 교회와 세상에서 다른 이들을 섬기며 그리스도의 가치를 따라 살아갈 때, 우리 안에 있는 그리스도의 새로운 인격이 만들어 낸 새로운 외적 행동들이 되어야 한다. 기독교 철학자 달라스 윌라드의 말에 따르면, "기독교 전통 내의 영성 형성이란, 우리의 스승이신 예수님과 함께 제자도의 쉬운 멍에를 메고 걸으면서 성령의 열매에 사로잡히고 또한 그것으로 충만해지는 과정이다."[2] 수많은 성경구절들 고후 3:18; 갈 4:19; 엡 4:13, 22-24; 골 3:9-10; 살전 5:23 등이 이러한 평생에 걸친 영성 형성의 과정에 대해 설명해 준다.

제자도

어떤 그리스도인들은 영성 형성이라는 용어가 새롭거나 다소 낯설다고 느낄지도 모른다. 하지만 영성 형성이라는 말은, 제자도discipleship라는 친숙한 말보다 훨씬 오래된 것이다.

제자도는 새 신자들에게 본질적인 기독교 신앙을 가르치고, 또한 영적 여정에서 반드시 필요한 실천들을 훈련시키는 사역이다. 이러한 것 중 많은 부분이 새로운 것이며, 훈련을 요구하기도 한다.

제자도의 근본적인 메시지는 "여기 당신이 알고, 행하고, 되어야 할 것이 있습니다."라는 것이다.[3]

제자도는 흔히 제한된 기간 내에 구조화된 프로그램들을 통해 훈련되며, 10주 혹은 12주 과정의 프로그램을 마치면 '제자가 되었다'고 간주된다. 제자도는 기독교 신앙의 기초들, 즉 성경공부 방법, 헌신적인 삶의 훈련, 믿음의 나눔, 영적 은사의 발견, 물질에 대한 청지기 정신 등을 다룬다. 제자도 사역은 어린 그리스도인들에게 "젖" 혹은 "하나님 말씀의 기초적인 진리들"을 제공한다 히 5:12. 이러한 것들은 영적 여정 가운데 있는 순례자들의 성숙을 위한 필수적인 토대다.

탁월한 어느 캠퍼스 사역자는 이렇게 썼다. "내가 아는 제자도 프로그램은 그리스도인의 삶의 기초들에 관해 회심자들을 훈련시키는 단기적인 프로그램이었다. 훈련받는 이들이 신앙의 필수적 사항들을 익히게 하는 데는 성공했지만, 그것은 한계가 있었다. 그들이 훗날 자신들의 영적 여정에서 직면하게 될 피할 수 없는 질문들과 위기들에 대처하게 하는 데는 충분하지 못했던 것이다." 그는 훗날, 단기적인 제자도 프로그램이 놓친 부분을 영성 지도의 사역이 다루고 있음을 발견했다.

풀러신학교의 리처드 V. 피스 Richard V. Peace 는 교회 출석, 성경 읽기, 진리를 믿는 것, 기도, 전도를 포함하는 프로그램을 통한 제자 양성에 대해 이렇게 말한다. "우리는 앎에 있어서 꽤 성공적이었고, 행함에 있어서도 훌륭했다. 그러나 됨에 대한 모든 질문에는 유독 약했다. 진짜 문제는 내부에 있었고, 뭔가 다른 것이 필요했다."[4] 피스는 예수님의 진정한 제자들은 '됨'을 위해서 평생에 걸친 영성 형성과 영성 지도의 본을 필요로 하며, 이와 더불어 보충적인 도움을 주는 단기 제자도 프로그램을 통해 큰 유익을 얻게 될 것이라고 결론 내린다. 우리는 또한 쉽게 무시되는 영적 고전들을 읽고, 다양한 영적 훈련에 참여하고,

개인적으로 조용한 은둔의 시간을 갖고, 행동지향적 생활양식을 좀 더 관상적인 걸음과 조화를 이루게 함으로써 유익을 얻을 수 있을 것이다.

멘토링

멘토링 mentoring 은 특정한 기능에 좀 더 숙련된 사람이 경험이 적은 다른 누군가에게 필수적인 지식과 기능과 전략들을 가르쳐 주고, 모범을 보여 주고, 전수해 주는 과정이다. 〈언커먼 인디비주얼 파운데이션〉 Uncommon Individual Foundation 은 멘토링에 대한 본질을 다음과 같이 설명한다. "일대일 관계를 원칙으로 하여, 나이가 많은 사람이 어리고 경험이 적은 사람인 멘토리 mentoree 에게 지식과 조언을 제공하는 것이다."[5]

멘토링 관계의 정신은, 멘토 mentor 가 멘토리의 목표 달성을 돕기 위해 필요한 것들을 자유롭게 전수하는 것이다. 만일 우리가 자신의 이미지대로 사람들을 재창조하려 하거나 그들의 목표가 아닌 우리 자신의 목표를 성취하려 한다면, 그것은 멘토링이라고 볼 수 없다. 고든 시아 Gordon Shea 는, 행동과 말을 통해 다른 사람이 자신만의 잠재력을 성취하도록 도와주는 특별한 사람들이 멘토라고 설명한다.

멘토링 사역의 근본적인 메시지는 "당신이 가고자 하는 곳에 이르도록 내가 어떻게 도울 수 있을까요?"이다.[6]

멘토링은 본질적으로, 가르치고 본을 보이고 코치해 주는 임무지향적 섬김이다. 프레드 스미스 Fred Smith 는 이렇게 표현한다. "멘토링은 재능이나 기술에 대해 뚜렷하고 설명 가능한 발전을 목적으로 하는 멘토와 멘토리의 일대일 관계다."[7] 멘토링은 교회에서 받아들이기 전에 산업과 교육 현장에 먼저 뿌리를 내렸다. 영적 멘토링에 대해 이야기하는 것이 부적절한 것은 아니지만, 멘토링 모델이 "학계와 관련되었다는 것은 목회적 상황에서 별로 이상적이라고 할 수 없다."[8]는 말에서 그 실상을 엿볼 수 있다.

훈련된 그리스도인 사업가는, 빚에서 벗어나 재정을 관리하려고 애쓰는 젊은 부부의 멘토가 될 수 있다. 20년의 사역 경험을 지닌 목사는, 청년 사역을 계발하고 싶어 하는 젊은 신학교 졸업생의 멘토가 될 수 있다. 기독교 잡지의 어느 멘토링 관련 기사에서는, 좀 더 숙련되고, 성공의 경험이 있고, 위대한 영적 깊이를 소유하고 있고, 좀 더 많은 돈을 버는 멘토를 선택하라고 권한다.[9] 하지만 영적 멘토링의 목표를 이해하는 사람이라면, 기사에서 제시된 마지막 기준을 제외한 나머지 내용들을 참고할 것이다.

영적 인도

지금까지 나는 영성 지도라는 특정한 용어를 사용했다. 하지만 여기서는 그 범위를 넓혀 영적 인도 spiritual guidance 라는 포괄적인 개념에 속하는 영혼 돌봄의 사역들을 살펴보려고 한다. 영적 인도에는 영성 지도뿐 아니라 영적 교제, 영적 상담 등이 포함된다.

영적 인도는 개인 혹은 영성 형성의 과정을 진행하는 그룹에게 주어지는 도움을 말한다. 인도란 '길을 보여 주는 사람'이라는 뜻을 가진 성경적인 용어다롬 2:19 참고. 인도 hodegos 라는 단어는 인접한 성경 용어인 스승 혹은 훈련시키는 사람 paidagogas, 고전 4:15 참고 이라는 말의 뿌리이기도 하다. 영적 인도는 우리 안에 그리스도와 같은 형상Christlikeness 을 만들어 내는 유익한 사역이다. 하나님이 그분의 백성인 우리의 주된 인도자이심시 48:14을 이해하는 것은 중요한 일이지만, 그럼에도 불구하고 하나님은 우리를 그분의 가장 거룩한 임재로 이끄시기 위해 자비를 베풀어 다른 인도자들을 허락하신다.

영적 인도의 근본적인 메시지는 "우리는 모두 함께, 당신의 삶 가운데 있는 하나님의 자비로운 일하심에 기도하며 주목할 것입니다."라는 것이다.

제자도가 제자에 초점을 맞추고 멘토링이 멘토리에 초점을 맞춘다면, 영적 인도는 독특하게도 개인과 하나님의 관계 성장에 초점을 맞춘다. 영적 인도는 성스러운 영역인 영혼에 영향을 준다. 영적 인도에 수반되는 기도와 같은 관상적 접근은, 매우 탁월한 방향을 결정하여 나아가도록 한다. 영적 인도의 목표는 영혼의 기초를 깨끗하게 하기 위한 것인데, 이로써 각 그리스도인을 통해 하나님의 성품이 더욱 많이 드러나며, 개인의 삶에 임하는 하나님의 역사가 풍성하게 나타난다.

영적 인도라는 주제 아래서 분류했던 사역들 간의 차이점들을 명확하게 살펴보자.

영적 교제	영적 상담	영적 지도
비공식적, 비체계적, 상호적		공식적, 체계적, 일방적
장기적	임시적	집중적

영적 교제

영적 교제는 두 명 이상의 친구들이—비교적 동등한 위치에서—영적 여정을 가는 서로를 위해 지지와 격려를 보내고 서로 기도해 주는, 영적 인도의 가장 기초적인 사역이다. 이러한 비공식적인 사역은 기독교 전통 안에서 수백 년 동안 이어져 내려온 '영혼의 친구' soul friend 라는 개념을 반영한다. 라틴어에서, 친구 amicus 라는 단어는 사랑 amor 이라는 단어에서 비롯되었다. 그러므로 친구는 사랑의 언약으로 서로 손을 맞잡은 사람들이다.

영적 인도의 가장 효과적인 경우는, 때로 서로에게 마음의 문을 열고 꿈을 나누는 친구들 사이에서 우연한 순간에 일어난다. 영적인 친구는 당신을 위해 시간을 내고, 당신이 답례로 줄 수 있는 것이 아무것도 없을 때도 돌봐 주고, 당신이 성공할 때 기뻐해 주고, 당신이 실패할 때 슬퍼해 주는 사람이다.

리보의 엘레드 Aelred of Rievaulx, 1167년 서거 는 그리스도가 친구들의 사랑을 통해 우리에게 입 맞추신다고 했다.

성경에서, 다윗과 요나단은 여호와 앞에서 우정의 언약을 맺는다. 요나단의 아버지인 사울이 터무니없이 다윗을 시기했음에도 불구하고 말이다. 솔로몬은 "친구는 사랑이 끊어지지 아니하고" 잠 17:17 라고 기록했다. 예수님은 제자들과 영혼의 친구셨고 요 15:15 참고, 또한 마리아, 마르다, 나사로와도 영혼의 친구셨다 요 11:11 참고. 오늘날, 두세 사람이 인생의 혼란스러운 미궁을 빠져나가기 위해 서로 영적 상담을 하며 도움을 줄 때나, 혹은 〈해비타트〉 Habitat for Humanity 와 함께 일하며 집을 지을 때나, 그들은 모두 영적 교제에 참여하고 있는 것이다.

영적 상담

영적 상담은 경건한 그리스도인이 하나님과 그분의 뜻을 구하는 다른 사람에게 집중적인 도움을 제공하는 임시적인 사역을 말한다. 영적 상담은 개인적인 대화나 편지 혹은 설교를 통해 전달될 수 있다. 나이가 많았던 엘리 제사장은, 인생에 대한 하나님의 부르심을 알고 싶어 했던 어린 사무엘에게 영적 상담을 제공했다 삼상 3:1-9 참고. 솔로몬은 이렇게 말했다. "기름과 향이 사람의 마음을 즐겁게 하나니 친구의 충성된 권고가 이와 같이 아름다우니라" 잠 27:9. 바울이 도주한 종 오네시모에 관해 빌레몬에게 쓴 편지는 영적 상담의 탁월한 성경적 예다. 오늘날, 분별력 있는 성숙한 여성이라면, 영적 메마름 때문에 탈진하여 고통을 당하고 있는 젊은 여성에게 성경적 지혜의 말씀을 제공하는 영적 상담의 사역을 할 수 있다.

영성 지도

1장에서는 영성 지도를 "은사가 있는 숙련된 그리스도인들이 다른 영혼들을 돌보는 사역"이라고 정의했다. 영성 지도는 "예수 그리스도의 본보기를 따라, 하나님과 성숙한 관계를 맺고 하나님에 대한 순종이 깊어지도록 돕는 것"이다. 헨리 나우웬에 의하면, "영성 지도자는 상담자나 치료 전문가나 정신분석가가 아니라, 성숙한 동료 그리스도인이다. 그는 우리의 영적 삶에 대해 나누기로 우리 자신이 선택한 존재이며, 삶에서 하나님의 임재를 구별해 내는 어려움에 대해 기도하며 우리를 인도해 주는 존재다."[10] 영성 지도는 목회적 돌봄의 중요한 형태라고 할 수 있다.

영성 지도는 교회 내에서 오랜 역사를 지니고 있다. 영성 지도가 긴 시간 동안 그늘에 가려져 있긴 했지만, 그리스도 안에서 성장하는 데 있어서 도움을 원하는 우리 모두는 이 전통적인 사역이 재발견되어야 할 필요성을 느낀다. 어떤 개신교도들은 영성 지도라는 용어에 내포된 권위주의, 그리고 만인제사장 정신이 과소평가될 수 있는 우려 때문에 이 말을 불편해할지도 모른다. 하지만 래리 크랩은 "다른 용어들에도 해석상 아쉬운 요소가 있기는 마찬가지"라고 말한다. 멘토와 제자라는 용어에는 "성령의 주권적 움직임과 유동적인 힘을 배제하는 기계적인 뉘앙스가 포함되어 있다."[11]

성령 하나님은 그분의 자녀들 안에 그리스도의 형상이 새겨지기를 끊임없이 추구하는 진정한 영성 지도자이시다. 하지만 성령의 도구로 쓰이는 인간 지도자는 새로운 영적 생명을 낳는 산파다. 그는 또한, 성장을 위해 영혼의 '토양'을 경작하려고, 삶의 표면적인 사건들로부터 영적 토대로 방향을 돌리는 신중한 '농부'다. 또한 성령의 부드러운 바람을 감지하는 분별자다.

영성 지도는 매우 개인화된 사역으로, 개인적 삶의 역사, 기질, 성숙도, 소명을 존중한다. G. 캠벨 모건 Campbell Morgan 은 이런 견해를 내놓았다. "어떤 형태이든 영혼의 치유책을 지닌 이들이 그 방식을 정형화하도록 해서는 안 된다. 영혼을 다루는 방법에 관한 기계적인 지침을 제공하는 책이 있다면, 집에 가서 태워 버려라! 왜냐하면 당신이 다음에 만나게 될 영혼은 당신의 교본을 쓸모없는 것으로 만들고 당신의 규칙들을 비웃을 것이기 때문이다. 인간은 끝도 없이 무한한 다양성의 존재다."[12]

영성 지도의 목표는 3중으로 되어 있다. 앎의 영역에서, 영성 지도자는 피지도자가 성경에 계시되어 있고 신실한 영적 저작들이 설명하는 하나님의 뜻을 이해하도록 돕는다. 됨의 영역에서, 지도자는 피지도자의 내면세계가 그리스도의 형상을 따라 변화되도록 기도한다. 행함의 영역에서, 지도자는 피지도자가 성령의 힘으로 복음을 따라 신실하게 살도록 격려한다.

태미는 신학교를 졸업했을 때, 그 어떤 곳에서도 청소년 사역자로 청빙을 받지 못했다. 그는 자신의 삶에 대한 하나님의 부르심을 의심하기 시작했다. 신학교에 갔던 것은 잘못된 선택이었을까? 근심에 찬 이 젊은 여성은 "하나님은 내가 무슨 일을 하기 원하시는 것일까?"라고 자문하며, 가까운 몇몇 친구들에게 이 고민을 나누었다. 영성 지도에 은사가 있는 한 나이 많은 그리스도인은 이에 친절하게 대답해 주었다. "태미, 나는 네가 잘못된 질문을 던지고 있다는 생각이 드는구나. '하나님은 내가 무엇이 되기를 원하실까?'라고 질문해 보렴." 지혜로운 이 인생 선배는 하나님이 먼저 우리가 누구인가에 관심을 가지시고, 그 후에 우리가 무엇을 하는가에 관심을 두신다는 것을 알고 있었다.

영성 지도자는 하나님과의 관계를 이루어 나가기 위해 지도를 구하는 사람을 돕고, 성장에 대한 방해요소들을 드러내고, 죄의 감춰진 웅덩이를 폭로하고, 영적 훈련을 인도하고, 하나님의 음성을 듣도록 도와주고, 기도의 삶을 살도록 격려한다. 요약하자면, 내면으로부터 그리스도의 생명을 키워 내기 위해 영혼 깊은 곳의 기반을 깨끗하게 하고, 하나님의 살아 있는 말씀을 그 안에 이식하는 것이다. 영성 지도자는 듣고, 질문하고, 고쳐 말하고, 제안하고, 답을 주는 사람이며, 지도를 구하는 이를 위해 기도하거나 그와 함께 기도하는 사람이다. 단순한 충고자나 문제 해결자가 되려는 유혹에 저항하면서 말이다.

구약성경에 등장하는 나오미는 모압에서 온 며느리 룻을 인도해 주었다. 여호와를 향한 믿음에 대해서, 그리고 훗날에는 친척인 경건한 보아스와의 결혼에 대해서, 기꺼이 인도자가 되어 주었던 것이다. 나단은 간음과 살인의 죄를 저지른 다윗 왕의 마음에 어두움을 밝힐 수 있는 빛의 광맥을 가져오도록 영성 지도 사역을 했다. 이 책의 2부에서, 우리는 예수님의 수많은 영성 지도 현장을 볼 것이다. 디모데와 디도에게 보낸 바울의 편지들은 개인적인 영성 지도를 보여 주며, 교회들에 보내는 그의 편지는 모든 사람의 유익을 위한 영성 지도의 영향력을 보여 준다.

상담

심리학적 상담은 인격의 성장, 내면적 갈등의 해결, 더 효과적인 대인관계를 추구하는 사역이다. 이와 같은 상담은 걱정에 시달리게 하는 문제나 위기에서 시작되어, 개인적 발전과 성장을 통해 향상되며, 당면한 문제의 해결과 함께 끝나게 된다. 치유의 중요한 요인은 상담자와 내담자 사이의 관계다.

상담 요법의 근본적인 메시지는 "내가 어떻게 당신의 문제를 해결하거나 당신의 고통을 덜어줄 수 있겠습니까?"라는 것이다.

하나님은 우리를 전인적인 존재로 창조하셨다. 즉 몸, 마음, 감정, 영혼이 서로 연결되도록 지으신 것이다. 신체적 건강과 감정적 상태는 영적 생활에 반드시 영향을 준다. 반대로, 영적 상태는 신체적 · 정서적 행복에 영향을 준다. 이러한 이유 때문에 나는 사실상 영적 문제들로부터 정서적 문제를 분리하는 것이 불가능하다고 생각한다. 그리스도인들 가운데는 그리스도와 더 깊은 관계를 누리게 되면서, 동시에 정서적 건강을 되찾는 경우가 많다. 만일 하나님의 사람들이 영적 인도의 구속적인 사역을 좀 더 폭넓게 실천한다면, 심리학적 상담에 대한 필요는 줄어들 것이다.

목회적 상담은 사람들이 삶의 어려움과 문제들을 잘 다룰 수 있도록 돕는 단기적 사역이라 할 수 있다. 그것은 문제를 바로잡고, 관계를 개선하고, 결정을 내리는 것과 관련된 일일 수도 있다. 목회적 상담은 신학적인 틀 안에서 행해지며, 성경적 지혜와 자원들을 사용한다. 수많은 목회적 상담자들은 스스로 영성 지도의 생명을 주는 자원들을 재발견하며, 자신들의 돌봄 아래 있는 이들에게 어떻게 영성 지도를 제공할 수 있는지를 배운다.

영혼 돌봄 사역들의 관련성

제자도, 멘토링, 영적 인도, 상담의 사역들은 서로 어떤 관련이 있는가? 이 사역들은 각기 다르지만, 실제로는 서로 영향을 미친다. 남을 돌보는 한 그리스도인은, 위에 열거한 사역들 가운데서 자신의 부르심을 발견할 수 있다. 예를 들어, 제자훈련 사역에 참여하고 있는 어떤 사람은, 사역자의 직무를 배우는 일에 도움이 필요한 누군가의 멘토가 되어 주어야 한다는 것을 깨닫는다. 어떤 영성 지도자는 중년의 변화를 겪고 있는 누군가를 돕는다. 어떤 기독교 치유 전문가는 내담자의 기도생활이 풍성해지도록 돕는다.

네 가지 사역을 의료의 전문화와 비교하여 생각해 보면 이해가 쉬울 것이다. 예를 들어, 환자를 다룰 때 내과 전문의는 심장 분야에서 의학적인 문제를 이야기할 수 있다. 하지만 일반 진료 의사가 의학적 문제를 폭넓게 다루듯이, 사역의 경우에서도 훈련과 경험이 뒷받침된다면 제자도, 멘토링, 영적 인도, 목회적 상담을 두루 행하도록 부르심을 받을 수도 있다. 환자는 건강에 대한 전반적인 문제를 해결하기 위해 한 사람 이상의 전문의를 필요로 한다. 이처럼 성장하는 그리스도인은 온전하고 거룩하게 자라기 위해 한 사람 이상의 영적 조력자와 상의해야 한다.

그래서 네 가지 사역의 상호적인 부분 외의 개별적인 특성은 피라미드의 네 가지 면으로 표현되며, 이 특성들은 성경적 제자도의 가장 중요한 목적 혹은 핵심으로 결합된다. 그 목적은 우리가 전인적인 힘과 능력으로 하나님을 사랑해야 하며, 예수님이 명령하신 포용적인 제자도를 따라 살아야 한다는 것이다.

성경적 제자도(마 28:19)

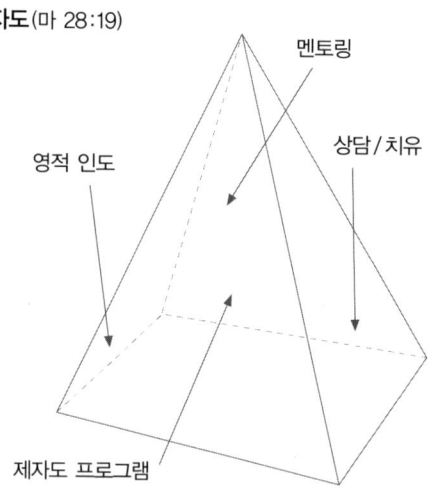

1. 개인적인 질문들과 어려움들을 다시 생각해 보기

앞에서 설명한 영적 여정의 단계들을 되짚어 보라.

당신은 이 여정 중 어떤 곳에서 영적·정서적 어려움을 경험했는가?

하나님이 당신의 삶을 돌아보게 하고 성장을 격려하시기 위해, 어떤 '위기'를 사용하셨다고 생각하는가?

신뢰할 수 있는 민감한 영적 친구와 함께 당신의 생각을 나누어 보라.

2. 기독교적 지원 사역 평가하기

지금까지의 여정에서 당신의 영적 성장에 가장 큰 도움을 주었던 것은, 위에서 논한 지원 사역 중 어떤 것인가?

이 장을 읽으면서, 다른 지원 사역들을 발견하도록 도전을 받았다면 어떤 것인가?

당신이 특별한 매력을 느끼는 사역은 어느 것인가?

"우리 모든 삶의 굴곡은 너무 커서 홀로 다룰 수 없다.
우리에게는 상담자와 인도자가 필요하고,
함께 그 길을 걸어 줄 다른 이들의 지지가 필요하다.
그 사람이 바로 영적 친구다."

_ 엘레드

영혼 돌봄의 역사

앞 장에서 우리는 영적 인도와 관련한 다양한 사역들을 살펴보고, 그것들이 영성 지도라는 좀 더 구체적인 사역과 어떻게 관련을 맺고 있는지 확인했다. 이 장에서는 수 세기에 걸쳐 교회에서 실천되어 온 영적 인도의 양상을 간단히 살펴보려고 한다. 이는 우리 시대에서 이 사역을 어떻게 해 나가야 할 것인지, 그리고 그것으로부터 개인적으로 어떤 유익을 얻을 수 있을 것인지 더 잘 이해하는 데 목적이 있다.

초대 교회

3-4세기에 로마 제국이 쇠퇴하는 동안, 2만 명의 그리스도인들은 팔레스타인, 시리아, 이집트, 아라비아 사막으로 도피했다. 사람들은 하나님을 만나기 위해 광야로 이끌림을 받았던 세례 요한과 예수님을 따르고 있다고 믿었다 히 11:38 참고. 사막의 그리스도인들은, 가혹한 사

막의 환경에서 믿음 깊은 '아버지'abbas와 '어머니'ammas들을 만났다. '아바'(abba)와 '아마'(amma)는 아람어로 각각 아빠, 엄마라는 뜻이지만 당시 공동체에서는 남성 지도자와 여성 지도자를 칭하는 말로 사용되었다.-옮긴이 이 스승들은 마음의 청결을 지키며, 영적 성장의 장애물들을 주의 깊게 살피고, 영들을 분별하는 데 도움을 주었다. 주요한 사막 교부들로는, 이집트의 안토니우스Antony of Egypt, 356년 서거, 에바그리우스 폰티쿠스Evagrius Ponticus, 399년 서거, 존 카시안John Cassian, 435년 서거 등이 있다. 아바와 아마들은 일대일로, 혹은 작은 모임들 속에서, 그리고 훗날에는 수도원 공동체에서 영적 상담을 제공했다.

다음은 『사막 교부들의 금언』The Saying of the Desert Fathers, 은성에서 발췌한 지혜의 예들이다.

아바 팜보Pambo가 아바 안토니우스Antony에게 찾아와 "제가 무엇을 해야 할까요?"라고 묻자, 안토니우스는 이렇게 대답했다. "자신의 정당함을 내세우지 말고, 이미 지나가 버린 죄에 대해 괴로워하지 말게. 그리고 혀와 배의 절제를 수련하게."[1]

아바 요셉Joseph은 아바 니스테루스Nisterus에게 "혀를 다스릴 수 없다면 어떻게 해야 하겠습니까?"라고 물었다. 그러자 노인인 니스테루스는 "자네가 말을 할 때, 평화를 찾을 수 있는가?"라고 물었다. 요셉은 대답했다. "그렇지 않습니다." 노인은 대답했다. "자네가 평화를 찾을 수 없다면, 말을 하는 이유가 무엇인가? 침묵을 지키고, 대화를 해야 하는 순간에 말하기보다는 듣도록 하게."[2]

가이사랴의 주교 바실Basil, 379년 서거은 "거룩한 삶을 사는 데 있어서 매우 확실한 인도자로 당신을 섬겨 줄" 적절한 사람, "하나님께로 가는 곧은 길"을 아는 사람을 찾으라고 그리스도인들을 독려했다. 바실은 "사람이 권고가 필요 없다고 믿는 것은 큰 교만이다."³⁾라고 경고했다. 신학자이자 설교자인 밀라노의 암브로시우스Ambrose of Milan, 397년 서거는 개인적인 대화, 편지, 책들을 통해 새 신자들에게 그리스도 중심의 영적 인도를 제공했다. 훌륭한 성직자이자 신학자인 아우구스티누스Augustine, 430년 서거는 개인적인 대화와 상담 편지들을 통해 영적 인도 사역을 했다.

수도원 공동체에서 영성 지도는 규격화된 형식을 따른다. 대수도원장, 혹은 영적 지도자는 각 사람의 필요에 따라 금욕적 생활 안에서 공동체를 지도했다. 유명한 *Rule*수도 규칙의 저자 베네딕토Benedict, 547년 서거는 공동체의 영성 형성을 위한 지침을 제공했으며, 이는 오늘날에도 여전히 사용되고 있다.

5세기에 전성기를 맞았던 아일랜드와 영국의 켈틱 교회는 영혼의 친구 혹은 '아남카라'anamcara의 사역에 초점을 맞추었다. 패트릭Patrick, 460년 서거과 콜럼바Columba, 597년 서거로 대표되는 이러한 전통으로 인해, 아이오나에 있는 공동체의 창시자는 "영혼의 친구가 없는 사람은 머리가 없는 몸과 같다."고 말했다.⁴⁾

중세

성경의 중요성과 인생의 수도원적 방식을 강조했던 그레고리 대제는 영성 형성 분야의 대가였다. 그레고리의 유명한 *Pastoral Rule* 목회 규율은 영혼 돌봄의 사역에 대한 심오한 통찰들을 제공한다. 그레고리에게 있어서 "영혼을 이끄는 예술은 예술 중의 예술"이었다.[5]

수 세기 후, 시토 수도회의 대수도원장이며 설교자이자 작가인 클레르보의 베르나르는 구도자들을 격려하고 권고하고 꾸짖는 영적 상담의 편지를 460통 이상이나 썼다. 베르나르는 다음과 같이 말했다. "스스로 자신의 교사가 되는 사람은 얼간이의 학생이 되는 것이다."[6]

Spiritual Friendship 영적 우정의 저명한 작가 리보의 엘레드는 영적 인도의 문제에 대해 폭넓게 조언했다. 엘레드는 구도자들에게 윗사람 노릇을 하기보다는 종과 친구가 되어 주었다. 엘레드에 의하면, "우리 모든 삶의 굴곡은 너무 커서 홀로 다룰 수 없다. 우리에게는 상담자와 인도자가 필요하고, 함께 그 길을 걸어 줄 다른 이들의 지지가 필요하다. 그 사람이 바로 영적 친구다." 그는 이렇게 덧붙였다. "친구들 없이 사는 것은 짐승처럼 사는 것이다."[7]

토마스 아 켐피스는 자신의 고전 『그리스도를 본받아』 The Imitation of Christ, 엔크리스토에서, 그리스도를 좀 더 온전히 알고자 하는 그리스도인들에게 다음과 같이 촉구한다. "건전하게 비판하는 사람에게 상담을 요청하고, 당신보다 나은 사람에게 지도를 요청해야 하며, 또한 자신의 교만한 생각들을 따르려는 욕망을 피해야 한다."[8]

계속되는 종교개혁

개신교 종교개혁가들은 권위주의를 피하고 신자 개개인의 제사장

직분을 강조하면서, 영혼 돌봄의 필요성을 인식했다. 마르틴 루터1546년 서거는 영향력 있는 저서 *Letters of Spiritual Counsel* 영적 권고의 편지들에서 수많은 계층의 영혼을 살피는 일에 대한 영적 인도를 제공했다. 존 칼뱅John Calvin, 1564년 서거은 신학자, 학자면서 또한 목사이자 영혼의 인도자였다. 칼뱅 역시, 후세 사람들에 의해 '영혼의 지도자'라고 불릴 만큼 수많은 영적 인도의 편지들을 썼다. 프랑스의 개혁가 마르틴 부처Martin Bucer, 1551년 서거도 자신의 저서 *On the True Cure of Souls* 영혼의 참된 치유에 관하여로 영적 인도 사역에 기여했다.

로욜라의 이그나티우스1556년 서거는 유명한 *Spiritual Exercises* 영적훈련이라는 책을 통해 영혼 돌봄 사역에 크게 기여했다. 이 책은 영성 지도자들을 위한 안내서로, 선한 영과 악한 영의 분별, 기도의 심화, 하나님 뜻의 확인을 포함한 몇 가지 기초적인 주제들에 초점을 맞춘다. 이그나티우스는 영혼의 친구가 없는 사람은 머리가 없는 몸과 같다고 주장했다.

카르멜회의 개혁가인 아빌라의 테레사1582년 서거는 교회의 회복을 위한 열쇠가 바로 공식적인 영성 지도라고 생각했다. 그는 여정을 떠나는 이들이 전진하기 위해서는 지식이 많고 경험이 풍부한 영성 지도자가 필요하다고 말했다. 테레사는 자신의 개인적 경험을 돌이켜 보면서 이렇게 기록했다. "나를 파괴했던 것은 다름 아닌 자기의존이었다. 이런 측면에서, 그리고 모든 측면에서 우리에게는 전문가가 필요하고, 영적인 사람들과의 논의가 필요하다."[9] 그리고 이렇게 덧붙였다. "모든 그리스도인은 할 수 있는 한 정통한 누군가에게 조언을 구하려고 노력해야 하며, 그 대상은 더 정통한 사람일수록 더 유익하다. 기도의 길을 걷는 사람들은 배움에 대한 큰 필요가 있으며, 더 영적인 사람일수록 그 필요는 더 크다."[10]

테레사의 잘 알려진 동료였던 십자가의 성 요한1591년 서거은 하나님이 모든 사람의 주님이자 인도자시지만, 그럼에도 불구하고 우리에게는 그리스도 안에서 변화로 이끌어 줄 영적 인도자들이 필요하다고 주장했다. 성 요한은 그리스도인들이 좀처럼 성숙을 향해 나아가지 못하는 이유가 "자신을 이해하지 못하고, 능력이 부족할 뿐 아니라, 정상으로 그들을 인도할 지도자들을 경계하기 때문이다."라고 말했다.[11]

제네바의 주교였던 세일스의 프란시스Frances of Sales, 1622 서거는 지배가 아닌 권고와 충고로 영혼들을 인도했다. 영성 지도자와 관련하여, 그는 이렇게 기록했다. "당신을 인도해 줄 사람을 찾으라. 그것은 하나님의 뜻을 찾는 가장 확실한 방법이다…당신이 그를 찾았다면, 그를 단순한 사람이 아닌 천사로 생각하라."[12]

17-18세기의 청교도 설교자들은 숙련된 영혼의 의사였다. 그들의 영적 인도는 삶의 어려움, 유혹 그리고 영혼의 분별에 초점을 두었다. 청교도 지도자들은 영혼을 돌보기 위해 "당신의 기도생활은 얼마나 효과가 있습니까?" "당신은 그리스도 안에서 성장하고 있습니까?" "당신은 적극적으로 사탄에 대항하고 있습니까?"와 같은 질문을 던졌다. 또한 청교도 목사들은 편지왕래를 통해, 그리고 실제적인 영적 문제를 다루는 책들을 통해 사람들을 지도했다. 잘 알려진 예들로는, 리처드 십스Richard Sibbes, 1635년 서거의 *Discouragement's Recovery* 낙담의 회복, 토마스 굿윈Thomas Goodwin, 1680년 서거의 『어둠 속을 걷는 빛의 자녀들』 *A Child of Light Walking in Darkness*, 지평서원이 있다.

영국 교회는 처음부터 영성 지도에 높은 가치를 부여했다. 주교이자 신학자인 제레미 테일러Jeremy Taylor, 1667년 서거는 다음과 같이 쓰고 있다. "하나님은 영적인 사람들을 영혼의 인도자로 기름 부으셨다. 그들의 직무는 지도하고 위로하는 것, 평화를 끼치고 인도하는 것, 지친 자들을 회복시키고 약한 자들을 강하게 하는 것이다. 그러므로 그들의 권고는 하나님의 기름 부음이 있는 적절한 치료책이다."[13] 그는 본향으로 향하는 여정에서 신자들의 복합적인 필요를 다루려면 설교만으로는 불충분하다고 주장했다.

리처드 백스터Richard Baxter, 1691년 서거은 『참 목자상』The Reformed Pastor, 생명의말씀사에서 영적 상담을 필요로 하는 네 부류의 사람들을 언급했다. 이름뿐인 그리스도인회심하지 않은 이들, 신앙에 있어서 어리고 약한 그리스도인, 회복되어야 할 죄에 빠진 그리스도인, 강한 그리스도인이 바로 그들이다. 그는 가장 큰 관심을 필요로 하는 이들이 바로 네 번째 부류라고 말했다.[14]

주교, 설교자, 영성 지도자인 프랑소아 페넬롱은 영적 성장에 진지한 관심을 기울이는 그리스도인들에게 일대일 상담이나 편지로 조언해 주었다. 그의 편지는 '하나님과 대화하는 방법' '메마르고 죽어 있는 기도' '감정이 우리를 실망시킬 때'와 같은 주제들을 담고 있었다.[15]

친우회the Society of Friends, 퀘이커는 하나님이 영혼에 직접적으로 말씀하신다는 의미로 '내면의 빛'을 강조했지만, 조지 폭스George Fox, 1691년 서거는 구도자들에게 그리스도에 대한 경험적 지식, 삶의 거룩함, 실천적인 그리스도인의 삶 등을 가르치는 3천 통 이상의 편지를 썼다. 폭스와 존 울먼John Woolman, 1772년 서거의 일기들도 영적 인도의 유용한 매개체로 사용되었다.

영국 전역에서 감리교 속회의 네트워크를 통해 매우 주목할 만한 영적 인도 사역을 했던 존 웨슬리1791년 서거는 거룩함의 성장에 헌신했던 사람이었다. 지도자를 비롯하여 12명으로 구성된 이 그룹은 고백, 격려, 도전으로 서로를 영적으로 양육하는 모임을 가졌다.

현대

이 중요한 사역은 사실상 우리 시대까지 계속 이어져 왔다.

신비주의에 관한 영국국교회의 권위자인 에블린 언더힐Evelyn Underhill, 1941년 서거은 모든 그리스도인이 여정을 위해 유능한 조력자들을 필요로 한다고 주장했다. 그에 의하면, 조력자란 귀를 기울여 주는, 분별력과 지식이 풍부한 사람들을 말한다. 레지날드 서머셋 워드Reginald Somerset Ward, 1962년 서거는 이렇게 썼다. "영성 지도자의 임무는… 명령을 내리는 심판자나 지배자가 되는 것이 아니라, 영혼의 질병과 하나님과의 교제의 장애요소를 진단하는 것을 자신의 주요한 일로 여기는 영혼의 의사가 되는 것이다."[16)]

사랑받는 작가이자 옥스포드 대학 교수였던 C. S. 루이스Lewis, 1963년 서거가 영적 인도로 섬겼던 영역은 세 가지였다. 첫째, 옥스퍼드 대학에 30년 동안 학자로 있으면서, 그는 학생들의 영적 필요에 대한 깊은 관심을 보였다. 둘째, 제2차 세계대전의 암흑기에 여러 교회와 대학들, 그리고 BBC 라디오 프로그램에서 설교를 하며 온 나라에 영적 인도를 제공했다. 마지막으로, 그는 아는 사람이나 모르는 사람이나 상관없이 편지 왕래를 하면서, 영적 지원을 원하는 수많은 사람들에게 도움을 주었다. 하나의 두드러진 예는 루이스의 *Letters to an American Lady*미국 여인에게 보내는 편지다. 이것은 천주교 신자인 어느 미망인에게 보낸 폭넓은 주제의 편지들이다. 루이스는 영성 지도가 다음 세 가지 질문을 포함해야 한다고 생각했다. (1) "나를 향한 하나님의 기쁨은 무엇인가?" (2) "나의 현재 본분은 무엇인가?" (3) "무엇이 진정한 것인가?"[17]

콜럼비아대학 학생이었을 때 회심한 트라피스트회 수도사 토마스 머튼Thomas Merton, 1968년 서거은 개인적인 대화들, 광범위한 편지 왕래, 그리고 수많은 저작들을 통해 영성 지도에 대한 자신의 은사를 발휘했다. 머튼에게 있어서 "영성 지도자란 다른 사람들이 자신의 삶에서 은혜를 인식하고 따르도록 돕는 사람이다. 이는 하나님이 그를 인도하고 계신 목적지에 도착하게 하기 위한 것이다."[18]

우리의 현주소를 점검하며

달라스 윌라드는 교회의 영혼 돌봄의 역사를 다음과 같이 요약한다. "영성 지도는 예수님에 의해 이해되었고, 바울에 의해 가르쳐졌고, 초대 교회에 의해 실천되었고, 중세 교회에서 지나치게 남용되었고, 종교개혁자들에 의해 그 범위가 좁아졌고, 청교도들에 의해 다시 부활했다가, 현대 교회에 이르러 완전히 사라졌다."

우리가 살펴보았던 것처럼, 영성 지도는 처음부터 교회의 중요한 구조적 사역이었다. 유진 피터슨은 이렇게 설명한다. "기독교 신앙의 역사를 볼 때, 대개는 한 그리스도인이 한 사람의 영성 지도자를 두는 것이 바람직했다."[19] 하지만 생명을 주는 영성 지도는 현대 교회에서 상당 부분 무시되고 있다. 피터슨은 "우리 문화 가운데서는 영성 지도 사역을 장려하지 않으며, 교회 내에서도 예외는 아니다."[20]

내 친구인 한 목사는 피터슨의 의견에 동의하며 이렇게 말한다. "영적 여정을 되돌아볼 때, 나는 내 인생에서 그 어떤 진정한 영적 인도자도, 멘토도, 지도자도 명확하게 떠올릴 수 없네. 나는 사역의 이러한 영역에서 심각한 결핍을 느끼고 있다네."

왜 우리는 오늘날의 교회에서 영적 지도를 거의 경험하지 못하는 것일까? 이러한 결핍에는 몇 가지 이유들이 있다.

우선적으로, 서구 문화는 개인의 자기의존을 강조한다. 불행히도 이러한 생각은 오늘날 교회 내에도 두루 퍼져 있다. 또한 우리 문화는 서로 간의 관계를 소중하게 여기기보다 생산성이라는 우상을 숭배한다. 종종 교회 내에서, 우리는 '영혼 구령' 혹은 '프로그램 만들기'와 같은 측정 가능하고 생산적인 활동들을 강조한다. 오늘날 영성 지도를 간과하는 또 다른 이유는 삶을 직선적이고 기계적인 방식으로 보는 헬레니즘적 사고 때문인지도 모른다. 우리는 영혼의 성숙이 $A+B+C=D$와 같은 방식으로 이루어진다고 믿는 경향이 있다. D라는 목표에 도달하기 원한다면, 특정한 논리적 단계 A, B, C를 거쳐야 한다는 것이다. 그러한 논법을 믿는 사람은 단계적인 논리와 종종 반대되는 하나님의 일하심을 삶에서 거의 허용하지 않는다.

헨리 나우웬은 우리 시대에 영성 지도가 무시되고 있는 현상을 안타깝게 여겼다.

"오늘날 수많은 사역자들은 탁월한 설교자, 역량 있는 상담자, 좋은 프로그램 운영자들이지만, 삶에서 하나님의 임재를 구하고 있는 사람들에게 영성 지도를 제공하는 데 있어서는 대체로 불편해한다. 대부분은 아니지만 여전히 수많은 사역자들에게, 성령의 존재는 알려지지 않은 영역이다. 그러므로 수많은 사악한 영들이 세력을 떨치며 상당한 혼란을 일으켜 왔다는 것은 놀라운 일이 아니다. 그러므로 영을 진단하는 사람에 대한 필요가 증가하고 있다. 그들은 사악한 영들 가운데서 성령을 분별하고, 사람들의 영혼과 육체를, 그리고 그들의 모든 개인적인 관계들을 적극적·필수적인 변화로 이끌어 낼 수 있는 이들이다."[21]

《리더십》Leadership 지의 최근호에서는, 오랜 경력을 지닌 다섯 명의 목회자들이 자신의 사역을 돌아보며 저마다 느끼고 있는 압력에 대한 기사를 실었다. 한 목사는 이렇게 말했다. "제가 목자로 살고, 목자로 기능하고, 목자로 걷지 못했다는 것을 깨달았습니다." 대형 교회를 사임한 다른 한 사람은 이렇게 썼다. "저는 비참하다는 생각 때문에 결국 사역을 그만두었습니다…조직의 바퀴들이 잘 굴러가도록 하는 데만 대부분의 시간을 사용했던 거죠." 세 번째 목회자는 이렇게 고백했다. "저의 사역 방식은 부적절했습니다…'분주함' 때문에 늘 어려움이 있었지요. 저는 사역의 모든 부분에서 곤경에 처해 있었고, 통찰력 있는 리더십을 발휘하려면 더 이상 그 상황을 만만하게 볼 수 없었습니다. 저는 영성 지도자가 되어야 했습니다." 그는 이렇게 덧붙였다. "영성 지도자가 되려는 저의 태도는 목사로서의 직무를 향상시켜 주었습니다…점점 더 강한 영적 허기를 느끼는 세상에서, [영적인 사역은] 사람들을 생명을 변화시키는 믿음으로 인도하기 위한 최고의 기회입니다."[22]

회복된 은혜

이 장에서는 생명을 주는 영적 인도 사역에 관한 역사적인 실례들을 살펴보았다. 나는 토마스 오덴Thomas Oden 의 말에 동의한다. 그는 "여러 세기를 거치면서 목회적 경험을 통해 발전되고, 키워지고, 재점검되고, 정제되어 온 영성 지도의 기술들은 진지하게 다시 연구되어야 할 가치가 있다."고 말했다.[23] 다행히도, 하나님의 섭리 안에서 그러한 변화가 일어나고 있으며, 하나님 은혜의 중요한 매개체가 교회 전체에서 회복되고 있다.

영성 지도 사역과 교회 생활에 있어서의 그 중요성을 역사적으로 살펴보았으므로, 이제는 이 사역이 우리에게 개인적으로 무엇을 뜻하는지를 스스로 체험해야 할 때다. 그런 맥락에서 우리는 먼저 예수님이 행하셨던 영성 지도 사역의 폭넓은 사례를 관찰할 것이다. 예수님은 당시에, 삶을 헤치며 하나님께로 나아가고 있던 모든 사람들에게 영성 지도를 제공하셨다. 이 사례들을 위해, 우리는 다양한 사람들, 온갖 종류의 필요들과 질문들을 접하셨던 복음서 속의 예수님을 살펴볼 것이다.

결국, 예수님은 우리의 궁극적인 모델로서 우리가 닮아가야 할 유일한 분이시며, 오늘날 우리가 그분의 21세기 제자가 되고 다른 제자들을 인도하기를 구할 때 영감을 주실 수 있는 가장 뛰어난 영성 지도자이시다.

1. 나는 당신이 지혜로운 영적 상담에 대한 서적들을 읽어 보기를 강력히 권한다.

아래는 참고할 만한 추천 서적들이다.

아빌라의 테레사, *The Way of Perfection* 완전의 길, Paraclete Press, 2000

프랑소아 페넬롱, *Talking with God* 하나님과의 대화, Paraclete Press, 1997

C. S. 루이스, *Letters to an American Lady* 미국 여인에게 보내는 편지, Eerdmans, 1967

2. 영적 일기를 한번 써 보라. 그 습관은 영적 생활이 꾸준히 '지속되도록' 도움을 줄 것이다. 일기는 당신이 빠져 있는 인습의 틀뿐 아니라 당신이 적용해야 할 중요한 통찰들을 발견하게 해 주는 유용한 도구다.

독서하면서 당신을 놀라게 했던 통찰들, 즉 영적 성장을 위한 가능성을 제안했던 내용들을 발견했다면 일기에 기록해 보라. 이러한 통찰들을 당신의 삶의 소망들과 필요들에 적용해 보라.

당신의 영적 여정에 대한 이러한 통찰들을 어떻게 실행할 것인가?

3. 영적 전기를 읽어 보라.

A. W. 토저 Tozer 나 헨리 나우웬과 같이 영성 깊은 사람들의 삶에 대해 읽어 보라. 읽으면서 그가 중요한 영적 인도를 받았던 방식에 특별히 주목해 보라.

"영성 지도는 예수님에 의해 이해되었고, 바울에 의해 가르쳐졌고, 초대 교회에 의해 실천되었고,
중세 교회에서 지나치게 남용되었고, 종교개혁자들에 의해 그 범위가 좁아졌고,
청교도들에 의해 다시 부활했다가, 현대 교회에 이르러 완전히 사라졌다."

_ 달라스 윌라드

영혼을 돌보시는 예수님

그리스도 안에서의 영적 성장은 하나님을 향한 사랑이 더 깊어지고 그분의 길에 더 가까워지는 것, 그리고 이웃을 향한 사랑이 더 깊어지는 것과 관련되어 있다.
하나님과 이웃을 향한 사랑이 모두 깊어지려면, 현명하고 능력 있는 인도자의 지도가 필요하다.
왜냐하면 홀로 걸어가기에는, 그 길이 그리 곧거나 평탄하지 않기 때문이다.
대부분의 경우 그 여정은 영적 전쟁, 이성적 도전, 정서적 어려움, 어두운 절망으로 인해 움푹 파이고 뒤틀려 있다.
하지만 우리는 힘을 주시고 목적지에 더 가깝게 인도하시는 예수님과 언제나 함께 걷고 있다.

하나님의 때를 기다리지 못하는 사람

웨스트코스트 투자 회사의 중역이었던 마이클에게는 사랑스런 아내와 세 아이들, 안정적인 수입, 호수가 바라다 보이는 넓은 집이 있었다. 그런데 한 사업 동료가 예수님을 소개하며 복음을 증거한 후로, 마이클의 삶은 극적으로 변화되었다. 그는 가족들은 물론 그 도시의 다른 사업가들과 성경공부 모임을 가졌고, 지역 교회에서도 활동하게 되었다. 신앙이 성장하면서, 그는 자신의 삶을 향한 하나님의 뜻을 따르는 데 헌신했다.

얼마 후 마이클은 금융계를 떠나 기독교 사역을 준비하기 위해 신학교에 입학했다. 그는 하나님이 자신의 결정을 존중하시고, 섬김의 특별한 자리로 인도하실 것이라고 믿었다. 하지만 우등생으로 신학교를 졸업했을 때, 그에게는 자신이 섬겨야 할 곳에 대한 그 어떤 암시도 없었다. 몇몇 교회들과 기독교 기관들에 이력서를 보냈지만 번번이 떨어질 뿐이었다. 마이클은 자신을 사역으로 부르신 하나님께 질문을 퍼부으며, 안정적인 사업에서 떠난 결정을 후회하기 시작했다.

마이클은 임시직을 구했고, 표면적으로 하나님의 인도가 없는 것 같은 이 상황을 어떻게든 정리하기 위해 영혼의 친구라고 생각하는 한 그리스도인을 만나기로 했다. 두 사람은 함께 성경을 찾아보았고, 주님을 기다렸다. 친구는 진로가 명확해질 때까지 전적인 신뢰와 인내를 가지고 하나님을 기다리라고 격려해 주었다. 기다림은 며칠이 되고 몇 주가 되고 몇 달이 되었다.

2년 후, 어느 성장하는 교단에서 마이클에게 접촉해 왔다. 그들은 교회 개척과 새로운 사역들을 위한 전략에 관심이 있었다. 그 자리는 마이클이 경영자의 자리에서 쌓았던 경험들과 사역을 위한 그의 비전에 완벽하게 들어맞았다. 하지만 이 조건들은 단지 표면적인 것들에 불과했다. 사실 마이클은 기다리고 기도하며 하나님을 찾던 그 힘든 시간들 동안, 하나님의 방법과 그분의 일하심에 대해 더 깊이 이해하게 되었던 것이다.

지금, 마이클은 자신에게 꼭 맞는 자리에 있을 뿐 아니라, 인내하면서 하나님의 예정표가 분명해지기를 기다릴 때 배웠던 풍성한 영적 교훈들을 다른 사람들과 나누고 있다.

나는 우리 모든 사람들이 예수님으로부터 하나님의 때를 기다리는 지혜를 직접 배울 수 있을 것이라 믿는다.

가나의 혼인잔치

요 2:1-11

예수님과 몇몇 제자들은 갈릴리의 가나 혼인잔치에 도착했다. 예수님의 어머니인 마리아는 이미 그곳에 도착해 있었다. 잔치가 시작된 후 얼마 지나지 않아, 예상치 못하게 포도주가 떨어지고 말았다. 접대란 중동 지방 문화에서 엄청나게 중요한 것이었기 때문에, 이 상황은 주인에게 몹시 당황스러운 일이었다. 시편 104편 14-15절에서 "주님은…땅에서 먹거리를 얻게 하셨습니다. 사람의 마음을 즐겁게 하는 포도주를 주시고"표준새번역라고 말하는 것처럼, 포도주는 팔레스타인 결혼식에서 중요한 부분이었다.

마리아가 "저들에게 포도주가 없다."고 예수님께 전한 말은, 사실의 진술이기도 하고 분명치 않은 요구이기도 했다. 마리아는 자신의 첫아이가 하나님의 아들이라는 것을 염두에 두고 있었다. 그녀는 예수님의 탄생에 대한 시므온의 노래를 듣고 놀랐고눅 2:29-32 참고, 자신의 아들과 관련한 세례 요한의 가르침을 들었으며눅 3:16-17 참고, 예수님이 제자들의 무리를 모으시는 것을 보았다요 1:35-51 참고. 즉각적인 필요가 생기자, 마리아는 포도주를 가득 채우는 기적을 통해 메시아의 약속을 성취하라고 예수님을 재촉했다. 주석가들은 마리아가 이 문제에 관여하는 것으로 보아, 아마도 결혼식의 대상이 예수님의 친구나 친척 중 한 사람이었을 것이라고 추측한다.

예수님은 마리아의 요구에 이렇게 대답하셨다. "여자여 나와 무슨 상관이 있나이까 내 때가 아직 이르지 아니하였나이다"요 2:4. 예수님은 "내 때"에 관해 언급하시면서요 7:6, 8, 30; 8:20; 12:23, 27; 13:1; 17:1, 자신의 수난과 부활의 때에 대한 영광의 계시를 마음에 두고 계셨던 것 같다. 그래서 처음에는 자신의 때가 분명히 아직 이르지 않았다는 이유로, 포도주를 채우는 기적에 대한 어머니의 요구를 거절하셨다.

훗날, 믿지 않는 예수님의 이복형제들은 좀 더 강한 행동을 요구했다. 그들은 예루살렘의 권세자들 앞에서 기적을 행해 보라고 빈정대며 예수님께 도전했던 것이다. "스스로 나타나기를 구하면서 묻혀서 일하는 사람이 없나니 이 일을 행하려 하거든 자신을 세상에 나타내소서"요 7:4. 이 믿음 없는 제안에 대해 예수님은 이렇게 대답하셨다. "내 때 kairos가 아직 차지 못하였으니"요 7:8. 하나님의 아들은 예루살렘에 들어가 자신이 메시아임을 공적으로 선언하게 될 아버지의 약속의 때를 인내하며 기다려야 했다.

마리아는 경건한 여인이었기 때문에, 자신의 요구가 때 이른 것임을 곧 깨달았다. 예수님의 신적 권위에 복종하면서, 하인들에게 "너희에게 무슨 말씀을 하시든지 그대로 하라."요 2:5고 말했다. 아들의 말을 이해하지는 못했지만, 마리아는 예수님이 옳은 때에 옳은 방식으로 옳은 일을 행하실 것임을 신뢰하면서 자신의 의지를 내려놓았던 것이다.

예수님은 돌항아리 여섯 개에 물을 가득 채우라고 하인들에게 지시하셨다. 각 항아리가 대략 100리터 정도의 용량이었음을 감안한다면 그리 쉬운 일은 아니었다. 하인들이 분부대로 일을 마치자, 예수님은 그것을 연회장에게 갖다 주라고 하셨다. 연회장은 항아리에서 떠온 물을 맛보고 놀랐다. 그것은 가장 질 좋은 포도주였기 때문이다! 그 포도주가 어떻게 채워진 것인지, 하인들은 알고 있었다.

예수님의 반응에서, 우리는 자신의 의지가 하나님의 때와 잘 맞지 않는 것처럼 여겨질 때 인간의 성급함을 어떻게 다루어야 하는지를 배울 수 있다.

마리아는 성급하게도 예수님이 결혼 피로연에서 포도주를 공급하심으로 메시아로서 스스로를 공적으로 드러내실 것을 요구했다. 하지만 '때'가 아직 이르지 않았기 때문에, 예수님은 움직이려 하지 않으셨다. 이런 이유로, 예수님은 자신의 영광을 사람들 앞에 드러내기를 거절하셨다. 대신, 그분은 인내하며 자신의 진로에 머물러 계셨고, 가르침, 치유, 귀신 쫓음의 사역이 선행되어야 한다는 것을 알고 계셨다. 하나님의 아들 예수님은 인내하며 아버지의 예정표에 복종해야 한다는 것을 이해하셨다.

하지만 이 사건 속에는 우리를 인도해 줄 다른 무언가가 있다. 아버지의 계획과 어긋나게 자신의 뜻대로 정체성을 드러내는 것은 거절하셨지만, 이 조용한 첫 번째 기적을 통해, 이 땅에 영적 왕국을 건설하려는 뜻을 서서히 밝히기 시작하신 하나님의 계획에는 발맞추어 걸으신 것이다. 예수님을 존경스러운 선생요 1:35-51 참고으로만 따르던 제자들이 예수님을 더 굳건히 믿게 되었던 것은 바로 이 첫 번째 '표적' 요 2:11 참고을 통해서였다. 이 사건은 우리의 믿음이 어떻게 성장해야 하는지를 보여 준다.

예수님의 영성 지도 사역

가나의 혼인잔치 이야기를 통해, 우리는 영성 지도 사역에 대해 예수님으로부터 몇 가지 원칙들을 배울 수 있다.

예수님은 귀담아 들으셨다: 먼저, 예수님이 마리아의 말을 주목하며 들으셨음을 볼 수 있다. 자신의 생각과 마음을 기울여 들으셨던 것이다. 그분은 실제적인 염려에 대한 마리아의 말에 동조하셨고, 결혼식

포도주가 다 떨어졌다는 것과 주인이 당황하게 될 것이라는 마리아의 염려를 인정하셨다.

예수님은 하나님의 목적과 때를 날카롭게 구별하셨다: 다른 사람들이 빈 물통만을 보았던 데 반해, 예수님은 아버지의 카이로스 kairos, 즉 하나님 나라의 목적이 이루어지고 있는 구속적 순간을 붙잡으셨다. 예수님이 마리아에게 "아직"요 2:4이라고 말씀하시고 하인들에게 "지금"요 2:8이라고 말씀하시는 장면에서, 그분의 날카로운 분별력을 볼 수 있다. 예수님은 문제에 대한 즉각적인 '해결책'들을 주장하신 것이 아니라, 인내하며 하나님 나라에 가장 먼저 초점을 맞추셨다.

예수님은 긍휼의 마음으로 직접 그 상황에 대해 말씀하셨다: 아버지의 뜻에 대한 분명한 비전을 지니셨던 예수님은, 뜻은 좋았지만 하나님의 계획과 어긋나 있던 어머니의 마음가짐을 바꾸셨다. 또한 하나님의 은밀한 계획을 이루기 위해 밟아야 할 단계가 무엇인지 하인들에게 말씀하셨다 요 2:7-8.

궁극적으로, 예수님은 마리아가 하나님을 더 온전하게 믿도록 이끄셨다. 그 결과, 마리아는 현재의 상황을 이해할 수 없을 때에도 하나님이 그분의 목적을 신실하게 성취하고 계신다는 것을 믿을 수 있었을 것이다. 복음서가 이것을 직접적으로 말하고 있지는 않지만, 우리는 예수님이 혼란과 염려의 한복판에서조차 하나님과 함께 '어려움을 견디도록' 마리아에게 자신감과 용기를 주려는 의도에서 이 일을 행하셨음을 이해할 수 있다.

예수님은 삶을 즐거워하셨다: 많은 사람들은 하나님이 '중요한 삶의 문제' 혹은 '사역'에만 관심을 가지신다고 생각하지만, 예수님이 가나의 혼인잔치에 참석하신 사건은, 하나님이 즐겁고 유쾌한 축하 모임에도 함께하신다는 것을 우리에게 말해 준다. 하나님이 잔치에 함께 계셨기 때문에 예수님도 즐겁게 축하의식에 참여하셨다. 그렇게 하심으로써, 예수님은 우리가 어떻게 섬김, 기도, 가족관계, 기분전환의 균형을 이루며 살아야 하는지 모범을 보여 주셨다.

하나님의 때를 기다리며

마리아는 떨어진 포도주를 채우는 데 아들의 신적 능력이 사용되길 원했다. 하지만 예수님이 사역의 초기 단계에 자신의 영광을 공공연히 드러내셨더라면, 하나님의 예정표는 거기서 중단될 수도 있었다. 그분에게는 훈련시켜야 할 제자들, 전해야 할 가르침, 행해야 할 수많은 기적들이 있었다. 이것이 바로 "내 때가 아직 이르지 아니하였나이다."라는 말씀이 의미하는 바다. 그럼에도 불구하고 우리는 마리아의 이른 재촉을 그저 나무랄 수만은 없다. 분주하고 혼란스러운 삶 속에서 하나님의 뜻을 분명하게 보는 것은 우리 모두에게 매우 어려운 일이다.

인내하며 기다리는 것은 자연의 기본 원칙 중 하나다. 익기 전에 억지로 열려진 오크 열매는 오크 나무를 번식시키지 못한다. 적절한 때가 오기 전에 갈라진 고치는 살아 있는 나비를 탄생시키는 데 실패한다. 산모가 조산을 하는 경우도 의학적으로 복잡한 문제를 낳는다. 하지만 인내하며 기다리는 능력은 많은 이들이 쉽게 얻을 수 있는 것이 아니다.

특별히 영적 영역에서, 개인적인 문제를 제쳐 놓고 하나님의 계획이 드러나기를 기다리기란 쉽지 않다. 우리는 일을 추진하고, 정면 대응하고, 어떻게든 성취하고 싶어 한다. 하나님께 성급하게 도전하며, 더 나쁜 경우 하나님을 억지로 일하시게 한다. 하나님을 우스꽝스러운 자동판매기처럼 생각하며, 동전을 넣고 하나님이 즉각 우리가 바라는 것들을 내놓으시기를 기대하는 것이다. 우리는 결과에 대해 참을성이 없으며, 일이 해결되어 있기를 바란다.

하지만 하나님 나라는 이런 식으로 움직이지 않는다. 하나님은 그렇게 서두르시는 분이 아니다. 하나님이 아브라함과 사라에게 아들을 주겠다고 약속하셨던 것을 기억해 보라 창 15:4 참고. 하지만 이삭은 아브라함이 100세가 되던 해인, 25년 후에나 태어났다. 에덴동산에서 하나님은 하와의 자손이 사탄의 머리를 상하게 할 것이라고 약속하셨다 창 3:15 참고. 하지만 그 약속이 성취되기까지는 수천 년의 세월이 흘렀다. 더욱이, 성경은 그리스도의 재림이 신속하게 일어날 것이라고 약속한다. "잠시 잠깐 후면 오실 이가 오시리니 지체하지 아니하시리라" 히 10:37. 하지만 2천 년이 지난 지금도, 우리는 그리스도가 오시기를 여전히 기다리고 있다.

하나님이 우리의 예정표에 따라 움직이지 않으시는 것처럼 느껴질 때에도, 우리는 다음과 같이 반응해야 한다.

우리는 전심으로, 무조건적으로 하나님을 신뢰해야 한다: 자신의 영원한 운명을 하나님께 맡긴 그리스도인들은 이 짧은 생의 근심들에 대해서도 하나님께 맡길 수 있다. 하나님이 우리 곁에 계시지 않는 것 같은 때에도, 그분의 결코 다함이 없는 선하심과 신실하심과 지혜를 의지한다. 이 세상의 그 어떤 존재나 능력이 이러한 우리의 신뢰보다 더 가치가 있겠는가? 혼란과 압박의 순간에 다윗은 "여호와여 그러하여도

나는 주께 의지하고 말하기를 주는 내 하나님이시라 하였나이다."시 31:14라고 고백했다. 우리는 다윗처럼 하나님이 우리 삶을 철저하게 다스리신다는 것, 그분이 도우시고 응답하신다는 것을 믿기로 선택할 수 있다.

우리는 기도로 하나님께 우리의 근심을 맡겨야 한다: 우리는 자유롭고 정직하게, 하늘에 계신 우리 아버지께 우리의 필요와 마음의 고통과 혼란들을 표현할 수 있다. 하나님은 한없는 인내로 자녀들의 청원—그것이 아무리 잘못된 것이라도—을 들으신다. 우리가 가장 큰 근심들을 털어놓을 때 하나님은 외면하지 않으신다. 영혼이 성숙하기를 원한다면, 우리는 기도를 멈추지 않고, 하나님을 포기하지 않을 것이다.

우리는 인내하며 하나님을 기다려야 한다: 우리는 끈질긴 결단으로, 그분의 완벽한 때에 그분의 계획이 성취되기를 기다리는 법을 배운다. 구약성경은 우리에게 변하지 말고 기다리라고 격려한다. "너는 여호와를 기다릴지어다 강하고 담대하며 여호와를 기다릴지어다"시 27:14.

신약성경은 우리에게 조용하고 견고해지라고 가르친다. "길이 참고 마음을 굳건하게 하라 주의 강림이 가까우니라"약 5:8. 하나님의 뜻에 복종하고 그분의 때를 기다리는 사람들은 예수님의 가장 좋은 선물들을 받을 것이다. 기다리는 동안, 하나님의 뜻이 어떻게 성취될 것인지 가르쳐 주실 것이기 때문에 우리는 결코 나태해지지 않을 것이다.

우리의 인내와 기다림은 영혼을 성숙시키는 경험이 된다: 우리가 확신하며 주님을 기다릴 때, 우리의 한계들이 기지개를 펴고, 우리의 영혼이 자라가며, 우리의 뜻이 점점 하나님의 뜻과 맞춰진다는 것을 발견한다. 인내하는 기다림은 우리를 현재의 순간 속에 살게 하며, 믿음에 대한 미래의 시험을 위해 참을성과 강인함을 길러 준다. 다시 말해, 인내는 우리로 하여금 예수님을 더 닮게 한다 딤전 1:16 참고.

"무엇을 해야 할지 알지 못할 때, 기다리라! 하나님은 허둥대지 않으시며, 결코 압박을 받지도 않으신다."[1)]

기도

주님, 주님이 다른 곳에 멀리 계신 것처럼 느껴질 때, 그리고 제가 필사적으로 주님의 임재를 구할 때, 저 자신의 온갖 문제들을 포기하도록, 주님을 절대적으로 신뢰하도록 도와주십시오. 그리고 무엇보다도 주님의 온전한 뜻이 드러나기를 인내하며 기다리도록 도와주십시오.

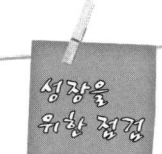

자기성찰의 연습

"기다림은 잠자던 신앙이 싹트는 토양이다."라는 말이 있다. 중요한 기도가 응답되지 않는 것 같았던 때, 혹은 하나님이 당신을 위해 일하기를 지체하시는 것 같았던 때를 돌이켜 보라.

인내가 필요한 시험에서 당신은 하나님을 더욱 전심으로 찾고, 당신의 뜻을 더욱 전적으로 포기하고자 했는가?

이 기다림의 시기는 어떻게 당신에게 정화와 강화의 시간이 되었는가?

그것은 더 끈기 있게, 더 건설적으로 다른 기다림의 시간들을 맞이하게 해 주었는가?

인내하며 기다리는 것은 자연의 기본 원칙 중 하나다.
익기 전에 억지로 열려진 오크 열매는 오크 나무를 번식시키지 못한다.
적절한 때가 오기 전에 갈라진 고치는 살아 있는 나비를 탄생시키는 데 실패한다.

분개하고 저항하는 사람

주디는 자유로운 사고와 생활방식으로 유명한 어느 도시에서 미용사로 일하고 있는 싱글맘single mom이었다. 그녀가 들은 복음의 전부는, 거리 모퉁이에서 성경구절을 크게 외치는 한 열광적인 남자를 통해서였다. 주디의 딸 크리스틴은 불교, 점성술, 뉴에이지에 관심이 있었으며 매우 개방적인 사고를 지니고 있었다. 크리스틴은 어떻게 살아야 할 것인가에 대한 일종의 지침으로, 지갑 속에 "주여, 나를 평화의 도구로 써 주소서…"로 시작되는 성 프란시스의 기도문을 넣고 다녔다.

고등학교 2학년인 크리스틴은 어느 날 한 친구의 초청으로 〈영 라이프〉Young Life, 고등학생을 대상으로 하는 기독교 선교단체-옮긴이 라는 모임에 가게 되었다. 그곳의 흥미로운 활동들과 새 친구들, 그리고 영적인 주제에 대한 대화는 크리스틴의 마음을 사로잡았다. 마침내 학교 친구들의 권고로 크리스틴은 그리스도를 따르기로 결심했다. 콜로라도에서 열리는 여름 캠프에도 등록했으며, 모임 리더의 제안으로 친구들이 다니고 있는 교회에도 나가게 되었다. 크리스틴이 하나님 안에서 발견한 평화와 기쁨에 들떠 있었던 반면, 이 모든 것은 주디의 마음을 불편하게 만들었다.

몇 개월 후, 크리스틴은 세례를 받기로 결정하고, 엄마의 허락을 받기 위해 청소년 담당 목사님을 집에 초대했다. 주디는 적대감을 억누르지 못하고 "고맙지만, 안 됩니다."라고 말했다. "위선자들로 가득 차 있는 교회에서 제 딸에게 세례를 준다고요? 돈을 뜯어내고 아무하고나 잠자리를 하는 텔레비전 설교자들을 좀 보세요!"

목사님은 대답했다. "그런 일을 하는 그리스도인들은 흔치 않습니다. 그리스도인들은 완벽한 존재가 아니라, 용서받은 존재일 뿐이지요."

"용서라고 하셨나요?" 주디는 쏘아붙이며 이렇게 말했다. "그리스도인들은 스스로 주장하는 것처럼 그런 죄 없는 사람들이 아니잖아요. 성지를 얻겠다고 칼을 휘둘렀던 십자군만 봐도 알 수 있죠. 개신교도와 가톨릭교도들이 파이프 폭탄으로 죄 없는 사람들을 학살했던 북 아일랜드의 경우도 마찬가지고요!"

흥분한 주디는 현관문을 열어 목사님에게 나가 달라고 했다. "제 딸이 편협한 그리스도인이 되게 할 수는 없습니다." 크리스틴은 어쩔 줄 모르고 울음을 터뜨렸다. 하지만 크리스틴은 목사님과 그리스도인 친구들의 위로를 받은 후, 엄마를 계속 사랑하면서 복음에 대한 엄마의 저항감이 누그러지도록 기도하기로 결심했다.

또한 목사님은 성경을 통해 하나님께 저항하는 한 여인의 영혼을 돌보셨던 예수님의 방법을 보여 주고 격려해 주었다.

우물가의 여인

요 4:4-30

바리새인들의 반감이 점점 커지자, 예수님은 유대를 떠나 갈릴리로 가셨다. 하지만 예수님은 당시의 '고결한' 유대인들이 택하는 통상적인 노선으로 움직이지 않으셨다.

요단 골짜기를 지나는 보통의 길로 가는 대신, 예수님은 사마리아를 바로 통과하는 길을 택하셨다. 그곳은 유대인과 사마리아인들 사이의 적대감 때문에 다소 비우호적인 지역이었다. 정오 즈음에, 예수님은 세겜 부근의 수가라는 동네로 들어가셨다. 그곳은 수 세기 전에 야곱이 요셉에게 주었던 땅이었다 창 48:22 참고. 그리심 산—사마리아인들에게 가장 성스러운 곳— 옆에 있는 수가에는 야곱의 우물이 있었다.

피곤하고 목이 마르셨던 예수님은 제자들이 마을에 먹을 것을 구하러 간 동안 물을 마시려고 우물가에 앉아 계셨다. 예수님이 기다리실 때 한 여인이 우물로 왔다. 여인들은 대개 한낮의 뜨거운 열기를 피해 아침이나 저녁에 물을 길었지만, 이 여인은 '고상한' 다른 여인들이 내뿜는 경멸의 시선을 피해 정오에 집을 나선 것이었다. 아마도 사랑받지 못하고, 거절당하고, 상처를 입은 여인이었던 것 같다. 또한 겉모습만 성인일 뿐 속으로는 그저 상처 받은 아이와 같은 존재였을지도 모른다.

예수님은 여인과 대화를 시작하셨다. 이 단순한 만남을 통해 예수님이 문화적·종교적 장벽들을 허물고 계셨다는 사실을 이해할 때에만, 우리는 이 대화의 중요성을 알 수 있다.

첫째로, 이 여인은 사마리아인이었고, 예수님은 유대인이셨다. 사마리아인은, 앗수르의 강제적인 이주 정책 이후 남겨진 이스라엘 백성들과 정복자들에 의해 유입된 이방 백성들의 결혼을 통해 생긴 민족이었다 왕하 17:23-41 참고. 무지함과 우상숭배에 물들었다고 해서, 유대인들은 사마리아인들을 불결한 혼혈민족으로 여겼다. 요한은 이렇게 덧붙인다. "유대인이 사마리아인과 상종하지 아니함이러라" 요 4:9.

둘째로, 유대인 영적 지도자인 예수님이 이야기를 나누고 계셨던 대상은 천민일 뿐 아니라, 심지어 천민 여자였다! 유대인 종교 지도자들은 공공장소에서 여자와 대화를 나누는 법이 없었다. 엄격한 랍비들은 이렇게 가르쳤다. "어떤 남자도 거리에서 자기 아내가 아닌 다른 여자와 이야기를 나누어서는 안 된다."[1]

마지막으로, 예수님의 말씀에서 후에 드러나게 된 것처럼, 이 여인은 비정상적인 결혼생활의 연속으로 죄 가운데 살고 있었다. 그럼에도 불구하고, 예수님은 이 여인과의 신성한 만남을 감지하시고, "물을 좀 달라." 요 4:7고 요청하셨다. 하지만 그분의 요청 뒤에는 여인의 영혼에 대한 깊은 관심이 있었다.

여인이 예수님께 대답할 때, 그 말 속에는 경멸을 드러내는 저항감이 섞여 있었다. "어찌하여 사마리아 여자인 나에게 물을 달라 하나이까" 요 4:9. 사실상 그 여인이 하고 싶었던 말은 이런 것이다. "당신의 갈증을 덜기 위해 제게 물을 길어 달라고 요청해도 괜찮다고 생각하시나요? 하지만 언제나 당신네 유대인들은 우리를 무가치하고, 불경한 개들로 생각해 왔죠." 물론 어떤 면에서, 그 여인이 자신의 앞에 앉아 있는 랍비를 향해 모든 유대인들에 대한 반감을 드러내는 것은 자연스러운 일이었다. 그동안 '고결한' 신자들에 의해 얼마나 많은 냉대를 당하고 악

답을 들어야 했을까?

하지만 여인의 비난에도 아랑곳하지 않고, 예수님은 이렇게 말씀하셨다. "네가 만일 하나님의 선물과 또 네게 물 좀 달라 하는 이가 누구인 줄 알았더라면 네가 그에게 구하였을 것이요 그가 생수를 네게 주었으리라"요 4:10.

예수님 말씀의 깊은 뜻을 알지 못하는 여인은 더 큰 저항감으로 반응했고, 그 저항감은 이제 비꼬는 말로 표현되었다. "주여 물 길을 그릇도 없고 이 우물은 깊은데 어디서 당신이 그 생수를 얻겠사옵나이까 우리 조상 야곱이 이 우물을 우리에게 주셨고 또 여기서 자기와 자기 아들들과 짐승이 다 마셨는데 당신이 야곱보다 더 크니이까"요 4:11-12. 하지만 예수님은 여인의 비꼬는 말에 주의를 기울이지 않고, '생수'에 대해 설명하셨다. "내가 주는 물을 마시는 자는 영원히 목마르지 아니하리니 내가 주는 물은 그 속에서 영생하도록 솟아나는 샘물이 되리라"요 4:14.

여전히, 이 여인은 세차게 흘러나오는 영적 생명의 샘에 대한 예수님의 제안을 이해하지 못했다. 자신의 즉각적이고 외적인 딜레마에만 집중하고 있었던 것이다. "저는 여기 물을 길러 오는 것이 정말 싫습니다." 예수님은 여인의 문제가 내적인 데 있음을 아셨다. "너의 마음은 마치 사막처럼 메말라 있구나."

다시 한 번, 여인은 저항하며 대답했고, 그것은 이제 경솔함으로 표현되었다. "주여 그런 물을 내게 주사 목마르지도 않고 또 여기 물 길으러 오지도 않게 하옵소서"요 4:15. 여인의 도전은 그로써 충분했으므로, 예수님은 바로 핵심을 찌르셨다. "가서 네 남편을 불러 오라"요 4:16. 모든 것을 아시는 예수님의 빛을 본 여인은 주저하기 시작했다.

여인은 저항감을 회피로 드러내면서 예수님께 짧게 대답했다. "나는 남편이 없나이다"요 4:17. 예수님은 대답하셨다. "네가 남편이 없다 하는 말이 옳도다 너에게 남편 다섯이 있었고 지금 있는 자도 네 남편이 아니니 네 말이 참되도다"요 4:17-18. 존 칼뱅은 이렇게 기록했다. "예수님은 자신의 말씀이 조소와 함께 받아들여지는 것을 보셨을 때, 질병에 대한 적절한 치료를 하셨다. 그분은 죄를 깨닫게 하심으로 여인의 의식을 찌르셨다."[2)]

여인은 자신의 사적인 생활을 다 아시는 예수님 앞에 멈칫하여, 예배의 적절한 장소에 대한 주제에 이 랍비를 끌어들임으로써, 죄로 점철된 자신의 삶으로부터 그분의 주의를 돌리려 했다. 마침내 여인은 비웃음으로 자신의 저항감을 표현했다. "주여 내가 보니 선지자로소이다 우리 조상들은 이 산에서 예배하였는데 당신들의 말은 예배할 곳이 예루살렘에 있다 하더이다"요 4:19-20.

예수님은 여인의 화제전환을 무시하셨지만, 하나님께 받아들여질 만한 예배란 장소에 의해서가 아니라 예배자의 마음의 태도에 의해 결정된다고 말씀하셨다. 마침내 이 말씀은 불완전하고 학대 받은 사마리아 여인에게 영향을 미쳤다. 여인의 저항감은 누그러졌다. 그리고 이렇게 말했다. "메시아 곧 그리스도라 하는 이가 오실 줄을 내가 아노니 그가 오시면 모든 것을 우리에게 알려 주시리이다"요 4:25. 예수님은 여인을 메시아가 오실 때 그분을 기꺼이 맞이할 것을 고백하는 데까지 이끌어 주셨던 것이다.

메시아의 오심에 대한 여인의 희망적 표현에 응답하여, 예수님은 분명하게 선언하셨다. "내가 그라"요 4:26. 제자들이 돌아온 장면과 함께 대화는 여기서 중단되었고, 요한은 이렇게 이야기한다. "제자들이 돌아와서 예수께서 여자와 말씀하시는 것을 이상히 여겼으나 무엇을 구하시나이까 어찌하여 그와 말씀하시나이까 묻는 자가 없더라"요 4:27.

여인은 물동이를 버려두고 자리를 떠나 마을로 서둘러 들어갔다. 그리고 사람들에게 자신이 메시아를 만났다고 전했다. 여인의 증거를 시작으로, 수많은 사마리아인들이 예수님을 "세상의 구주"요 4:42로 믿게 되었다. 동방 교회의 주석가이자 성가 작사가였던 에프렘Ephraem, 373년 서거은 우물가에서 예수님의 질문을 회피했던 사마리아 여인의 의식의 발전에 대해 다음과 같은 주석을 붙였다.

"대화를 시작할 때 예수님은 여인에게 자신을 알리지 않으셨다. 그러나 여인은 처음에 목마른 남자를 보았고, 그 다음에는 유대인을, 그 다음에는 랍비를, 나중에는 선지자를, 최후에는 메시아를 발견했다. 여인은 목마른 남자를 이기려 했고, 유대인에 대한 반감을 드러냈고, 랍비를 골탕 먹였고, 선지자에게 무릎을 꿇었고, 그리스도를 경배했다."[3]

예수님의 영성 지도 사역

죄 많은 사마리아 여인과 예수님의 의도적 만남은 그분의 영성 지도 사역에 대한 몇 가지 통찰을 준다.

예수님은 신적 약속을 생각하시며 영혼 돌봄의 사역을 하셨다: 성경은 "사마리아를 통과하여야 하겠는지라dei"요 4:4 고 말한다. 이 짧은 헬라어 동사는 신적 필연성을 암시한다. 여기에서 우리는 우물가에서 만나게 된 '기회'가 신적 계획이었음을 알 수 있고, 또한 예수님이 자신의 계획을 내려놓고 성령에 의해 효과적인 사역으로 인도되었음을 알 수 있다.

예수님은 다른 인종적·종교적 배경을 지닌 구도자를 존중하셨다: 예수님은 멸시 받는 사마리아 여인을 위해 영적 인도 사역을 하실 때, 민족이나 성에 관계없이 존엄한 존재로 대하셨다. 죄 많은 여인을 업신여기는 것이 아니라 존중하셨던 것이다. 예수님은 여인이 속한 세상과 화해하시기 위해 경계를 넘으셨고, 인종적·문화적·성적 장벽을 무너뜨리셨다.

예수님은 여인과의 의미 있는 대화에 참여하셨다: "예수께서 이르시되…여자가 이르되" 혹은 이와 비슷한 표현이 이 이야기에서 여러 차례 등장한다요 4:7, 9, 10, 11, 13, 15, 16, 17, 19, 21, 25, 26 참고. 예수님은 삶의 일상적인 측면, 즉 육신적인 목마름, 우물, 남편 등에 대해 대화를 시작하셨다. 정직한 대화를 통해 예수님은 여인의 신뢰를 얻으셨고, 여인이 추구하는 것을 위한 안전한 장소를 만드셨고, 영적 현실을 깊이 생각해 보라고 도전하셨다. 예수님은 시종일관 여인의 질문에 정중히 대답하셨으며요 4:9, 11, 12 참고, 한마디 한마디에 응해 주셨다요 4:9, 15, 17, 19, 25 참고.

예수님은 여인의 저항을 능숙하게 분별하셨고 화제전환을 무력화하셨다: 예수님은, 여인이 자신의 삶에 대한 하나님의 부르심에 도전하면서 도망치기 위해 정교하게 만들어 낸 저항과 회피의 복잡한 심리과정을 다 보고 계시면서도, 상처 받은 이 여인과 함께 걸으셨다. 예수님은 위엄 있게 다른 쪽 뺨을 돌려 대셨고 여인의 경멸과 비꼬는 말과 비웃음을 견디셨다. 여인이 그분에게 어떻게 말하는가에 화를 내지 않으셨고, 주의를 딴 데로 돌리려는 신학적 토론에 휘말리지도 않으셨다. 오히려, 하나님과의 관계에 대한 여인의 근본적인 필요로 다시 되돌려 놓으셨다.

예수님은 영적 여정 중에 있는 여인에게 긍휼과 인내를 보이셨다: 예수님은 여인의 마음에 있는 갈증에 주목하시면서, 이 배척된 여인에게 보기 드문 사랑을 나타내셨다. 그러한 여인과 대화를 나눈다는 사실에 충격을 받은 제자들의 도덕주의적 시각에도 개의치 않으셨다. 예수님은 또한 큰 인내로 여인을 대하셨고, 삶의 퍼즐을 맞추기 위한 여인의 공간을 허락하셨다. 삶에 대한 새로운 영적 순응에는 보통 시간이 걸리는데, 예수님은 그런 측면에서 "다른 사람들이 보이는 언짢은 태도, 냉대, 무례함을 인내하며 견디는 것"[4)]의 중요성을 잘 이해하고 계셨다.

예수님은 여인의 수치를 묵과하지도, 폭로하지도 않으셨다: 예수님은 사마리아 여인이 실패한 결혼들과 최근의 부정한 관계에 대해 죄책감을 갖게 하지 않으셨다. 예수님은 성령에 의해 직접적으로 진리를 말씀하셨고 하나님께로 가는 더 나은 길을 향하게 하셨다.

관계에 대한 저항감 누그러뜨리기

우리는 이 만남을 살펴보면서 몇 가지 질문을 던져 볼 수 있다.

영적 저항이란 무엇인가?
우리는 사마리아 여인과 예수님의 만남에서 다양한 단계의 저항을 발견한다. 저항은 하나님에 대한 순종을 방해하는 내적 반응이다. 대부분의 저항은 무의식적이며, 하나님에 대한 회피, 결단의 파기, 약속을 포기하고자 하는 욕망으로 나타난다. 모든 사람은 각기 자신의 영적 여정 중에서 저항을 경험한다. 어떤 저항은 사소하고 큰 의미가 없지만, 또 어떤 저항은 크고 심각한 것일 수도 있다. 한 작가는 이렇게 표현했다. "우리는 자연스럽게 현재의 자기인식과 생활방식에 대해 자기방어적인 태도를 취한다."[5]

사람들은 왜 하나님께 저항하는가?

모든 성장은 고통스럽다. 사람들은 즐거운 삶의 방식을 계발하고 정착시킨다. 그리스도와 함께 나아가라는 부르심은 즐거운 현재의 삶에 도전하며, 영적·정서적 불편을 낳는다. 사람들은 "아직 알려지지 않은 고통의 가능성보다는 차라리 겪어 본 고통이 낫다."고 말하곤 한다.

새로운 가르침은 무의식의 '격자' grid 에 도전하며, 우리를 불안하게 하고 뒤로 물러나게 한다. 현대의 커뮤니케이션과 정보 이론은 한 사람이 자신의 경험을 내적 패턴이나 도식 schema 으로 조직화한다는 것을 보여 준다. 도식은 어린 시절로부터 경험해 온 것들에 의해 형성된 인격의 구조다. 사람은 내적 패턴에서 발견하지 못한 새로운 정보를 만나게 될 때 저항으로 반응한다. 예를 들어, 하나님을 멀리 있는 위협적인 존재로 보는 데 익숙해진 어떤 사람이 있다고 가정해 보자. 그런 사람에게 하나님이 언제나 가까이에 계시는 사랑의 존재임을 믿으라고 할 때, 그는 무의식의 격자 속에서 이에 대한 아무런 맥락을 발견하지 못하고 심하게 저항할 것이다. 부자 관원의 예와 같은 심각한 저항은 즉각적으로 영적 발전을 멈추게 한다. 사마리아 여인에게서 볼 수 있는 보통의 저항은, 그 사람이 자기 이해력의 경계를 세밀하게 살피고 있다는 증거다. 보통의 저항은 "비난 받거나 불쌍히 여겨져야 할 것이 아니라, 오히려 하나님과의 관계가 점점 확대되고 깊어진다는 암시로 기쁘게 받아들여져야 한다."[6]

죄의 요인은 우리 안에서 여전히 활동하고 있다. 성경이 "육의 몸" sinful nature; 고전 2:11, 13 이라고 부르는 그것은 그리스도와 함께 나아가라는 성령의 부르심에 저항한다. 성숙한 그리스도인의 내면에조차 하나님과 그분의 뜻에 반대하는 무언가가 존재한다. 우리는 이것을 로마서 7장 14-25절에서 볼 수 있다. 이것은 사도 바울이 낡은 본성에 의해 길들여진 자신의 저항 습관을 고통스러워하며 설명한 내용이다.

영적 발전을 향한 저항의 문제를 어떻게 다룰 것인가?

기도하면서, 성령의 도우심으로 저항의 영역들을 확인하라. 우리는 성장의 장애요소들을 다루기 전에 먼저 그것들을 분명히 확인해야 한다. 기도와 성경 묵상을 통해, 영적 성장을 방해하는 저항을 드러내도록 성령—영혼이 그리스도의 형상을 따라 성장하도록 하는 것이 성령의 임무다—을 초청하라.

당신이 영적 삶에 대한 제한된 지식을 갖고 있음을 겸손히 인정하라. 당신이 하나님과 그분의 길에 대해 아직 많은 것을 배워야 한다는 사실을 깨달으라. 당신 인격의 격자가 하나님 말씀과 일치하는 새로운 통찰과 경험들을 통해 확장될 필요가 있다는 가능성을 열어 두라. 하나님과 그분의 길에 대한 새로운 진리가 당신의 격자와 조화를 이루도록 유연성을 가지라.

하나님이 주시는 새로운 영적 가능성들을 위한 비전을 포착하라. 현재의 상태를 유지하는 것과 영적 성장을 경험하는 것 사이에 머물러 있는 상태에서, 하나님을 향한 영적 굶주림을 천천히 진단해 보라. 우리 대부분은 침체 가운데 빠져 있을 때조차 그리스도와의 친밀한 관계를 갈망한다. 당신의 가장 깊은 영적 소원에 대해 하나님과 정직하게 이야기해 보라. 영적으로 민감한 친구와 함께 이러한 소망들에 대해 나누어 보라.

저항이 어두운 영적 세력에 의해 야기된 것이라면, 유능한 영적 상담자를 찾아보라. 영혼의 전쟁터에서 기도하며 당신을 지원해 줄 목사님 혹은 은사가 있는 친구와 함께 당신의 어려움을 나누어 보라. 주님을 순전히 신뢰하라. 그러면 당신은 사탄에 저항할 수 있는 힘을 발견하고 그리스도와 함께 여정을 떠나게 될 것이다.

저항에 맞닥뜨리게 될 때, 당신의 뜻과 유익을 하나님 앞에 내려놓는 만큼 영적으로 성숙해진다는 사실을 기억하라. 우리가 그분께 내어놓는 만큼 주님이 우리의 삶에서 일하신다는 것은 변함없는 영적 진리다

잠 3:5-6, 히 11:6을 묵상해 보라.

기도

주님, 주님은 제가 어떻게 보잘것없는 저항의 길을 따르는지 아십니다. 그것이 주님의 사랑 깊은 임재로부터 멀어지게 할 때조차 저는 그 길을 따랐습니다. 저항의 비뚤어진 모든 수단을 무너뜨리셔서 제가 주님을 굳건히 붙들 수 있도록, 주님의 성령으로 은혜를 허락해 주십시오.

1. **당신이 저항하는 영혼을 위해 사역하도록 인도해 달라고 하나님께 구하라.**

   하나님께 저항하고 있다고 생각되는 친구, 그리고 자신의 내면세계를 당신과 기꺼이 나누기 원하는 친구를 찾아보라. 기도하면서 성령이 이 친구의 삶에서 어떻게 일하시는지를 발견하라.

2. **이 친구가 자신의 삶에 대한 하나님의 부르심에 저항하는 방법들을 인식하도록 도와달라고 하나님께 구하라.**

   당신은 어떤 회피의 심리과정—억압, 부정, 지적 합리화, 혹은 감정이나 느낌 죄책감, 분노, 두려움과 같은을 다른 대상에게 이입시키는 것—이 작용하고 있는지 확인할 수 있는가?

   성령의 인도하심을 받으면서, 당신의 친구와 함께 관계에 대한 저항의 수단을 조용히 탐색해 보라.

예수님은 멸시 받는 사마리아 여인을 위해 영적 인도 사역을 하실 때,
민족이나 성에 관계없이 존엄한 존재로 대하셨다.
죄 많은 여인을 업신여기는 것이 아니라 존중하셨던 것이다.
예수님은 여인이 속한 세상과 화해하시기 위해 경계를 넘으셨고,
인종적·문화적·성적 장벽을 무너뜨리셨다.

삶의 열정을 상실한 사람

데일은 30년간 사역해 온 기독교 지도자다. 3년 전 하나밖에 없는 아들이 음주운전자 때문에 사고로 숨진 이후 데일과 그의 아내 수지의 삶은 매우 황폐해졌다. 6개월 후 수지가 병에 걸렸는데, 의사들은 쉽게 치료할 수 있을 것이라 믿었다. 불행히도 그것은 오진이었고, 몇 주 지나지 않아 수지 역시 세상을 떠나고 말았다.

데일은 아내의 죽음을 받아들이는 것이 쉽지 않았다. 육체적으로, 늘 몸이 아팠다. 탈진되었지만 잠을 이룰 수 없었고, 배가 고팠지만 아무것도 먹을 수 없었다. 사회적으로, 그는 사람들로부터 멀어졌으며, 쌓여 가는 메일이나 그 어떤 문안 편지도 읽지 않았다.

몇 개월 동안 그는 사랑하는 가족의 죽음에 대해 하나님께 분노했다. 하나님의 임재에 대한 감각을 잃어버렸다. 데일은 삶의 모든 측면을 무력화시킨 우울의 깊은 늪으로 빠져들었다.

어느 날, 목사인 한 친구가 데일을 찾아와 이렇게 말했다. "자, 같이 운동하러 헬스클럽에 가는 게 어떻겠나?" 데일은 거절할 힘조차 없었다. 헬스클럽에서 이 두 사람은 러닝머신 위를 뛰고 바벨을 들어 올렸으며, 운동을 마친 후 뜨거운 욕조에 몸을 담갔다. 마음을 털어놓으라는 친구의 권면에, 데일은 조금씩 자신의 고통과 하나님에 대한 분노를 말하기 시작했다.

이것은 회복의 시작이 되었다. 얼마 후, 친구는 데일이 사랑과 섬김을 받을 수 있는 소그룹으로 그를 초청했다. 하지만 데일이 전환점을 맞게 된 계기는 자신과 비슷한 절망적인 상실을 경험했던 남자들과의 주말 수련회에서였다. 소그룹 모임의 진행 순서를 따라, 한 남자가 데일을 깊이 안아 주었다. 그러한 물리적인 포옹은 그의 감정 깊숙한 곳을 어루만졌고, 이후 하나님이 그의 내면에서 천천히 행하고 계시던 치유가 가속화되기 시작했다. 그 시점부터 데일의 분노는 슬픔으로 순화되었고, 슬픔은 점차 평화로 바뀌어 갔다. 그는 삶으로 돌아가는 길 위에 있었다.

예수님은 황폐해진 삶 때문에 스스로 공격당하는 사람들을 만나셨고, 자기를 침체에 빠뜨린 절망의 깊은 상처에서 빠져나오기 위해 예수님을 필요로 하는 사람들을 만나셨다. 그 중 한 사람은, 예수님이 베데스다라는 치유의 못 부근에서 만나셨던 병자였다.

베데스다의 병자

요 5:1-15

예수님은 유대인들의 명절을 위해 예루살렘에 계셨다. 양문 곁에는 '자비의 집'이라는 뜻의 베데스다 연못이 있었는데, 그 주위로 다섯 개의 기둥이 세워진 회랑이 있었다. 수많은 맹인, 다리 저는 사람, 혈기 마른 사람들이 그곳에 누워 있었다. 고고학자들은 그 연못이 16.7미터 정도 길이에 3.7미터 정도 넓이였고, 돌계단을 통해 접근할 수 있었다고 말한다. 가끔씩 거품을 내며 솟아오르는 샘에서 이 연못에 광천수를 공급하고 있었다. 본래 베데스다는 당시 최고급 건강 온천이었고, 광천수가 흘러나올 때 연못에 들어가면 병이 치료될 것이라는 믿음이 널리 퍼져 있었다.

병자의 곤경

연못가에 살고 있는 사람들 가운데는 38년 동안 병들어 있는 한 남자가 있었다. 그는 '약함'과 '질병'astheneia 때문에 치유의 물에 들어갈 수 없어서 괴로워했다. 예수님은 그곳에 누워 있는 이 불쌍한 남자를 바라보셨고, 그의 진짜 문제가 무엇인지를 정확하게 분별하셨다. 그 사실은 예수님이 그에게 물으신 "네가 낫고자 하느냐."요 5:6라는 질문 속에서 드러난다. 이 질문은 그의 열망을 일으키고 그의 의지를 시험하기 위한 것이었다.

이 병자는 천천히 고개를 들어 힘없는 목소리로 예수님께 대답했다. "주여 물이 움직일 때에 나를 못에 넣어 주는 사람이 없어 내가 가는 동안에 다른 사람이 먼저 내려가나이다"요 5:7. 예수님은 앞에 있는 이 낯선 이를 천천히 바라보시며 그의 반응을 살피셨다.

병자의 치유

예수님이 자신의 손을 그 남자에게 뻗으셔서 "일어나 네 자리를 들고 걸어가라."요 5:8 라고 명령하시자 모든 사람이 놀랐다. 사실 예수님은 "너는 이렇게 마비된 상태로 살아갈 필요가 없다. 네가 마땅히 해야 할 일을 하거라."고 말씀하고 계신 것이었다. 그러므로 예수님이 치유를 위해 말씀하신 첫 번째 조건은, 그의 자리를 드는 의식적인 선택을 하라는 것이었다.

이야기는 이렇게 이어진다. "그 사람이 곧 나아서 자리를 들고 걸어가니라"요 5:9. 그 병자는 수십 년 만에 처음으로, 남의 도움 없이 자신의 발로 일어섰다. 그러나 그는 그를 낫게 한 사람이 누구인지 알지 못했다요 5:11, 13 참고.

훗날 성전에 가신 예수님은 자신을 고쳐 주신 것을 하나님께 감사하는 그 남자와 마주치셨다. 예수님은 그에게 다가가 "더 심한 것이 생기지 않게 다시는 죄를 범하지 말라."요 5:14고 말씀하셨다. 고통과 질병이 항상 개인의 죄로 인한 결과라고 할 수는 없지만요 9:2-3 참고, 이 병자의 '마비'는 어쨌든 그의 죄와 관련이 있었다. 아마도 그는 여러 해 동안 자신에게 벌어진 일에 대한 끊임없는 괴로움을 품고 있었을 것이다.

병자의 문제

도대체 무엇이 이 불쌍한 남자를 38년 동안이나 무력하게 연못가에 누워 움직이지 못하게 했던 것일까? 그는 쇠약해진 육체를 견뎌 내야 했을 것이다. 몇 년이 지나도록 연못에 들어가도록 돕는 사람이 하나도 없었다면요 5:7 참고, 아마 쓰라린 원망을 품게 되었을지도 모른다. 그리고 어쩌면 이러한 감정들에 대한 죄책감이 있었을지도 모른다요 5:14 참고. 이 남자는 자신의 질병을 감내하며 희망을 잃어버린 것처럼 보인다.

성경주석가 B. F. 웨스트코트Westcott는 이렇게 썼다. "[병자는] 자신의 상태에 대해 순순히 인정하며, 치유를 얻으려는 적극적인 어떤 노력도 하지 않고 있었던 것 같다."[1]

물론 다른 가능성도 있다. 이 남자는 구걸로 생계를 이어가는 데 점점 만족하게 되었는지도 모른다. 오늘날 어떤 나라를 여행하다 보면, 심지어 미국의 주요 도시에서도, '전문적인' 걸인들을 목격할 수 있다. 어떤 이들은 다른 사람들의 후한 인심과 동정을 이용하는 것이 훨씬 더 쉽다는 것을 발견하고, 하나님이 주신 재능과 은사들을 사용하며 사는 것을 일찌감치 그만둔다.

어떤 경우든, 그 병자는 오래 전에 자신의 상태에 대해 체념했다. 그는 "저도 저를 어쩔 수 없습니다. 이게 제가 살아가는 방식이에요. 이것은 하나님이 제게 정하신 길이기도 합니다."라고 말하고 싶었는지도 모른다. 하나님의 사랑과 돌보심을 신뢰하지 않았기 때문에, 그는 일어나서 삶을 계속하고자 하는 의지를 상실했다.

예수님의 영성 지도 사역

예수님이 베데스다 연못가에서 병자를 만나신 이야기는, 곤경에 처한 타인을 위한 우리 주님의 영성 지도 사역에 대해 몇 가지 통찰들을 제공한다.

예수님은 고통당하는 병자를 위한 사역에서 주도권을 잡으셨다: 병자는 예수님께 도움을 요청하지 않았다. 오히려, 주님이 주도권을 잡고 고통당하는 이의 구원을 위해 다가가셨다. 예수님은 그의 필요를 아셨고, 자비와 긍휼을 베푸셨다. G. 캠벨 모건은 이에 대해 "그분은 보셨고, 아셨고, 행하셨다."고 표현했다.[2] 순전한 선하심과 자비하심은, 예수님을 움직여 비참한 상황 가운데 버림받은 불쌍한 자를 축복하도록 했다.

예수님은 탐색적 질문으로 병자의 삶에 접근하는 기회를 얻으셨다: 단순하지만 흥미로운 "네가 낫고자 하느냐."는 질문으로, 예수님은 그가 자포자기한 무감각 상태에서 빠져나오도록 자극하셨다. 그가 처해 있던 상태는, 치유를 위해 필요한 믿음과 행위를 가로막고 있었던 것이다. 예수님의 질문은 새로운 시작을 향한 희망의 불꽃을 일으켰다.

예수님은 지시적인 영적 인도를 실천하셨다: 예수님은 그 남자의 문제와 정면으로 맞닥뜨리셨다. 그리고 '병자'가 해야 할 어려운 일들을 앞서 말씀하셨다. 병자는 치유의 조건들로 구체적인 단계들을 밟아야 했다. 바닥에서 일어나야 했고, 자신의 자리를 들어야 했으며, 옳은 방향으로 걸어가야 했다. 예수님의 영적 인도는 비지시적인nondirective; 특별히 지시하지 않고 자발적으로 극복하게 하는-옮긴이 방식일 때도 있고, 지시적인 directive 방식일 때도 있다.

예수님은 성경에서 계시된 하나님의 뜻 안에서 그를 지도하셨다: 예수님은 "더 심한 것이 생기지 않게 다시는 죄를 범하지 말라."요 5:14고 이르셨다. 그리고 병자의 상황과 관련한 핵심적인 성경의 원칙들을 주목하게 하셨다. 병자는 자신을 움직이지 못하게 만든 죄악 된 행동 패턴을 멈추어야 했다. 곤란에 처한 중요한 순간에 가르침을 주는 것은 영성 지도의 중요한 요소다.

무감각함을 넘어 움직이기

쉽게 인정할 수는 없지만, 우리는—베데스다의 병자처럼—의도적으로 자신의 약함에 집착하기도 하고, 때로는 질병에서 벗어나지 않으려고 애쓰기도 한다. '희생자'로 있는 것은 일종의 이익을 가져다주고, 때로 우리를 만족시켜 준다. 만약 그렇지 않다면 우리가 약하고, 상처받고, 깨어진 정체성에 집착할 이유가 없다. 아마도 이것은 그 병자가 지닌 진정한 영적 문제의 일부였을 것이다.

많은 사람들은 삶에 접근하는 방식에서 '병자'와 비슷한 모습을 보인다. 우리는 하나님이 주신 은사와 재능들을 썩혀 둔다. 하나님의 '부르심'에 따르지 않으며, 하나님이 원하시는 일을 향해 움직이지 않는다. 그 결과, 영적 온전함으로 우리를 인도해 줄 길에서 점점 멀어진다. 영적 열정, 기쁨, 하나님과 사람에 대한 의미 있는 섬김의 삶으로 인도되지 못하는 것이다.

이러한 마음은 우리의 건강한 영혼을, 사용하지 않는 근육이 퇴화되는 것처럼 계속 약하게 만든다. 삶을 위한 열정이 점점 사라지면서 우리는 무관심해지고 냉담해진다. 그런 식으로 천천히 하나님과 다른 사람들과 인생 자체에 대해 관심을 갖는 일을 멈추게 된다.

고대인들—존 카시안, 존 클리마쿠스 John Climacus, 649년 서거, 토마스 아퀴나스 Thomas Aquinas, 1274년 서거 와 같은 이들—은 이러한 상태를 '아케디아' acedia 라고 불렀는데, 이것은 '돌보지 않음'이라는 뜻을 가진 헬라어에서 유래한 단어다. 이것은 그리스도인의 걸음을 무섭도록 약화시키는 심각한 병폐다.

아케디아란 무엇인가?

아케디아는 무감각함 "나는 아무래도 상관없어." 과 삶을 향한 열정을 상실한 지친 상태다. 영적으로 나태하고 기쁨이 없는 상태며, 시편 90편 6절에서 설명하는 '시들어 마른' 상태다. 아케디아는 시편 기자의 "나의 영혼이 눌림으로 말미암아 녹사오니" 시 119:28 라는 애가에 잘 반영되어 있다. 여덟 가지의 악한 정욕으로는 폭식, 간음, 탐욕, 분노, 절망, 아케디아, 허영, 교만이 있는데, 기독교 신학자들은 아케디아를 그 중 하나로 분류한다. 아케디아가 일곱 가지 주된 죄악 중 하나라고 말하는 이들도 있다.

오늘날 새롭게 주의를 기울여야 할 것이 바로 아케디아의 영이다. 서구 세계는 무감각함, 파괴적인 단념, 영적 열정의 상실이라는 병폐를 공통적으로 끌어안고 있다. 하나님을 향한 기쁨과 갈망이 넘쳐흘러야 할 교회도 그 예외가 아니다.

무엇이 삶에 대한 열정을 상실하게 하는가?

우리 인간들은 몸 · 혼 · 영이 연합된 존재로 창조되었기 때문에, 아케디아는 수많은 육체적 · 정서적 · 영적 요인들에 의해 생길 수 있다. 계속되는 육체적 질병은 몸과 영혼을 지치게 만든다. 정서적 고갈은 영혼을 무관심함으로 끌어내린다. 하지만 아케디아의 주된 원인은 하나님을 향한 열정을 서서히 파괴하는 영적 태만이다. 고백하지 않은 죄들을 버리지 못하는 것은 또한 우리의 영혼에서 생명력과 기쁨을 빼앗는다. 병자가 오랫동안 품고 있었던 죄는 아마도 그의 영혼을 메마르게 하고 낫고자 하는 희망을 마비시켰을 것이다.

아케디아의 결과는 무엇인가?

아케디아의 영혼은 슬픔, 무관심, 무감각에 사로잡혀 있다. 심하게 괴로움을 당한 마음은 삶과 하나님에 대한 소망이 거의 없다. 아케디아가 매우 심각한 죄로 진단되는 이유는, 그것이 파생된 수많은 악들—즉각적인 만족을 약속하는 타락한 생각과 행동들—의 '머리' 혹은 근본 원인이기 때문이다. 아케디아는 종종 우리를 무위, 낙담, 의기소침의 상태로 이끈다.[3]

어떻게 무감각에서 거룩한 소망의 회복으로 나아갈까?

죄가 아케디아의 즉각적인 원인이라면, 유해한 그 종기를 절개하라. 영적 무감각과 그와 유사한 암적인 요소들을 떨쳐 버리기 위해서는 삶의 악들을 직면해야 한다. 당신을 괴롭히는 죄를 인정하고, 그 이름을 부르고, 그것 때문에 치러야 했던 대가를 이해하고 느끼며, 그것을 하나님께 고백해야 한다. 하나님의 치유의 능력이 상처 입은 고통스러운 장소에 들어오시도록 허용해야 한다. 육체적 상처와 마찬가지로, 영적 상처도 진단되고, 치유되고, 보호되어야 한다. "다시는 죄를 범하지 말라."는 예수님의 명령은 그 병자를 무기력하게 만든 원인을 공격한 것이었다.

회복을 향한 실천적인 첫 단계를 밟으라. 하나님의 은혜만이 죄의 힘을 깨뜨릴 수 있다. 하지만 우리도 할 일을 해야 한다빌 2:12-13 참고. 변명은 이제 그만두고 죄악 된 행동 패턴을 변화시켜야 한다. 하나님께 의지하면서, 땅에서 발을 떼고 올바른 방향의 첫 단계를 밟아야 한다. "너희는 용기 있게 행동하라. 주께서 선한 자들과 함께하실지로다"대하

19:11, 흠정역. 친구에게 손을 잡고 함께 기도하자고 요청하라. 가능하다면 도움을 필요로 하는 누군가에게 당신의 손을 빌려 주라. 남을 돕는 것은 당신 자신에게만 집중하는 데서 벗어나게 하고 당신의 힘을 돋아 줄 것이다.

하나님 안에서 소망을 다시 붙잡으라. 소망은 무관심과 절망에 대한 해독제. 성경은 이렇게 약속한다. "오직 여호와를 앙망하는 자는 새 힘을 얻으리니 독수리가 날개치며 올라감 같을 것이요 달음박질하여도 곤비하지 아니하겠고 걸어가도 피곤하지 아니하리로다"사 40:31. 히브리서 기자는 소망이 생명력으로 삶을 회복시키는 "영혼의 닻"히 6:19이라고 말한다.

그리스도와의 관계를 다시 시작하라. 기도하면서 그리스도를 향한 거룩한 갈망을 키워야 한다. 시편 기자는 이렇게 묵상했다. "하늘에서는 주 외에 누가 내게 있으리요 땅에서는 주밖에 내가 사모할 이 없나이다 내 육체와 마음은 쇠약하나 하나님은 내 마음의 반석이시요 영원한 분깃이시라"시 73:25-26. 케네스 보아Kenneth Boa는 이를 아래와 같이 잘 표현하고 있다.

"거룩한 소망이 없다면, 우리는 영적 아케디아, 무관심, 무감각, 권태의 죄에 굴복할 것이다. 목적과 부르심의 예리한 날을 상실한 사람들은 태만의 늪과 실패의 감정들에 빠져들어 갈 수 있다. 날카로운 소망의 은혜를 구할 때, 우리는 그분을 갈망하게 될 것이다."[4]

일과 기도의 균형이 있는 삶을 살라. 성 베네딕토St. Benedict, 543년 서거는 기도의 노동 ora et labora 의 리듬이 영적 열정을 일으킨다고 지적했다. 기도는 어두운 세력들을 쫓아내고, 새로운 은혜를 향해 마음을 열어 준다. 육체의 노동 살전 4:11; 살후 3:8, 10; 엡 4:28 참고 은 육체적·영적 에너지를 새롭게 한다. 기도, 노동, 휴식의 리듬을 통해 우리의 영혼은 힘을 되찾는다. 영적 훈련의 과부하는 영적 소모를 낳을 수도 있다. 제임스 스토커 James Stalker 는 이렇게 말한다. "종교적 훈련은 우리의 모든 시간을 빼앗기 위한 것이 아니라, 가정과 일터의 의무를 수행하기 위한 힘을 공급하는 데 그 목적이 있다. 본질을 넘어서려는 시도에는 응당한 대가가 따르게 마련이다."[5]

기도

주님, 제 육체와 세상과 사탄이 서로 공모하여 제 영혼에서 생명을 빼앗아가기를 꾀하고 있습니다. 새로워지는 훈련을 통해 주님을 추구하도록 권능을 부어 주십시오. 이 훈련을 통해, 생기와 힘을 주시는 성령의 생명이 제 영혼을 통해 계속 흘러넘칠 것입니다.

잃어버린 소망을 다시 붙잡으라.

당신의 영적 여정에 대해 깊이 생각해 보라. 일기에 쓴 내용들을 읽는 것도 좋은 방법이다. 하나님을 향한 거룩한 소망을 상실하고 무관심하거나 무감각해졌던 시간들을 되돌아보라.

영성 분야의 옛 대가들은 정욕의 사슬에 대해 언급하면서, 각 정욕이 사슬을 거슬러 전 단계의 정욕에 의해 부채질된다고 설명했다. 존 카시안은 이렇게 썼다. "무절제한 폭식에서 필연적으로 간음이 일어난다. 그리고 간음에서 탐욕이, 탐욕에서 분노가, 분노에서 슬픔이, 슬픔에서 아케디아가 일어난다."[6] 그 진행 과정은 다음과 같다.

폭식 → 간음 → 탐욕 → 분노 → 슬픔 → 아케디아

영적 무기력함을 만들어 내는 이러한 죄들 중 당신이 경험했던 죄는 어느 것인가? 하나님을 향한 열정에 다시 불을 붙인 방법은 무엇이었는가?

당신이 현재 영적 무감각에 빠져 있다면, 삶을 향한 열정과 하나님을 향한 거룩한 소망을 다시 발견하기 위해 이 장에서 어떤 도움을 얻을 수 있는가?

경험의 노예가 된 사람

　　　　　　모니카는 그리스도와의 더 깊은 관계를 갈 망하는 전문직 여성이다. 몇 년 전, 그의 친구 사라가 영적 생활 워크숍에 같이 참여하자고 제안했는데, 그 워크숍이 열리는 기독교 수양관은 영적 생명력으로 잘 알려져 있는 곳이었다. 사라는 이미 여러 해 전부터 수많은 사람들이 그곳에서 삶을 변화시키는 그리스도와의 만남을 가져 왔고 또한 정서적·영적 상처를 치유해 왔다고 설득하며 모니카의 참여를 권유했다. 하지만 모니카는 그런 곳에 가 본 적이 없었기 때문에 왠지 안심이 되지 않았다.

　하지만 수양관에 도착한 후로, 모니카는 너무 즐겁고 놀라운 시간을 보냈다. 영적 생활, 기도 시간, 자연 속에서의 조용한 산책에 대한 유익한 가르침을 얻으면서, 그는 은혜로운 만남을 통해 하나님을 경험했다. 워크숍 기간 동안 모니카의 영혼은 충만해졌고, 하나님을 놀라울 만큼 가깝게 느꼈다. 너무 좋은 것들을 누렸다고 생각한 모니카는 다음 해에도 수양관을 찾았다. 다시 한 번 성령이 모니카를 '산꼭대기'로 데려가셨고, 그곳에서 주님의 사랑과 아름다움을 경험했다. 두 번째 여행이 끝나갈 무렵, 모니카는 다음 해에도 이 신성한 장소에서 하나님을 만나 삶의 여러 면에서 전환점을 맞기를 간절히 소원했다.

집으로 돌아온 모니카는 월례 기도모임을 열었고, 세 명의 자매들을 위한 영성 지도자로 섬기기 시작했다. 모니카는 이제 다른 사람들이 그리스도 안에서 성장하는 것을 돕는 자가 되었다.

어느 날 모니카는, 재정적인 이유 때문에 수양관이 문을 닫게 되었음을 알리는 편지를 받았다. 영혼을 사로잡는 하나님과의 만남을 알게 해 준 이 놀라운 장소가 더 이상 존재하지 않게 되었다니, 모니카의 상실감은 컸다. 자신을 충만하게 하고 다른 사람을 위해 사역할 수 있는 힘을 공급하는 이 산꼭대기의 경험을 앞으로 어떤 장소에서 찾을 수 있단 말인가?

예수님의 변형

마 17:1-9; 막 9:2-9; 눅 9:28-36

베드로가 "주는 그리스도"마 16:16라는 고백과 함께 예수님이 누구신지를 깨닫게 된 것은 가이사랴 빌립보에서였다. 일주일 후, 주님은 베드로와 다른 두 제자들—야고보와 요한—을 데리고 높은 산기슭의 언덕으로 올라가셨다. 그곳은 약 2.9킬로미터 높이의 헤르몬산이었다. 저녁 시간 내내 예수님은 기도에 전념하셨고, 날이 점점 어두워지자 제자들은 선잠이 들었다. 기도하시던 예수님이 갑자기 "그들 앞에서 변형"되셨다마 17:2. '메타모르포우' *metamorphoo* 라는 단어 '변형'을 뜻하는

'metamorphosis'라는 영어 단어의 어원는, 탄생 이후 계속 가려져 있던 예수님의 신성이 강렬한 영광 가운데 밖으로 드러났음을 말한다. 그분의 얼굴은 해처럼 빛을 발했고, 그분의 옷은 눈부신 흰색으로 번개처럼 번쩍였다. 산의 어둠 속에서 그것은 분명 매우 놀라운 광경이었을 것이다.

세 제자들이 아직 가쁜 호흡을 가다듬고 있을 때, 모세와 엘리야가 하늘로부터 나타나 예수님과 대화를 나누었다. 이 한 쌍의 거탑들—이스라엘의 위대한 율법 수여자와 위대한 선지자들의 표상—은 "장차 예수께서 예루살렘에서 별세 exodus 하실 것"을 이야기했다 눅 9:31. 이스라엘의 출애굽을 떠오르게 하는 언어로, 모세와 엘리야는 예수님과 더불어 다가올 그분의 죽음과 부활에 대해 말하고 있었던 것이다.

베드로는 놀라 떨며, 불쑥 이렇게 말했다. "랍비여 우리가 여기 있는 것이 좋사오니 우리가 초막 셋을 짓되 하나는 주를 위하여, 하나는 모세를 위하여, 하나는 엘리야를 위하여 하사이다" 막 9:5. 초막절이 가까워 온 시점이었기 때문에, 베드로는 산 위에서 이를 기념하기 위해 초막을 짓는 것이 적절하다고 생각했음이 틀림없다. 제자들은 하나님 나라에 대한 이런 비밀스런 예고편에 집착한 나머지, 예수님, 모세, 엘리야를 바로 그 자리에 붙잡아 두고 싶었을 것이다. 특히 베드로는 산에서 '거하기'를, 그리고 이러한 영광스러운 장면을 오랫동안 보기를 원했던 것 같다. 그는 예수님의 인격 안에서가 아니라 특정한 장소에서 하나님을 찾고 있었는지도 모른다.

하지만 하나님은 베드로의 계획에 끼어드셨다. "이는 내 사랑하는 아들이요 내 기뻐하는 자니 너희는 그의 말을 들으라" 마 17:5. 산을 둘러싸고 있는 구름은, 율법을 주시던 때에 시내산을 덮고 있던 구름을 생각나게 한다출 24:15-18 참고. 그 구름은 여호와가 현현하시는 영광이었고, 눈으로 볼 수 있는 그분의 임재였다. 하늘의 음성은 예수님이 진정 하나님의 아들임을 제자들에게 증명해 주었다.

제자들은 아연실색하여 엎드러졌다. 예수님은 그들에게 일어나라, 두려워하지 말라고 이르셨다. 그들이 눈을 들어 바라보았을 때 모세와 엘리야는 이미 모습을 감추었고, "오직 예수 외에는 아무도 보이지" 않았다마 17:8. 과거 율법의 위대한 대표자들이 사라지고, 새 언약을 개시할 한 존재만이 남아 있었던 것이다.

그리스도에게서 하나님의 영광을 본 충격으로부터 채 벗어나지 못하고 산에서 내려왔을 때, 세 제자들은 다소 혼란스럽고 실망스러운 지시를 듣게 되었다. 예수님이 이 세상을 떠나시는 일이 성취되기 전까지는 그들이 본 것을 발설하지 말라고 당부였다.

그들은 아마도, 그런 감탄할 만한 경험을 하게 하시고는 그것에 집중하지 말라고 금하시는 목적이 무엇인지 의아했을 것이다.

예수님의 영성 지도 사역

우리가 하나님과의 생생한 만남을 갈망할 때―실제로 우리 대부분은 그러한 갈망을 지니고 있다―예수님은 우리에 대한 지혜로운 방법을 준비하신다.

예수님은 제자들의 영적 필요를 분별하셨다: 예수님은 그분이 하시는 일을 제자들이 이해하지 못한다는 것을 아셨다. 그분은 고통을 겪고 죽임을 당하는 일의 중요성과 이 일의 절대적인 필요를 그들과 함께 새로이 나누셨다.마 16:21 참고. 하지만 그들은 그분의 죽음이야말로 사명의 최후라는 그릇된 결론을 내렸다. 그들의 오해를 바로잡으시기 위해, 예수님은 가장 가까운 제자들만을 데리고 산으로 올라가셔서 아들을 '공식적으로 승인' 하시는 아버지를 목격하게 하셨을 뿐 아니라, 그분의 영원한 본질을 어렴풋하게나마 볼 수 있게 하셨다.

제자들과 우리의 진정한 필요 중 하나는, 그리스도가 우리와 영원히 함께하시는 하나님이심을 아는 것이다.

예수님은 부드러움과 애정으로 사역하셨다: 변화산 사건이 일어나기 바로 전 주에, 베드로와 예수님은 논쟁을 벌인 적이 있었다. 베드로가 예수님을 한쪽으로 데리고 가서, 고통을 당하고 죽으셔야 한다는 말씀을 꺼내신 것에 대해 질책했던 것이다.마 16:22 참고. 예수님은 베드로를 강하게 꾸짖으시면서, 그를 사탄의 도구라고 지적하셨다.마 16:23 참고.

이러한 긴장 상태에도 불구하고, 베드로가 산 위에서 납작 엎드렸을 때 예수님은 그를 강제로 몰아붙이지 않으셨다. 오히려 베드로와 다른 제자들에게 다가가셔서 부드러운 손길로 그들을 어루만지셨다.예수님의 사역 가운데 사랑의 손길로 사람들에게 위안과 힘을 주시는 장면은 성경에 매우 자주 등장한다. 마 8:3, 15; 9:25, 29; 17:7; 눅 22:51을 참고하라.

그리스도의 신성에서 나오는 찬란한 빛에 두려움을 느낀 제자들은, 인성을 지니신 예수님의 손길로 위로를 받아야 했다.

예수님은 확신과 용기를 주셨다: 제자들은 경외심을 일으키는 하나님의 거룩하심과 그들 자신의 죄에 압도되어 두려움으로 가득 찼다. 성경은 이렇게 말한다. "살아 계신 하나님의 손에 빠져들어 가는 것이 무서울진저"히 10:31. 예수님은 "두려워하지 말라."마 17:7는 위로의 말로 공포로 얼어붙은 제자들을 격려하셨다.

그들이 눈을 들어 예수님만을 바라보고 시야가 주님으로 가득 찼을 때, 언제나 그렇듯 그들의 마음은 강해졌다.

예수님은 제자들의 이 두려운 '경험'에 대한 균형을 위해 분명하고 실천적인 가르침을 제공하셨다: 예수님은 제자들이 거룩한 산에서의 사건을 보고 들을 수 있도록 허락하셨다. 하지만 이는 단순한 '경험' 이상의 것이었다. 거기에는 또한 그들이 따라야 할 몇 가지 지시 사항이 있었다.

예수님은 세상의 죄를 위해 자신이 죽어야 한다는 것을 이해하지 못한 제자들의 실패를 바로잡으셨다. 그분은 또한 제자들에게 해야 할 일을 말씀하셨다. 그들은 엎드렸던 곳에서 일어나 두려움을 버려야 했고 마 17:7 참고, 그분이 죽은 자 가운데서 살아나시기 전까지는 자신이 본 것은 누구에게도 이야기해서는 안 되었다 마 17:9 참고.

산꼭대기의 경험 다루기

하나님은 공포, 의심, 내면의 갈등을 경험하게 될 미래에 대비하여 마음을 강하게 하시기 위해 베드로, 야고보, 요한에게 영광스러운 비전을 보여 주셨다. 하지만 그들은 '최고의' 경험에 지나치게 사로잡혀 거기에만 초점을 맞추었다. 그들은 하나님에 대한 이 엄청난 비전을 보존하고 싶어 했다. 예수님이 그들을 산에서 데리고 내려오셨을 때, 이 세 사람의 실망은 이루 말할 수 없었다. 그리고 자신들의 삶을 향한 하나님의 크신 목적보다도 이 경험에 더 집중하게 되어 버렸다. 그들의 동기가 뒤죽박죽되었음에도 불구하고, 산 위에서 하나님의 영광을 보았던 것은 그들의 남은 생애에 강력한 의지의 수단이 되었다. 예수님의 변형은 그들이 결코 잊을 수 없는 에벤에셀의 기념비였다 삼상 7:12 참고.

하나님과의 만남을 소중하게 간직한 요한은, 몇 년 후 이렇게 기록했다. "우리가 그의 영광을 보니 아버지의 독생자의 영광이요 은혜와 진리가 충만하더라"요 1:14. 그리고 변화산 사건으로부터 여러 해가 지난 후, 베드로는 또한 이렇게 기록했다. "우리는 그의 크신 위엄을 친히 본 자라 지극히 큰 영광 중에서 이러한 소리가 그에게 나기를 이는 내 사랑하는 아들이요 내 기뻐하는 자라 하실 때에 그가 하나님 아버지께 존귀와 영광을 받으셨느니라 이 소리는 우리가 그와 함께 거룩한 산에 있을 때에 하늘로부터 난 것을 들은 것이라"벧후 1:16-18.

9장을 처음 시작할 때 등장했던 모니카처럼, 그리고 이 세 명의 제자들처럼, 우리 역시 영적인 '산꼭대기'의 경험들에 매달리고 싶을 수도 있다. 하나님이 높은 언덕에서 일상이라는 골짜기 아래로 내려가자고 부르신다면 어쩌면 우리는 이를 한탄할지도 모른다.

어떻게 우리는 하나님을 기쁘시게 하는 방법으로 산꼭대기의 경험을 다룰 수 있을까?

우리는 하나님이 주신 산꼭대기의 경험의 중요성을 받아들여야 한다: 제럴드 메이 Gerald May 는 영적 여정이 종종 극적인 영적 경험과 더불어 시작되며, 이 특별한 시간은 통찰, 격려, 성장을 위한 기회가 되기도 한다고 말한다.[1]

· 하나님은 종종 우리가 그분을 더 분명하게 보고 더 진심으로 사랑하게 되는 경험을 허락하신다.

만일 하나님이 당신에게 중요한 영적 비전을 보는 영광을 주셨다면, 그 경험을 천천히 음미하고 당신의 기억 저장소에 잘 간직해 두라. 당신의 에벤에셀—기억의 제단—을 세우고, 앞으로 나아갈 준비를 하라.

우리는 경험은 흘려보내고 기쁨은 간직해야 한다: 하나님은 우리가 그분의 영광을 오랫동안 대하는 것을 허락하지 않으시는 듯하지만, 거기에는 그럴 만한 충분한 이유가 있다. 두려움을 불러일으키는 그분의 영광은 우리의 눈을 멀게 한다. "너무나 분명한 하나님의 현현은, 설령 그것이 예수님과 관련되어 있다 하더라도, 우리에게 힘을 주기보다는 우리를 제압할 것이다."[2]

그렇다. 영적 여정의 리듬은 평지 아래로 내려갈 것을 전제하는 임시적인 등반이라고 할 수 있다. 그 어떤 여정도 정상에서 정상으로만 움직이지 않는다. 경외심으로 가득 찬 경험을 지속하려는 것은 마치 우리 삶에 대한 지배권을 주장하는 것과 같다. 그리고 그러한 지배권은 영적 성장에 있어 치명적인 적이다.

십자가의 성 요한은 이에 대해 통찰력 있는 글을 썼다. "기쁨에 찬 감정들은 제 스스로 우리 영혼을 하나님께 인도하지 못한다. 오히려 기쁨에 찬 감정들에 매이게 한다."[3]

우리는 "하나님은 내가 이 경험으로 무엇을 하게 하실까?"를 질문해야 한다: 산꼭대기의 은혜를 통해 하나님이 원하시는 대로 당신을 빚으시도록 허락하라. 성령에 의해 어떠한 새로운 열정이 당신의 내면에 꿈틀거리게 되었는지를 생각해 보라. 이러한 은혜가 어떻게 그리스도의 나라를 확장하는 데 사용될 수 있을 것인지를 질문하라. 우리는 경험 자체에 집중하지 않도록 노력해야 한다.

바클레이 Barclay 는 이렇게 설명한다. "영광의 순간은 그 자체를 위해 존재하지 않는다. 그것은 평범한 존재들에게 그들이 예전에는 결코 가져 본 적이 없는 광휘와 찬란함을 부여하기 위해 존재한다."[4]

우리는 현실의 실천적인 요구들로 돌아가야 한다: 예수님은 산 위의 영광과 호화로움에서 골짜기의 고통과 일상으로 제자들을 이끄셨다. 하나님의 영광을 보았던 그 눈부신 순간 이후, 예수님과 제자들은 인간 사회의 비참함과 궁핍함이 있는 현장으로 돌아왔다 마 9:14-27 참고. 솔직히 말해, "매일의 사역이나 십자가의 길보다 변화산이 언제나 훨씬 더 유쾌한 공간이다."[5]

예수 그리스도의 제자들처럼, 우리 역시 타락하고 상처 입은 세상을 위해 사역함으로써 주님의 본을 따라야 한다.

기도   주님, 저는 주님의 영광스런 광채에 영원히 머물고자 하는 유혹을 받습니다. 그래서 주님의 탁월한 가치에 대한 관점을 잃어버리곤 합니다. 매혹적이지만 덧없는 경험들에 집착하기보다 주님을 찾고, 사랑하고, 경배하도록 도와주십시오.

1. 아래의 성찰적인 훈련을 사용하라.

하나님이 당신에게 의미심장한 '산꼭대기'의 영적 경험으로 축복하셨던 때를 기도하면서 떠올려 보라.

2. 아래의 질문들을 깊이 생각해 보라.

과거를 되돌아볼 때, 당신의 여정 중 특별한 순간에 하나님이 당신에게 그러한 은혜를 주셨던 목적을 분별할 수 있는가?

당신의 삶과 섬김은 그 경험에 의해 어떤 영향을 받았는가?

앞으로 그와 비슷한 은혜를 받게 된다면 당신은 어떻게 반응할 것인가?

죄책감으로 괴로워하는 사람

이혼한 부모를 둔 캐시는 고등학교 졸업 후 웨스트코스트로 이사했다. 캐시의 표현대로라면 지금까지는 부모님의 '과잉보호의 눈' 아래서 살았지만, 앞으로는 분명 '자유'를 누리며 멋지게 살 수 있을 것이었다.

캐시는 자신이 그런 대로 경건한 그리스도인이라 생각했지만, 절제가 그리 대단한 것이라고는 생각해 본 적이 없었다. 웨스트코스트에서 사귄 새 친구들 가운데서는, 절제라는 것이 하나의 농담거리에 지나지 않았다. 곧 캐시는 자유롭게 성관계를 가졌고, 결국 임신을 하게 되었다. 남자친구가 낙태를 종용했을 때 캐시는 불안감을 느꼈지만, 아이를 양육할 수 있는 상황이 아니었기 때문에 마지못해 승낙할 수밖에 없었다.

낙태를 하고 나자, 불안과 죄책감이 엄습하여 캐시를 무기력하게 만들었다. 그렇게 몇 주가 흐르면서 캐시는 점점 침체에 빠지게 되었다. 처음에는 시간이 지나면 비관적인 느낌이 사라질 거라 생각했지만, 스트레스와 죄책감은 점점 더 커져만 갔고, 결국 두 달 후 캐시는 심각한 우울증을 앓게 되었다.

캐시는 이야기를 나눌 상대가 절실하게 필요했음에도 불구하고, 가족들에게는 낙태에 대해 말할 용기가 나지 않았다. 교회 활동에는 여전히 적극적이었지만, '용서받을 수 없는 죄'를 지었다는 느낌에 시달렸다. 이제는 아이를 죽음에 이르게 한 것에 대해 하나님이 자신을 용서하지 않으실 것이라고 — 혹은 용서하실 수 없을 것이라고 — 확신하게 되었다. 낙태 후 몇 개월이 지나자 캐시는 고통을 덜기 위해 술을 마시기 시작했다. 캐시의 삶은 자신이 지은 죄의 무게 아래에서 산산조각 나고 있었다. 마침내 캐시는 기독교 임신 센터에서 상담을 받고 지원 그룹에도 참여하기로 했다. 그리고 이곳에서 자신의 잘못된 행동을 고백하고, 사라진 생명에 대한 아픔을 토해 낼 수 있었다.

그때, 하나님의 깊은 사랑과 용서하시는 은혜 안에서 죄책감이 점차로 소멸되고 영혼에 깊은 평화가 찾아왔다.

존의 사정은 전혀 다르다. 기독교 가정에서 자라난 그는, 불행히도 부모님에 의해 흠잡을 데 없는 행동과 엄격한 규칙을 강요당했다. "하늘에 계신 너희 아버지의 온전하심과 같이 너희도 온전하라."마 5:48 는 예수님의 말씀은, 문자 그대로 가차 없이 해석되었다. 은혜가 없는 환경에서의 삶은, 청소년기를 지나는 이 젊은이에게 가혹한 대가를 치르게 했다.

존은 율법적인 기준에 미치지 못할 때마다 마음을 찌르는 듯한 죄책감을 느꼈다. 이러한 느낌들을 피하기 위해, 공부를 할 때도 운동을 할 때도 완벽해지려고 애를 썼다. 하지만 완벽한 행동 기준에 이르려는 시도가 잘 이루어지지 않자, 하나님이 자신을 있는 그대로 받아 주실 수 없을 거라고 믿게 되었다. 그래서 끊임없이 자취를 감추시는 하나님을 붙잡으려고 노력하며 그리스도를 이해하기 위해 수없이 많은 기도의 시간을 보냈다. 그럼에도 불구하고 존의 십대 시절은 엄청난 죄책감과 수치감으로 가득 차 있었다. 존이 겪고 있는 문제는, 하나님의 사랑을 받아들이는 능력을 차단하는 거짓된 죄책감이었다.

존은 스스로를 얽어매고 있었던 것이다. 존은 자신이 "율법을 있는 그대로 실천하며 살지 않으면 파멸할 것이다."라는 바리새인의 목소리를 내면화했음을 일깨워 준 영적 상담자를 만났다. 그에게 신앙이란, 옳고 그른 행동을 가려내는 종교였던 것이다. 마치 등에 무거운 짐을 얹은 것처럼, 율법주의의 저주는 존의 영혼을 짓눌렀다.

그 상담자는 하나님이 그리스도의 의로 그에게 옷 입혀 주셨다는 것을 이해하도록 도와주었고, 하나님이 기대하시는 것은 흠 잡을 데 없는 완전함이 아닌, 죄를 덮어 줄 그분의 은혜에 대한 신뢰임을 깨닫게 해 주었다. 그 후 몇 개월 동안, 존을 괴롭히던 죄책감은 하나님의 사랑과 평화에 점차적으로 굴복하였다.

이렇게 죄책감으로 괴로워하는 두 사람의 경우처럼, 우리 모든 사람들은 죄책감이 낳은 심각한 결과들을 다루기 위해 예수님의 영혼 돌봄을 필요로 한다.

간음 중에 붙잡힌 여인

요 8:1-11

초막절이 지난 후, 예수님은 감람산에서 밤을 보내셨다. 다음 날 아침, 그분은 성전 안뜰에서 명절 이후 아직 떠나지 않은 예배자들을 가르치셨다.[1] 예수님이 말씀하고 계실 때 어떤 서기관과 바리새인들이 그분 앞에 한 여인을 끌고 와서 이렇게 말했다. "선생이여 이 여자가 간음하다가 현장에서 잡혔나이다 모세는 율법에 이러한 여자를 돌로 치라 명하였거니와 선생은 어떻게 말하겠나이까"요 8:4-5.

간음은 유대법에서는 매우 심각한 범죄였다. 하지만 이 유대의 지도자들은, 범죄한 남자와 여자를 둘 다 처형해야 한다는 율법레 20:10; 신 22:22 참고을 바꾸었다.

우리가 알다시피 그들의 우선적인 초점은 율법을 지키는 데 있지 않았다. 성경은 이에 대해 이렇게 언급한다. "그들이 이렇게 말함은 고발할 조건을 얻고자 하여 예수를 시험함이러라"요 8:6. 율법교사들과 바리새인들은 이 여인을 살려 줄 의향이 전혀 없었고, 그저 예수님을 함정에 빠뜨릴 담보로만 이용할 심산이었다. 예수님이 자비를 말씀하신다면, 그들은 모세의 율법을 어겼다는 구실로 예수님을 고발할 수 있었다. 예수님이 돌을 던지며 정의를 말씀하신다면, 사형 집행을 금하는 로마법을 위반한 죄로 그분을 고발할 수 있었다요 18:31 참고. 의심할 바 없이, 그들은 예수님을 코너로 몰았다고 생각했다. 어떻게 이런 딜레마에서 빠져나올 수 있단 말인가?

한 말씀도 하지 않으시고, 예수님은 몸을 구부려 손가락으로 땅에 글씨를 쓰셨다. 그들의 질문에 대답하는 대신, 예수님은 신적 권위의 침묵으로 '대답'하셨다. 여호와께서 손가락으로 율법의 돌판 위에 친히 쓰셨던 것처럼 말이다출 31:18 참고. 그리고 매우 현실적인 이유에서, 침묵을 계속 유지하심으로써 관심의 방향을 여인에게서 그분 자신에게로 이동시키셨다. 또한 죄가 없는 유일한 분이신 예수님은 몸을 구부리심으로써, 수치스럽게 땅에서 웅크린 채 죄책감으로 괴로워하는 여인과 같은 수준으로 자신을 낮추셨다.

그런데 예수님은 땅에 무엇을 쓰셨던 것일까? 성경에서 사용된 '쓰다'에 해당하는 헬라어 동사인 '카타그라포' *katagrapho* 는, '비판적인 글을 쓰다' 혹은 '고발하다' 라는 뜻을 지니고 있다. 어쩌면 예수님은 유대 지도자들이 자신들의 죄에 직면하게 하는 계명을 쓰셨을지도 모른다.

지도자들이 계속 질문하자, 그분은 일어서서 이렇게 말씀하셨다. "너희 중에 죄 없는 자가 먼저 돌로 치라"요 8:7. 율법에서는 판단하는 증인이 결백해야 하며신 19:16-19 참고, 그가 첫 번째 돌을 던져야 한다고 신 13:9; 17:7 참고 명하고 있었다. 예수님은 이러한 유대 지도자들의 부도덕한 생각과 행위를 아셨기 때문에, 그들에게로 책임을 되돌리셨던 것이다.

그런 후에 예수님은 두 번째로 몸을 구부리고 땅에 글씨를 쓰셨다. 어떤 이들은 예수님이 쓰신 내용이 "거짓된 일을 삼가고 하나님께 판단을 맡기라."는 내용을 담고 있는 출애굽기 23장 7절이라고 말하기도 한다. 정확히 어떤 내용인지는 몰라도 이와 비슷한 말을 쓰셨음이 틀림없다. 왜냐하면 고발자들은 각기 자신의 죄책감으로 괴로워하며, 하나씩 차례로 돌아서서 살금살금 도망쳤기 때문이다. 성전 안뜰은 죄 없는 선지자와 죄 지은 여인만 남고 텅 비어 버렸다. 아우구스티누스는 이를 훌륭하게 표현했다. "그곳에는 오직 두 사람, 가장 비참한 존재와 가장 긍휼이 많은 존재만이 남아 있었다."[2]

예수님은 다시 일어서셔서, 고발당한 여인을 향해 물으셨다. "여자여 너를 고발하던 그들이 어디 있느냐 너를 정죄한 자가 없느냐"요 9:10. 간음을 정죄하는 그 어떤 독단적인 판단도 남아 있지 않았으며, 예수님도 여인을 고발하지 않으셨다. 그분은 그렇게 하실 수 있는 유일한 존재였음에도 불구하고 말이다. 그분의 말씀 안에 있는 긍휼과 은혜는, 여인이 자신의 죄가 용서받을 수 있다는 것을 처음으로 이해하게 해 주었다.

우리는 여인의 얼굴이 빛을 발하기 시작하는 모습을 상상할 수 있다. "주여 없나이다."라고 여인은 대답했다요 8:11. 그 대답은 죄를 사하는 예수님의 권세를 믿는다는 여인의 확언이었다.

예수님은 "나도 너를 정죄하지 아니하노니"라고 대답하셨다.

이 이야기는 "가서 다시는 죄를 범하지 말라."요 8:11는 예수님의 말씀으로 끝을 맺는다. 주님은 곧 여인을 용서하시고, 부도덕한 길을 떠나 하나님 앞에서 바르게 걸어가라고 가르치셨다. 간음 중에 수치스럽게 예수님 앞으로 끌려온 이 여인은 그리스도 안에서 새로운 피조물로 용서를 받은 후 자리를 떠났다.

예수님의 영성 지도 사역

예수님이 독선적인 지도자들, 그리고 죄를 지은 여인을 대하셨던 사건에서, 우리는 영성 지도의 중요한 원리들을 배울 수 있다.

먼저, 예수님이 서기관과 바리새인들을 어떻게 다루셨는지 생각해 보자.

예수님은 앙심을 품은 종교 지도자들을 강경하게 다루셨다: 서기관과 바리새인들은 예수님께 덫을 놓으며, 풀 수 없는 딜레마에 빠진 그분을 잡을 수 있을 거라 생각했다. 하지만 예수님은 그들이 그 덫에 걸리게 하셨다. 그분은 위선적인 고발자들의 악한 계획을 무너뜨리면서도, 율법의 완전성을 보존하셨다.

예수님은 선택적인 침묵의 힘을 사용하여 그들의 생각을 폭로하셨다: 유명한 심리학자인 칼 로저스Carl Rogers에게 문제를 안고 찾아온 한 젊은 여인에 관한 이야기이다. 몇 차례의 만남 동안 그들은 침묵하며 함께 앉아 있었고, 얼마 후 여인은 자신의 상태가 많이 좋아졌음을 느꼈다. 마지막 면담에서 그 여인은 로저스 박사에게 이렇게 말했다. "저에게 큰 도움을 주셔서 너무 감사드립니다."

예수님은 독선적인 이들의 마음속에 성령의 사역으로 죄를 깨달을 수 있는 여지를 만들기 위하여, 언제 침묵을 지켜야 할지를 아셨다. 예수님은 말을 아끼셨지만, 입을 열어 말씀하실 때마다 그것은 강력한 효과를 발휘했다.

예수님은 고발자들의 공격을 마비시키기 위해 성령의 힘으로 하나님의 말씀을 사용하셨다: 예수님은 로마의 법이든 유대의 법이든, 법의 요구를 잘 알고 계셨다. 그분은 유대 지도자들의 죄를 폭로하고 그들을 어둠속으로 사라지게 만드는 강력한 성경 본문을 말씀하셨다. 서기관과 바리새인들은 진정한 의로 사용된 하나님 말씀에 대해서는 무방비 상태였던 것이다.

이제 여인에 대한 예수님의 반응에 대해 생각해 보자.

예수님은 여인이 도덕적인 문제와 씨름할 수 있는 안전한 피난처를 제공하셨다: 그날 여인은 종교 지도자들의 수중에서 심각한 위험에 처해 있었다. 여인에게 있어서 절대적으로 안전한 유일한 장소는 예수님과 함께 있는 바로 그곳이었다. 그분 앞에서 여인은 자신의 부정한 행동을 직면할 수 있는 은혜를 발견했다.

예수님은 하나님의 귀한 형상인 여인에게 무조건적인 용납을 보이셨다: 예수님이 여인에 대해 판단하시는 근거는, 여인에 대한 고발 내용이 아닌, 하나님이 주신 여인의 존엄성이었다. 예수님은 행위그 사람이 무엇을 행하는가가 인간됨그 사람이 누구인가을 결정하는 것이 아니라는 뜻을 드러내셨다. 여인의 본질적인 가치에 대한 예수님의 용납은 도덕적 다툼에 휘말린 여인을 긍정하는 것이었다.

예수님은 이 여인을 정죄가 아닌 연민의 감정으로 보셨다: 예수님의 최우선적인 의도는 잘못을 저지른 사람을 욕되게 하거나 파멸시키는 것이 아니라 그 사람을 회복시키는 것이었다. 그 동기가 얼마나 대조되는지를 생각해 보라. "서기관과 바리새인들은…정죄하는 힘을 행사할 때의 전율을 알고 있었다. 그러나 예수님은 용서하는 힘을 행사할 때의 전율을 아시는 분이었다. 예수님은 사랑이 담긴 연민으로 그 죄인을 바라보셨다."[3]

예수님은 부드러움과 긍휼로 영성 지도 사역을 하셨다: 예수님은 독선적인 지도자들을 강경하게 대하셨던 데 반해, 죄로 마음이 눌린 여인을 부드럽게 대하셨다. 그분은 가나의 혼인잔치요 2:4 참고와 훗날 십자가 위에서요 19:26 참고 어머니에게 사용하셨던 애정 어린 단어 *gynai*를 간음한 여인에게도 똑같이 사용하셨다. 죄 지은 여인을 대하는 예수님의 태도는 "그리스도의 온유와 관용"고후 10:1이라는 바울의 표현에 나타나 있다.

예수님은 율법에는 은혜로, 공의에는 자비를 더하셨다: 예수님은 죄를 드러내시고 죄인을 용서하시는 것 사이의 공정한 균형을 유지하셨다. 그분은 하나님이 회개하는 죄인들에게 정직하게 참회하고 행하기 위한 두 번째 그리고 세 번째! 기회를 주신다는 것을 분명히 보여 주셨다. 또한 "기계적이고 엄밀한 법의 집행은, 아무리 고결한 이상으로 포장된다 하더라도, 죄인들을 다루는 최선의 방법이 아니다. 특히 집행자들이 완전히 결백하기를 기대할 수 없을 때는 더욱 그렇다."는 사실을 보여 주셨다.[4]

예수님은 여인에게 삶의 분명한 기준을 단호하게 요구하셨다: 예수님은 용서받은 간음한 여인에게 "가서 다시는 죄를 범하지 말라."고 명하셨다. 하나님의 용서를 받기 위한 조건은 영혼을 죄로 마비시킨 과거의 행위로부터 돌아서는 것이다. 그 이후로 여인은 의로운 삶을 살아야 했다. 말하자면, 예수님은 값싼 은혜보다는 강한 사랑을 주셨던 것이다.

죄의 짐 벗어 버리기

때로 우리는 가혹하게도 영혼을 침식하는 죄책감에 짓눌린다

한 남자가 런던의 하이드 파크에서 상자 위에 올라선 채 설교를 하고 있었다. 지나가는 사람들에게 삿대질을 하면서, 그는 "죄인들아! 죄인들아!"라고 소리를 질렀다. 어떤 사람들은 호기심 어린 눈으로 그를 쳐다보았고, 어떤 이들은 당혹스러워하며 외면했다. 그런데 한 남자가 자기 친구에게 이렇게 말했다. "아니, 저 사람이 그걸 어떻게 알았지?"

죄책감이란 무엇인가?

죄책감에는 두 가지 형태가 있다. 즉 진정한 죄책감과 거짓된 죄책감이 바로 그것이다. 우리는 뭔가 잘못된 일을 행하거나 혹은 옳은 일을 하지 않았을 때 진정한 죄책감을 경험한다. 죄는 하나님과 죄를 범한 영혼 사이에 불온한 거리를 만든다. 때로 건강한 죄책감이라 불리기도 하는 이 진정한 죄책감은, 악이 확장되는 것을 억제하고 영혼이 하나님께로 다시 향하도록 한다. 진정한 죄책감은 고통을 수반한다. 시편 38편에 의하면, 죄책감은 심신에 여러 증상을 나타냈고시 38:3-7 참고, 다윗의 마음을 괴롭혔고시 38:8-9 참고, 삶을 향한 그의 열정을 빼앗아갔다시 38:13-14 참고.

거짓된, 혹은 건강하지 않은 죄책감은 마음속에서 바리새인이 속삭이는 정죄의 목소리에 귀를 기울이는 데서 시작된다. 그것은 절대적인 완벽성의 기준대로 살면 하나님의 은총을 얻는다는 거짓말을 받아들일 때 생긴다. 그러나 "우리가 다 실수가 많으니"약 3:2라는 것이 우리의 현실이다. 완벽함은 그리스도인들이 그리스도의 재림을 볼 때에만 성취될 것이다요일 3:2 참고.

거짓된 죄책감을 다르게 설명하자면, 죄를 범하지 않고 죄책감을 느끼는 것이라고 말할 수 있다. 어떤 그리스도인들은 자신의 죄가 용서받았다는 것을 알면서도, 느낌에 속기도 한다. C. S. 루이스는 "사탄이 불특정한 죄의 모호한 구름"으로 그리스도인들에게 고통을 주기를 좋아한다고 말했다.[5] 거짓된 죄책감은 하나님의 임재에 대한 감각을 가로막고, 기도를 방해하며, 영적 성장을 더디게 한다.

헨리 나우웬은 다음과 같이 말했다.

"영적 성장의 가장 큰 어려움 중 하나는 하나님의 용서를 받아들이는 것이다. 인간의 내면에는 자신의 죄에 매달리게 하는 무언가가 있다. 그것은 자신의 과거를 지워 버리고 완전히 새로운 시작을 주시려는 하나님의 은혜를 막는다. 때로는 자신의 어두움이 너무 커서 극복할 수 없음을 하나님께 증명이라도 해 보이려는 것 같기도 하다…용서를 받아들인다는 것은, 하나님이 하나님 되시게 하고, 그분이 모든 치유와 회복을 행하시도록 내어 드리는 전적인 자발성을 요구한다."[6)]

영혼과 마음을 괴롭히는 죄책감을 어떻게 떨쳐 버릴 수 있는가?

먼저 우리 스스로는 정죄하는 목소리를 침묵하게 할 수 없음을 깨달아야 한다. 다음의 이야기를 잘 생각해 보라.

하나님은 범죄한 사람이 잘못을 고백하고 거기에서 돌아설 때 진정한 죄책감을 없애 주신다. 진정한 죄책감에 대한 해결책은 근본적인 죄를 회개하는 것이며, 하나님이 용서하신다는 성경의 판정을 믿는 것이다. 여호와께서는 모세에게 자신을 이렇게 설명하셨다. "여호와라 여호와라 자비롭고 은혜롭고…인자와 진실이 많은 하나님이라 인자를 천대까지 베풀며 악과 과실과 죄를 용서하리라" 출 34:6-7. 하나님이 하시는 주된 일은 우리가 고백하는 죄를 용서하시고 그 죄를 없애 주시는 것이다.

하나님은 참회하는 자가 그분의 은혜를 받아들이고 율법주의의 위험을 피할 때 거짓된 죄책감을 없애 주신다. 모든 것을 아시는 재판장이 죄를 고백한 그리스도인들에게 "무죄!"라고 선언하시는 것이다. 죄를 짓고 깊은 후회의 번민을 느낀다면, 하나님이 우리를 용서하셨던 것처럼 그리스도의 십자가를 기억하며 우리 자신을 용서해야 한다. 바울이 "이제 그리스도 예수 안에 있는 자에게는 결코 정죄함이 없나니"롬 8:1 라고 썼던 것처럼 말이다. 예수님께 나아가 용서의 은혜를 구하라. 은혜의 자유 안에 살면서, 율법을 완전무오하게 지킬 때에만 하나님의 마음에 들 것이라는 생각, 즉 예수님이 "바리새인들의 누룩"마 16:6, 11-12이라고 부르셨던 바로 그 잘못된 믿음을 버리라.

많은 사람들이 자기 자신을 용서하는 것보다 다른 사람을 용서하는 것이 더 쉽다는 것을 발견한다. 우리는 황금률을 거꾸로 한 "너희가 남을 대접하는 것처럼 너희 자신을 대접하라."는 말과 지상명령을 거꾸로 한 "네 이웃을 사랑하는 것처럼 너 자신을 사랑하라."는 말을 실천하도록 노력해야 한다.

당신이 최종 재판관이라는 망상에서 자유로워지라. 자신이 무가치하다는 느낌은 거만의 교묘한 형태이다. 우리는 그 때문에 하나님이 단호히 용서하신 존재를 용서하지 않기로 선택한다. C. S. 루이스는 이에 대해 다음과 같이 말했다. "하나님이 우리를 용서하신다면 우리는 자신을 용서해야 한다. 그렇지 않으면, 그것은 우리 자신을 그분보다 더 높은 판사석에 앉히는 것과 다를 바 없다."[7] 또한 이렇게 말한 이도 있다. "우리 자신과 우리의 불완전함과 실패에 대해 무자비한 태도를 취하거나 화를 내는 것은, 자신이 완벽할 수 있다는 착각에 지나지 않는다."[8]

이러한 단계들을 거친 후에도 여전히 죄책감이 남아 있다면, 이것은 다른 사람이 우리에게 준 상처 때문일 수 있다. 그 상처는 상대방이 의식적으로 준 것일 수도 있고, 혹은 경솔함이나 무관심으로 인해 무의식적으로 준 것일 수도 있다. 감정적인 상처들은 치유의 기도를 통해 다루어져야 한다. 내면의 치유를 위한 기도는 용서받아야 할 죄와 치유되어야 할 상처의 차이를 구별한다. 하나님의 용서하시는 은혜를 상징적으로 보여 주는 용서와 화해의 의식에 참여하는 것도 상처 받은 이에게 도움이 될 수도 있다.

기도

주님, 제가 거짓된 죄책감으로 괴로워할 때, 십자가를 기억하도록, 주님이 저를 용서하신 것처럼 저 자신을 용서하도록 도와주십시오. 그리고 제가 진정한 죄책감에 시달릴 때, 시편 기자처럼 기도하도록 인도해 주십시오. "내가 이르기를 내 허물을 여호와께 자복하리라 하고 주께 내 죄를 아뢰고 내 죄악을 숨기지 아니하였더니 곧 주께서 내 죄악을 사하셨나이다" 시 32:5.

1. 자신을 점검하면서 아래의 내용을 훈련해 보라.

기도와 묵상을 통해, 당신이 심각한 죄책감의 무게에 눌려 있던 때와 하나님이 멀리 계신 것 같고 용서받지 못한 것처럼 느껴지던 때를 떠올려 보라. 이러한 경험들이 당신의 삶에 미친 결과들을 더듬어 보라. 당신이 경험했던 것은 진정한 죄책감이었는가, 아니면 거짓된 죄책감이었는가?

2. 이러한 죄책감이 당신의 영적·정서적 건강에 미친 영향력을 설명해 보라.

당신의 여정 중 힘들었던 기간의 영혼 상태를 표현하는 선 그래프를 그려 보라.

그때를 회상해 볼 때, 하나님이 죄책감을 덜어주시기 위해 섭리로 당신의 삶에 이끄신 특정한 사람이나 사역자가 있었는가?

분주함으로 메마른 사람

수지라는 이름의 헌신된 한 젊은 여성은 교외에 위치한 어느 교회에서 청소년 사역을 담당하고 있었다. 그녀는 십대들을 위한 여러 가지 매력적인 프로그램들을 만들었고 그로 인해 많은 청소년들이 예수님을 영접했다. 수지의 끈기 있는 헌신으로 인해 많은 이들이 영적으로 성장할 수 있었다. 수지는 모든 일들이 잘 풀린다고 생각했고, 청소년, 부모, 그리고 교회 사역자들로부터 늘 칭찬 받았다.

겉으로 볼 때 수지는 그리스도인으로서, 청소년 사역자로서 하나의 모델과 같은 존재였다. 그는 모든 일을 '훌륭하게 해 내고' 있었다.

하지만 사역의 책임이 커지면서 수지는 자신의 영혼을 살찌우는 하나님과의 은밀한 시간을 점점 잃어버렸다. 그렇게 몇 달이 지나자 그녀는 눈에 띄게 과민해지고 불행해졌다. 누가복음에 나오는 마르다와 같이, 결과를 만들어 내야 한다는 부담감 때문에 스트레스가 이만저만이 아니었다. 교회 사역자들은 수지가 자신의 사역 수준에 못 미치는 다른 이들을 비판하는 것을 목격하기 시작했다. 그리고 ─놀라울 것도 없는 일이지만─ 그 자신의 사역 역시 서서히 효과가 떨어지고 있었다.

어느 날 수지는 영혼의 친구에게 자신이 지난 수년간 성취 중심의 사람이었음을 고백했다. 수지가 대학생이었을 당시 목사님은 "예수님을 위해 모든 정력과 노력을 바쳐야 한다."고 말했다. 하지만 이제 수지는 사역에 대한 부담과 스트레스가 하나님과의 관계를 병들게 만들었음을 깨달았다. 비록 고통스럽지만 수지는 '자신을 지배해 온 사역이라는 괴물'에 대해 인정해야만 했다. '벽에 부딪힌' 이러한 경험은 친구들의 도움으로 자기반성의 촉매제가 되었고, 수지는 자신의 생활방식을 바꿔 가기 시작했다.

가장 중요한 것은, 수지가 우선 하나님의 임재를 누리며 그 속에 쉼을 얻는 방법을 터득했다는 사실이다. 그때마다 그녀는 영적 열정에 대한 새로움을 경험할 수 있었다.

이제 수지는, 예수님이 오래 전 '성취 중심'의 제자들에게 제공하셨던 영성 지도의 열렬한 지지자가 되었다.

마르다의 광적인 섬김

눅 10:38-42

초막절을 기념하기 위해 예루살렘으로 가시던 예수님과 그분의 제자들은 베다니라는 동네에 이르렀다. 여행에 지친 이들은 마르다와 마리아의 집으로 가서 함께 식사를 했다.

저녁식사 전, 예수님은 당시 관습대로 음식이 놓일 길고 낮은 식탁에 기대어 계셨다. 부엌에서 마르다를 돕던 마리아는 잠시 요리하던 곳을 벗어나 예수님의 가르침을 듣고 있던 사람들 틈에 끼었다. 마리아는 곧 향유가 부어질요 12:3 참고 예수님의 발 앞에 엎드려 그분에게 모든 초점을 맞추었다. 하나님께 헌신된 마리아는 산상설교에서 예수님이 명하셨던 바로 그 일을 행하고 있었다. 먼저 하나님의 나라와 의를 구하고 있었던 것이다마 6:33 참고.

부엌에서 마르다는 "준비하는 일이 많아 마음이 분주 문자적으로는 '지나치게 부담을 느끼다' 라는 뜻이다."했다 눅 10:40. 마르다는 귀한 손님들에게 걸맞은 대접을 하는 데 모든 관심을 쏟고 있었다. 집을 정리하고 음식을 준비하는 일은 마르다를 여기저기 바쁘게 움직이게 했고, 이 때문에 마르다는 자연히 예수님과 생명을 주시는 그분의 말씀에서 멀어질 수밖에 없었다. 어쩌면 그녀는 모든 일을 완벽하게 끝냄으로써 예수님의 칭찬을 받고 싶었는지도 모른다.

마르다는 곧 자기 혼자 수많은 일들에 둘러싸여 부엌에서 씨름하고 있다는 사실을 발견했다. 동생은 전혀 도와주질 않고 있었던 것이다! 마리아는 예수님과 함께 그저 식탁에 앉아 있을 뿐이었다.

자기연민으로 가득해진 마르다는 동생이 자신을 도와주지 않는 것에 대해 화가 나기 시작했다. 마르다는 마리아의 예배하는 태도를 게으름으로 해석했다. 불만에 찬 마르다의 호소가 마치 여기까지 들려오는 것 같다. "할 일은 너무 많은 데 일손은 턱없이 부족하다고요!" 더 이상 참을 수 없게 된 마르다는 수건으로 손을 닦은 뒤 예수님께로 가서 불평을 늘어놓았다. "주여 내 동생이 나 혼자 일하게 두는 것을 생각하지 아니하시나이까 그를 명하사 나를 도와주라 하소서"눅 10:40. 마르다는, 식탁에 앉아 예수님에게만 초점을 맞추는 마리아를 내버려두시는 예수님께 단단히 화가 난 것이 분명했다.

예수님은 한숨을 지으며 마르다를 부드럽게 타이르셨다. "마르다야 마르다야 네가 많은 일로 염려하고 근심하는구나"눅 10:41. 우리는 마르다가 믿음의 여인임을 알고 있다. 그녀는 요한복음에서 예수님을 가리켜 "그리스도시요 세상에 오시는 하나님의 아들"요 11:27이라고 고백했던 사람이다. 하지만 스트레스로 가득한 마르다는 믿음을 잃었다. 섬김에 대한 부담에 압도된 마르다는 자신의 몸을 혹사하는 일에 굴복되었다.

예수님은 마르다의 방향을 재설정해 주셨다. "한 가지만이라도 족하니라 마리아는 이 좋은 편을 택하였으니 빼앗기지 아니하리라"눅 10:42. 예수님은 마리아가 택했던 더 좋은 것—예수님과 그분의 말씀에 초점을 맞추는 것—과 마르다가 강조했던 "많은 일"눅 10:41을 비교하셨다. 그리고 마르다에게 물으셨다. "마르다야, 무엇이 더 중요하느냐? 나에게 초점을 맞추는 것이 더 중요하느냐, 아니면 너의 개인적인 목표를 이루기 위해 근심 가운데 노력하는 것이 더 중요하느냐?"

마리아가 예수님의 칭찬을 받았던 것은, 감자를 맛있게 요리하고 냅킨을 올바로 접는 것보다 예수님에 대한 사랑이 더 중요한 것임을 알았기 때문이다. 마리아는 그 점에서 옳았다. 그녀는 사람들의 박수와 인정보다는 구주의 벗이 되길 원했다. 예수님은 예수님에 대한 사랑의 헌신을 표현하고 있는 마리아의 노력을 마르다가 빼앗아 가도록 내버려두지 않으셨다.

예수님의 영성 지도 사역

예수님은 이 두 자매와의 만남을 통해, 오늘날 지나치게 자신을 혹사시켜 활력과 평안과 행복을 잃어버리는 사람들에게 영성 지도를 제공하셨다.

예수님은 마르다와 마리아의 개성을 이해하셨고 그에 맞게 반응하셨다: 마르다는 TJ 사고/판단형, 마리아는 FP 감정/인식형이었던 것 같다. 마르다는 본성상 행동 중심적요 12:2 참고이었으며, 마리아는 관계 중심적이고 내면 중심적요 12:3 참고이었다. 예수님은 하나님이 창조하신 그들의 독특한 인격을 바꾸려 하지 않으셨고, 각 인격의 강점을 인정해 주셨다.

예수님은 불만이 가득한 마르다에게 사랑과 관심을 보이셨다: 예수님은 강박적인 분주함에 휩싸였던 마르다에게 변함없는 사랑을 보이셨다. 예수님의 긍휼은 두 번이나 그녀의 이름을 부드럽게 부르신 데서 찾아볼 수 있다. "마르다야, 마르다야." 훗날 예수님은 다른 사람들도 이와 같이 부르셨다. "시몬아, 시몬아"눅 22:31. "사울아, 사울아"행 9:4.

예수님은 마르다의 근심과 불안을 인정하셨다: 예수님은 마르다의 깊은 무력감과 좌절감에 대해 깊이 생각하셨다. 예수님이 자신의 걱정에 귀 기울이시고 불만에 호응해 주셨기 때문에, 마르다는 예수님의 말씀을 귀 기울여 들을 수 있었다.

예수님은 마르다의 잘못된 우선순위와 과도한 분주함을 부드럽게 바로잡으셨다: 예수님은 모든 준비를 완벽하게 하고 싶어 하는 마르다의 마음을 잘 알고 계셨다. 하지만 마르다가 분주함 때문에 하나님 나라를 추구하는 데서 마음이 멀어졌다는 것도 잘 알고 계셨다. 예수님은 마르다에게 영적인 우선순위를 지킬 것을, 부드럽지만 확고하게 꾸짖으셨다. 그리고 산적한 일들이 그분과의 관계를 밀어내서는 안 된다는 진리를 확실히 보여 주셨다. 예수님은 마르다를 비판condemning 하지 않고 마리아를 칭찬commending 하심으로 마르다에게 교훈을 주셨다. "마리아는 이 좋은 편을 택하였노라." 예수님은 '적극적 강화'positive reinforcement 의 원리를 실천하셨다.

예수님은 마르다에게 단순함의 길을 택하라고 알려 주셨다: "한 가지만이라도 족하니라."는 예수님의 말씀은 하나님 나라에 우선순위를 두는 단순한 삶을 말한다. 예수님에게는, 존경 가운데 차려진 조촐한 저녁식사눅 10:8 참고가 스트레스로 준비된 성대한 음식보다 훨씬 나은 것이었다. 분주함으로 소비된 삶은 파편적 삶이다. 시편 기자는 다음과 같이 말했다. "내가 여호와께 바라는 한 가지 일 그것을 구하리니 곧 내가 내 평생에 여호와의 집에 살면서 여호와의 아름다움을 바라보며 그의 성전에서 사모하는 그것이라"시 27:4.

분주함이라는 사탄

우리는 분주함의 압박이 우리에게 미치는 영향을 정말 알고 있는가? 《USA 투데이》는 미국을 다음과 같이 평했다. "미국은 스트레스에 허우적대는 분투자들의 나라다."[1] 기업의 인원감축, 세계화, 기술노동절약을 위한 장치들을 포함의 압박은 사방에서 우리를 죄어온다. 미국인들은

20년 전과 비교할 때 매년 한 달 정도를 더 일하고, 많은 성인들이 한 시간 이상의 수면 박탈을 경험하고 있다고 한다. 또한 다섯 명 중 네 명 이상이 삶에서 심각한 스트레스에 시달리고 있다고 한다.[2] 당신이 만약 전형적인 그리스도인 여성에게 어떻게 지내냐고 물어본다면 다음과 같은 대답을 듣게 될 확률이 높다. "저는 너무 바쁘게 지내요. 정말 미쳐 버릴 것 같아요." 시를 읽을 시간도, 마음을 편안하게 해 주는 음악을 들을 시간도 없다. 바쁘고, 스트레스에 시달리고, 빨리 처리해야 할 일들 뿐이다! 할 일은 많고 시간은 없다.

황급한 분주함은 교회까지 침투해 왔다. 최근 나는 플로리다에 있는 한 교회의 재미있는 광고 문구를 읽었다. "45분의 초고속 예배, 보장해 드립니다!" 그 교회의 담임목사는 다음과 같이 설명했다. "추월차선을 달리고 있지만 여전히 주님을 사랑하는 분들, 저희 예배로 오십시오."

우리는 왜 이토록 무자비한 속도로 달리고 있는 것일까? 우리는 좋은 인상을 주고 자신의 가치를 증명하기 위한 스케줄로 일상을 도배한다. 우리는 철학자 데카르트의 "나는 생각한다. 고로 나는 존재한다."라는 격언을 "나는 열심히 일한다. 고로 나는 존재한다."로 왜곡하고 있는지도 모른다. 어떤 이들은 자신의 진정한 자아나 텅 빈 내면과 마주하기 싫어서 분주함과 서두름을 즐기기도 한다.

분주함은 우리에게서 무엇을 빼앗아 가는가?

현대의 삶의 속도는 우리를 감정적으로 기진맥진하게 만든다. 척 스윈돌Chuck Swindoll은 이렇게 이야기한 적이 있다. "분주함은 관계를 강탈해 간다. 그것은 깊은 교제를 얕팍한 열정으로 바꿔치기한다. 그것은 자긍심을 높일지는 몰라도 내면의 자아를 압박한다. 그것은 달력을 채우지만 가정을 파괴시킨다." 한 기독교 서점에는 다음과 같은 문구가 붙어 있다. "사탄은 미국인들을 괴롭히기 위해 많은 귀신들을 필요로 하지 않습니다. 스케줄표와 달력이면 충분합니다." 분주함 증후군은 영적 소진을 위한 처방전이다. 마르다와 같이 우리는 하나님의 일을 하는 동안에도 기진맥진해질 수 있다.

더 심각한 것은, 과도한 분주함이 하나님과의 분리를 낳는다는 점이다. 분주함 증후군은 성령을 소멸시키고 하나님을 가끔 출몰하는 이방인 정도로 생각하게 만든다. 바쁘고 황폐해진 영혼에게 하나님의 은혜로운 방문은 좀처럼 일어나지 않는다.

토마스 머튼은 이렇게 이야기했다. "과도한 열정의 압력 가운데 행하는 부자연스럽고, 광적이고, 불안한 노력들은 하나님께 온전히 드려질 수 없다. 왜냐하면 하나님은 그러한 행위들을 원하지 않으시기 때문이다."[3]

예수님의 생애는 시계와 상황들에 의해 지배된 적이 없다. 우리는 결혼을 축하해 주기 위해 가나로 서둘러 가시는 예수님도, 수가에 있는 사마리아 여인을 만나기 위해 황급히 걸음을 옮기시는 예수님도 찾아볼 수 없다. 그분의 방식은 언제나 신중하고 침착했다. 예수님의 섬김은 아버지와의 교제에서 오는 고요함과 평온함 가운데 이루어졌다.

어떻게 우리는 분주함의 멍에를 벗고 더 좋은 선택을 하겠는가?

하나님이 행동하는 인간이 아닌 존재하는 인간으로 우리를 만드셨다는 사실을 인식해야 한다. 우리의 존재는 행위로 정의되는 것이 아니다. 우리가 아버지의 형상으로 창조되었고 그리스도 안에서 정체성을 얻었다는 사실은 큰 의미가 있다. 우리가 하나님의 은혜를 얻을 만한 행위를 한다는 것은 불가능하다. 우리는 단지 그분이 거저 주시는 선물을 받고 즐거워할 뿐이다. 하나님과의 관계에서 흘러나오는 것을 통해 —흠이 없는 행위를 통해서가 아닌— 우리는 하나님의 뜻에 맞는 섬김을 실천할 수 있다.

에블린 언더힐은 다음과 같이 말했다. "우리는 대부분 '원하다' '소유하다' '행하다' 라는 세 가지 동사를 활용하며 살아간다."[4] 하지만 사실 우리에게 가장 필요한 동사는 '존재하다' 혹은 '있다' 라는 동사다. 하나님의 임재 앞에 있었던 마리아처럼 말이다.

기도를 통해 우선순위를 다시 세우고 헌신을 재정비해야 한다. 우리는 마르다와 같이 우선순위를 바로 세우고 더 '좋은 편' —그리스도를 추구하는 것— 을 택할 필요가 있다. 우리에게 주어진 모든 책임을 성취하기에 인생은 너무 짧다. 우리가 만약 하나님으로부터 공급받는 관계를 성장시키지 못한다면, 더 '좋은 편' 은 수천 개의 '필요들' 에 의해 밀려날 것이다. 긴급함이라는 폭군에 예수님과의 교제를 팔아넘겨서는 안 된다.

의도적으로 삶의 여백을 남겨 두어야 한다. 우리는 하나님과의 만남을 위한 환경을 만드는 데 있어 반문화적인 태도를 취할 필요가 있다. 우리에게는 공간, 고요함, 고독이 필요하다.

당신의 일상에서 안식의 공간을 따로 떼어 두라. 그리고 매주 있는 안식일을 성실하게 지키라. 여섯 날 동안 일하고 하루를 온전히 쉬는 삶은 하나님 안에서 평안을 누릴 수 있는 환경을 만들어 줄 것이다. 하나님을 위한 의도적인 공간을 마련해 둘 때만, 하나님은 우리의 경험 가운데 찾아오실 것이다.

우리는 관상의 은혜를 탐구해야 한다. 목회를 하고 있는 나의 친구가 이렇게 말한 적이 있다. "복음주의자들은 경건한 성찰 없이 아침부터 밤까지 일에 파묻혀 살 때가 많다네." 하나님과의 관계를 성장시키기 위해 우리는 삶의 속도를 늦추고, 예수님의 발 앞에 앉아, 마음의 눈을 그분께 고정시켜야 한다. 하나님의 작고 세미한 음성을 듣고 신실하게 반응하며, 말과 침묵으로 간절히 기도해야 한다. 다른 이들에게 나눠 주려면 우리가 먼저 받아야만 한다.

A. W. 토저는 이렇게 말했다. 간구의 기도, 성경공부, 섬김은 "모두 좋은 것이며 모든 그리스도인들이 동참해야 하는 것이다. 하지만 이 모든 일들의 기초와 그것들에 의미를 가져다주는 것은 바로 하나님을 바라보는 내면의 습관이다. 내면으로 하나님을 바라보는 습관이 우리 안에 자리 잡을 때, 우리는 비로소 하나님의 약속과 신약의 가치들을 지키는 단계를 뛰어넘어 새로운 영적 단계로 들어가게 될 것이다."[5)]

우리는 관상과 행동의 조화로운 삶을 살아야 한다. 성찰과 예배의 때가 있고, 섬김과 행동의 때가 있다. 경건한 성찰은 행동을 불러일으키고 그것에 힘을 실어 준다. 적절한 행동은 하나님 나라의 우선순위들에 대한 성찰의 깊이를 더해 준다. 하나님을 경외하는 삶은 하나님에 대한 헌신이라는 수직적 관계 마리아와, 이웃의 섬김이라는 수평적 관계 마르다를 모두 포함한다.

하나님은 관상과 행동의 본을 계획하셨고, 예수님은 우리에게 이에 대한 정확한 해답을 주셨다. "주 너의 하나님을 사랑하고 또한 네 이웃을 네 자신 같이 사랑하라" 눅 10:27.

기도

주님, 저는 주님의 임재 속에서 방해받지 않는 시간의 축복을, 영혼을 고갈시키는 행위들과 너무나 쉽게 맞바꿉니다. 주님을 알고 경배하는 데 가장 큰 열심을 냈던 마리아를 본받도록 도와주십시오.

1. 당신의 삶을 평가하라.

대다수의 중산층 미국인들이 자신의 일을 하나님 경배하듯 하고, 노는 것을 일하듯 하고, 하나님에 대한 경배를 놀듯 한다는 말이 있다.

한 주나 두 주 동안 당신의 스케줄을 점검해 보라. 당신은 일하는 데 한 주에 몇 시간이나 소비하는가?

하나님과의 고요한 시간, 기도, 묵상을 하는 데 하루 혹은 한 주에 몇 시간이나 소비하는가?

당신은 예배, 쉼, 개인적인 회복을 위해 일주일에 한 번 안식일을 지키는가?

2. 당신의 삶에 여백을 남기는 것을 서로 점검해 줄 수 있는 친구를 찾고, 하나님과의 교제 시간을 정하라.

부를 과신하는 사람

　　　　　　브래드는 금융학 전공으로 기독교 대학을 졸업했다. 그에게는 비즈니스 분야에서 주님을 섬기려는 계획이 있었다.

　　브래드는 건설 회사에서 사회생활의 첫 발을 내딛었다. 후에 부동산 개발 회사를 설립했고 많은 주택건물들과 상업건물들을 매입했다. 또한 도시 내에 사상 최대의 상공업 단지를 만들었다. 번창하는 상업 투자로 그는 외곽 지역에 집을 샀고 해외로 휴가를 떠날 만큼 재정적으로 여유로워졌다.

　　브래드와 그의 아내 칼라, 그리고 자녀들은 교외의 대형 교회에서 다양한 활동에 참여했다. 하지만 브래드는 의미 있는 교제를 피했다. 비즈니스 세계에서 수년 동안 몸담았던 그는 인생의 목적이 '돈을 쓸어 모으는 것'이라고 말하는 사람에게만 자신의 이야기를 털어 놓았다.

　　브래드의 자산을 평가했던 회계사는 그의 자산 가치가 천만 달러에 달한다고 말했다. 누군가 다음 목표가 무엇이냐고 물어보면, 브래드는 어깨를 으쓱이며 대답했다. "오천만 달러입니다."

직장에서 늦게 퇴근해 들어온 어느 날, 브래드는 칼라와 다투었다. 칼라는 눈물을 흘리며 말했다. "난 당신을 더 이상 사랑하지 않아요. 당신이 결혼한 것은 내가 아니라 당신의 돈이에요. 그게 이제 당신 인생의 주인이 되고 말았다고요. 난 사랑이 없는 이 결혼생활을 지속할 수 없어요."

며칠 후, 칼라는 짐을 챙겨 아이들과 함께 떠났고 이혼소송을 제기했다. 브래드의 반응은 전보다 더 열심히 상업 투자에 힘과 에너지를 쏟는 것뿐이었다. 하지만 슬프게도 일 년 반 후 브래드는 막대한 부동산을 소유한 개인 투자자로부터 자금횡령 혐의로 고소를 당했다. 법원 출두 전 브래드는 기소를 면하기 위해 외국으로 도피했다.

오늘날 많은 이들이 돈과 소유로 인해 자기를 과신하는 오류에 빠진다. 예수님에게는 이러한 이들에게 영성 지도를 통해 전할 수많은 이야기가 있다.

부자 관원

막 10:17-22; 마 19:16-22; 눅 18:18-23

어느 날 한 젊은 유대인 관원이 예수님께 달려와 무릎을 꿇었다. 이 청년은 똑똑하고, 도덕적으로 흠이 없고, 부유했다. 예수님께 "내가 무슨 선한 일을 하여야 영생을 얻으리이까."마 19:16라는 질문을 던진 것으로 보아, 이 청년은 인생에 소유와 지위 그 이상의 무언가가 있다는 것을 깨달았던 것 같다. 청년은 예수님이 뭔가 숭고한 일을 할 수 있도록 지도해 주시길 바랐는지도 모른다. 혹은 자선기금과 같이, 사치스런 생활양식을 방해받지 않고서도 천국행 티켓을 얻을 수 있는 뭔가 분명하고도 간단한 방법을 바랐는지도 모른다. 하지만 예수님의 반응은 이 청년의 시각을 하늘로 고정시키는 것이었다. "어찌하여 선한 일을 내게 묻느냐 선한 이는 오직 한 분이시니라 네가 생명에 들어가려면 계명들을 지키라"마 19:17.

"어느 계명이오니이까."마 19:18 청년이 물었다.

예수님은 두 번째 돌판에 새겨진 계명들 — 이웃들에 관한 의무를 명시한 내용 — 을 인용하셨다. "살인하지 말라, 간음하지 말라, 도둑질하지 말라, 거짓 증언 하지 말라, 네 부모를 공경하라, 네 이웃을 네 자신과 같이 사랑하라"마 19:18-19. 다른 사람들에게 하는 행위는 분명 그 사람의 영적 상태를 진단하는 지표임에 틀림없다.

청년은 이미 이 모든 것을 지켰다고 스스로 점수를 매겼다. 그는 바르 미츠바bar-mitzvah; 13세 유대인 남성에게 치러지는 성인식. 유대교에서는 이때부터 도덕적 책임이 아버지가 아닌 본인에게 있다고 본다.-옮긴이 이래로 올바른 삶을 살았다. 누구를 죽인 적도 없고, 물건을 훔치지도 않았고, 성적으로 부도덕한 일을 행한 적도 없었다.

"아직도 무엇이 부족하니이까."마 19:20 청년이 다시 물었다. 부자 관원의 질문은 거짓된 경건과 자만심을 보여 줄 뿐 아니라 하나님의 법에 담긴 정신에 대한 무지를 드러내 주었다.

마가는 다음과 같이 기록한다. "예수께서 그를 보시고 사랑하사"막 10:21. 마치 자신의 길을 찾기 위해 씨름하고 있는 아이에게 부모가 동정의 마음을 보내듯이 말이다. 예수님은 이어 그 청년의 핵심적인 문제를 정면으로 말씀하셨다. "네게 아직도 한 가지 부족한 것이 있으니 가서 네게 있는 것을 다 팔아 가난한 자들에게 주라 그리하면 하늘에서 보화가 네게 있으리라 그리고 와서 나를 따르라"막 10:21. 방종한 삶의 방식에 영생을 더하는 것은 불가능하다는 뜻이었다. 부유한 이 청년은 땅의 부와 하늘의 보물을 바꿔야만 했고, 예수님의 신실한 제자로서 그분을 따라야만 했다.

부자 관원이 다음과 같이 물었을 때 그곳은 적막으로 가득 찼을 것이다. "모든 것을 다 팔라고요? 제가 어떻게 그러한 값을 치르겠습니까?"

이야기는 비극적으로 끝을 맺는다. "그 사람이 큰 부자이므로 이 말씀을 듣고 심히 근심하더라"눅 18:23. 예수님은 금전적인 문제를 시험하셨고, 청년은 그 시험에 실패했다. 청년은 자신이 찾고 있던 답을 가르쳐 준 좋은 선생보다 자신의 소유를 더 중히 여겼던 것이다. 하나님 없이는 살 수 있었지만 소유 없이는 살 수 없었다.

청년은 슬퍼하며 집으로 돌아갔다. 그는 마리아의 기쁨의 찬양눅 1:53에 나오는 "주리는 자를 좋은 것으로 배불리셨으며"라는 축복을 잃어버렸고, 이 축복에 이어 언급된 "부자를 빈 손으로 보내셨도다."라는 구절의 슬픔을 실감했다.

예수님의 영성 지도 사역

예수님이 부자 관원과 만나신 이 사건은, 세상에 매어 하나님과 멀어진 사람들에게 제공할 수 있는 영적 인도에 대해 몇 가지 통찰들을 보여 준다.

예수님은 부자 관원의 내면을 꿰뚫어보실 때 분별과 지혜의 은사를 사용하셨다: 예수님은 부자 관원의 마음을 읽으셨고 그를 지배하는 열망이 무엇인지 알아차리셨다. 그것은 바로 부와 소유였다. 청년이 지성을 갖춘 사람—물론 이것 자체에도 문제가 있었지만—임을 분별하신 뒤 예수님은 마음의 문제를 지적하셨다. 마태, 마가, 누가복음은 모두 단순함과 믿음을 지닌 어린아이와 같이 되어야 한다는 예수님의 가르침 이후에 부자 관원의 이야기를 싣고 있다.

예수님은 삶의 의미를 찾고 있는 이에게 큰 동정심을 보이셨다: 자신의 삶에 뭔가 중요한 것이 빠져 있다는 사실을 정직하게 인정함으로써 부자 청년은 자신의 약함을 드러냈다. 하지만 예수님은 그 약함을 이용하지 않으시고, 그분의 사랑으로 감싸주셨다. 이러한 사랑의 표현은 부자 청년에게 예수님을 신뢰할 수 있는 확신을 주었을 것이다.

예수님은 청년에게 되물으실 때 비지시적인 방식을 취하셨다: 주님은 관원의 질문에 직접적으로 대답하지 않고 그에게 되물으셨다. "어찌하여 선한 일을 내게 묻느냐?" 우리는 여기서 자기발견의 여정으로 초청하시는 예수님을 엿볼 수 있다. 이 질문은 부자 관원의 동기를 점검하고, 그의 영혼의 상태를 드러내고, 그가 찾는 더 큰 세계에 대한 비전을 제시하는 것이었지만, 그는 결국 이해하지 못했다.

예수님은 성경을 잘 아셨고 부자 관원의 내적 필요에 맞게 그것을 적용하셨다: 예수님은 하나님의 계명들을 기억하고 인용하시면서, 부자 관원이 하나님의 거룩한 기준에 이르지 못했음을 지적하셨다. 사도 바울은 후에 이렇게 말했다. "율법으로는 죄를 깨달음이니라"롬 3:20.

예수님은 영성 지도를 제공하시는 데 있어서 지시적인 방식을 취하

셨다: 부자 관원에 대한 영성 지도를 제공하시는 예수님의 사역은 '가라, 팔라, 주라, 오라, 따르라' 등의 여러 가지 지시와 명령을 동반했다. 예수님은 부자 관원에게 영생을 붙잡기 위해 거쳐야 할 단계들을 통과하라고 권면하셨다. 부자 관원은 새로운 주인을 맞아들여야 했다.

예수님은 영성 지도 사역에서 거부에 부딪히셨다: 진지하게 진리를 찾으려는 노력에도 불구하고 부자 관원은 재물의 신을 버리고 예수님을 따르기를 거부했다. 결코 소멸하지 않는 금을 잡을 수 있는 기회가 있었지만, 그는 싸구려 세상 모조품들을 선택했다. 예수님은 부자 관원에게 진리를 거부할 수 있는 자유를 허락하셨다. 슬프게도, 사람들이 우리의 영성 지도에 따라 바람직하게 반응하지 않는 것은 자연스러운 현상이다.

부한 자들의 약점

예수님께 천국에 가는 길을 물었던 젊은 관원은 커다란 부를 소유했지만, 정작 그 많은 소유가 그 자신을 소유하고 있었음을 깨닫지 못했다. 그는 소유와 권력과 명성을 숭배하는 현대인의 모델이다.

예수님이 물질적 소유 자체가 죄라고 가르치신 적은 한번도 없다. 모든 수확은 창조주의 자비하신 손길에서 비롯되었다시 24:1 참고. 아브라함창 24:35 참고, 욥욥 1:3 참고, 솔로몬열왕 3:13; 10:23 참고은 모두 엄청난 부의 축복을 누렸다. 또한 구약에서 부는 하나님의 축복과 은혜의 상징이기도 했다욥 42:10; 대상 29:12 참고. 하나님을 기쁘시게 하고 영적인 사람이 되기 위해 물질적 소유를 버려야 한다고 말하는 이원론은 비성경적이다.

그럼에도 불구하고, 물질적 소유는 하나님의 형상이 새겨진 인간의 영원한 영혼에 결코 만족을 줄 수 없다. 물질적 상품은 우리의 오감을 잠시 반짝거리게 해 줄 수 있지만 이내 빛을 잃게 마련이다. 정말 행복하려면 얼마가 더 필요한지 부자를 찾아가 물어보라. 그의 대답은 아마 "조금만 더!"일 것이다. 수 세기 전 한 현자가 기록했듯이 말이다. "은을 사랑하는 자는 은으로 만족하지 못하고 풍요를 사랑하는 자는 소득으로 만족하지 아니하나니 이것도 헛되도다"전 5:10. 이 때문에 예수님은 "재물의 유혹"마 13:22을 경고하셨다.

부는 그 자체로 죄가 아니지만 그것은 우리를 많은 유혹에 노출시킨다. 바울은 이렇게 기록한다. "부하려 하는 자들은 시험과 올무와 여러 가지 어리석고 해로운 욕심에 떨어지나니 곧 사람으로 파멸과 멸망에 빠지게 하는 것이라"딤전 6:9. 부와 소유는 하나님에 대한 신뢰가 아닌 자기 신뢰를 부추긴다. 이 때문에 예수님은 다음과 같이 말씀하셨다. "낙타가 바늘귀로 나가는 것이 부자가 하나님의 나라에 들어가는 것보다 쉬우니라"막 10:25. C. S. 루이스도 같은 지적을 한 적이 있다. "수표를 써 주는 것으로 모든 것이 간단히 해결된다면, 당신은 모든 순간에 하나님을 철저히 의존하는 것을 잊어버리게 될 것이다."[1]

부에 대한 집착은 수많은 악을 낳는다. 먼저 부를 사랑하는 것은 영적 생활을 방해한다마 13:22 참고. 아우구스티누스는 다음과 같이 말했다. "세상의 소유를 사랑하는 것은 일종의 덫과 같다. 우리의 영혼은 이 덫에 걸려, 하나님을 향해 비상하지 못하게 된다."[2] 부의 추구는 근심을 불러일으키고마 6:25-34 참고, 욕심을 잉태하고롬 1:29; 엡 5:3 참고,

불의를 낳으며약 5:4-6 참고, 절도수 7:21 참고와 살인왕상 21장 참고의 죄로 이어지기도 한다. 부는 또한 우리의 시간을 앗아간다. 우리가 무언가—화려한 보트나 큰 집—를 얻기 위해서는 그에 상응하는 시간이 필요하다.

우리는 영혼을 부패시키는 돈에 대한 사랑을 멀리해야 한다. 말론 브란도Marlon Brando는 이렇게 말했다. "내가 할리우드에 남아 있는 단 한 가지 이유는 돈을 거절할 수 있는 도덕적 용기가 내게 부족하기 때문이다." 예수님이 우리에게 말씀하신 요점은, 한 주인—그분 자신마 23:8 참고—만이 우리를 다스릴 수 있다는 것이다. 하지만 불행하게도 우리는 말씀 가운데 그분을 붙잡지 않는다. 우리는 도널드 트럼프미국의 부동산 재벌와 빌리 그레이엄이 한 데 어우러지길 바라는 것이다.

하나님만이 최고의 선임을 인정하라: 세상의 소유가 아닌 하나님만이 인간의 영혼을 만족시키실 수 있다시 81:6; 145:16 참고. 당신 마음의 열망이 시편 기자의 열망이 되게 하라. "하늘에서는 주 외에 누가 내게 있으리요 땅에서는 주밖에 내가 사모할 이 없나이다"시 73:25. 세상의 반짝이는 유혹들이 아닌 하나님 안에서 기쁨과 안식을 발견하라. 만약 당신이 그리스도인이라면 그리스도 안에서 당신이 소유한 영적 부요함에 초점을 맞추라고후 8:9 참고. 그분을 소유한다면 모든 것을 소유한 것이다. 아우구스티누스는 이렇게 말했다. "가난한 자들이여 내 말을 들으라. 하나님을 소유했다면 무엇이 부족하겠는가? 부한 자들이여 내 말을 들으라. 하나님을 소유하지 못했다면 무엇을 소유하고 있는 것인가?"[3)]

기도와 금식을 통해 세상의 소유가 당신의 삶을 어떻게 지배하고

있는지 분별하라: 손수 만든 감옥에서 나오는 길을 찾는 첫 번째 단계는 자신을 결박하고 있는 주인을 분별하는 것이다. 어렵지만 자신에게 정직한 질문을 던져 보라. "어떤 물질적인 것들이 나의 영혼을 짓누르고 있는가? 다른 사람들에게 해를 끼치거나 그들을 착취하는 나의 소비습관은 무엇인가?" 우리의 기도는 종종 응답되지 못할 때가 있다. 왜냐하면 "구하여도 받지 못함은 정욕으로 쓰려고 잘못 구하기 때문"이다 약 4:3.

그리스도에 대한 사랑을 키움으로 물질적인 것들에 대한 집착을 내려놓으라: 물질에 대한 갈망과 그리스도에 대한 사랑은 양극 관계다 요 3:30. 아우구스티누스는 이렇게 말했다. "영혼이 육체적인 것들에 대해 죽는 만큼 영적인 것들에 대해 살아난다."[4] 한없이 높은 유혹들을 낮고 비천한 것들로 대체하라. 커져가는 예수님에 대한 사랑으로 소유라는 주인을 못 박으라. "돈을 사랑하지 말고 있는 바를 족한 줄로 알라" 히 13:5.

하나님께 당신의 자원을 내려놓으라: 우리가 소유한 모든 것은 하나님의 선물이며, 우리는 그분이 허락하신 것들을 지키는 청지기일 뿐이다. 우리에게 맡겨진 자원을 긍휼한 마음으로 사용하는 것에 대한 비전을 가지라. "즐겨 내는 자"의 은혜를 위해 기도하라 고후 9:6-7 참고. 웨슬리가 당시 그리스도인들에게 했던 말에 귀를 기울이라. "할 수 있는 만큼 버십시오. 할 수 있는 만큼 저축하십시오. 할 수 있는 만큼 나눠 주십시오."[5] 예수님의 교훈을 따르라. "너희를 위하여 보물을 땅에 쌓아 두지 말라 거기는 좀과 동록이 해하며 도둑이 구멍을 뚫고 도둑질하느니라 오직 너희를 위하여 보물을 하늘에 쌓아 두라 거기는 좀이나 동록

이 해하지 못하며 도둑이 구멍을 뚫지도 못하고 도둑질도 못하느니라"
마 6:19-20.

수 세기에 걸친 제자들이 예수님을 따르기 위해 모든 것을 기쁨으로 포기했음을 기억하라: 흔들리지 않는 세상이 올 것에 대한 비전으로 무장한 제자들은 예수님을 따르기 위해 가정, 직업, 세상의 소유들을 버렸다. 아래 있는 모든 것들을 버리는 것은 위에 놓인 영광과 비교할 때 아무것도 아니었던 것이다. 즐거운 마음으로 따르길 원했던 제자들은 아우구스티누스가 했던 말의 진리를 잘 알고 있었다. "부자가 괴로워하며 포기하기를 회피했던 바로 그것을 그리스도의 복음에 순종하며 기쁨으로 희생할 때, 그리스도인이 얻게 되는 기쁨은 말로 설명할 수 없이 위대하고 놀라운 것이다."[6]

기도

주님, 저의 인간적 본성은 끊임없이 물질적인 것들에 마음을 두고 그곳에서 안정감을 찾으려고 합니다. 저의 영혼이 부가 아닌 주님에 의해 소유될 수 있는 은혜를 허락해 주십시오.

1. 영원의 관점을 얻도록 노력하라.

초대 교회의 지도자였던 아타나시우스Athanasius, 373년 서거의 말을 깊이 생각해 보라.

"죽음을 맞이할 때, 우리는 이 땅에서 소유했던 부를 별로 넘겨주고 싶지 않은 이들에게 맡기고 떠나게 될 것이다. 어차피 그렇다면 하나님 나라의 상속과 의를 위하여, 소유들을 포기할 수는 없는가? 물질에 대한 소유욕이 당신을 사로잡지 못하게 하라. 우리가 가져갈 수도 없는 물건들을 가짐으로써 얻게 되는 유익이 도대체 무엇이란 말인가? 만약 그렇다면, 지혜, 공의, 절제, 용기, 이해, 사랑, 가난한 자들을 위한 호의, 예수님에 대한 믿음, 심판으로부터의 자유, 환대와 같이 우리가 가져갈 수 있는 것들을 얻는 것이 낫지 않겠는가? 이러한 것들을 소유한다면 우리는 겸손한 자들의 나라에서 환영받게 될 것이다." [7]

2. 당신의 마음을 하나님으로부터 멀어지게 하는 세속적인 것들이 무엇인지 마음을 잘 관찰해 보라.

물질적 소유에 대한 집착을 내려놓고 하나님 나라에 대한 우선순위를 굳게 붙잡기 위해 당신이 할 수 있는 영적 훈련들에는 어떤 것들이 있을까?

3. 배우자 혹은 가까운 친구들과 함께 재정이나 물질적 소유에 관해 서로 점검해 줄 것을 약속하라.

"세상의 소유를 사랑하는 것은 일종의 덫과 같다.
우리의 영혼은 이 덫에 걸려, 하나님을 향해 비상하지 못하게 된다."
_ 아우구스티누스

남을 착취하는 사람

　　　　　　　미국 서부의 어느 주에 위치한 한 슬레이트 채석장의 소유주는 슬레이트 조각들을 채굴하고 절단하기 위해 합법적인 이민 노동자들을 고용했다. 멕시코인 노동자들 대부분은 영어를 하지 못했고, 뜨거운 여름 햇볕 아래서 아침부터 저녁까지 일해야 했으며, 일을 마치면 생활환경이 엉망인 집으로 돌아갔다.

　대부분의 노동자들은 비를 막는 방수용 플라스틱 지붕이 있는 고장 난 트레일러에서 살았다. 가족이 많다 해도 좁은 단칸방 신세였다. 주방시설은 낡고 지저분했으며, 공용 샤워시설은 매우 비위생적이었다. 화장실은 문 없는 옥외변소가 전부였고, 노동자들과 가족들을 위한 의료보호는 전혀 제공되지 않았다. 슬레이트 채석장은 노동자들의 생활환경으로 인해 주 보건복지부의 경고를 받기 일쑤였다.

　여름이 지나자 채석장의 소유주는 열악한 경제사정을 핑계로 노동자들의 몇 주치 월급을 미뤘다. 그들이 채굴한 슬레이트는 판매되어 소비자들에게 넘겨졌지만, 급여는 여전히 제공되지 않았다. 이민 노동자들은 통역관을 통해 생활환경과 미지급된 급여 문제로 강하게 항의했다. 하지만 채석장의 소유주는 불평하지 말라며 다그쳤고, 급기야 노동 허가증을 뺏고는 추방시켜 버리겠다고 으름장을 놓았다.

궁지에 몰린 힘없는 노동자들은 추방이 두려웠고, 가족들을 부양할 수 있는 자금줄이 끊길 것을 염려해 불평을 멈추었다.

이 악덕 고용주처럼 끊임없이 착취를 일삼는 이들이 있다. 그들만큼 뻔뻔하고 몰인정하진 않더라도, 우리는 모두 자신의 목적을 위해 어떤 방식으로든 다른 사람들을 이용하려는 경향이 있다.

다른 이들을 이용하는 사람에게 예수님이 보이셨던 영적 돌봄을 관찰해 보자.

여리고의 삭개오

눅 19:1-10

예수님과 삭개오의 만남은 성경에서 잘 알려진 이야기 중 하나다. 예루살렘으로의 마지막 입성 전에, 예수님은 많은 무리들에 둘러싸여 여리고로 들어가셨다. 풍부한 수자원, 종려나무로 늘어선 거리, 향기로운 꽃들로 가득한 여리고는 작은 천국과도 같았다. 로마의 장군이자 정치인이었던 안토니우스는 클레오파트라 여왕에게 사랑의 표시로 여리고를 선물했다. 예수님 당시, 헤롯 왕의 궁전이 여리고에 있었다.

지방민들에게 여리고는 달갑지 않은 장소였다. 동방으로부터 온 물품들에 대해 어김없이 관세를 징수하는 중심지였기 때문이다. 여느 때와 같았다면 예수님은 여리고를 그냥 지나치셨을 것이다. 하지만 예수님은 여리고에서 자신이 해야 할 중요한 사역이 있음을 알고 계셨기에 그곳에 머무셨다. 세리장으로 로마를 섬기고 있던 삭개오를 만나셔야 했던 것이다.

로마 제국은 복속된 나라들로부터 높은 세금을 징수했다. 세리장은 로마 당국에 고정된 돈을 납세하기로 약속하고, 사람들을 고용해 세금을 거둔 후 그 차액을 자신의 수입으로 챙겼다. 유대인들은 자신들의 동족이 이처럼 비열한 방법으로 돈주머니를 채우는 것과, 자신들의 세금이 우상을 숭배하는 정권을 유지하는 데 사용된다는 것에 분개했다. 유대인 삭개오는 로마인들을 위한 세리였다. 부유하고 가혹한 그는 강탈자이자 배신자였으며, 마을에서 가장 경멸을 받는 대상이었다.

호기심과 불안감에 이끌려 삭개오는 마을을 지나가시는 예수님을 보길 원했다. 하지만 이스라엘을 로마의 압제로부터 구해 줄지도 모른다는 기대감에 너무나 많은 사람들이 예수님을 보러 나와 있었다. 그래서 1미터 50센티미터가 갓 넘는 삭개오는 무리에 둘러싸인 예수님을 볼 수 없었다.

예수님을 보기 위해 앞으로 달려가 뽕나무에 오른 삭개오를 올려다보시며 예수님은 말씀하셨다. "삭개오야 속히 내려오라 내가 오늘 네 집에 유하여야 하겠다"5절. '~해야만 한다'에 해당하는 헬라어 '데이' *dei* 는 신적 필연성의 개념을 갖는다. "오늘"누가복음에 11회 등장한다.은 구원의 순간을 상징한다. 예수님의 말씀에 깜짝 놀란 삭개오는 나무에서 내려와 예수님과 제자들을 자신의 집으로 모셨다.

변절자요 사기꾼인 삭개오와 함께 가시는 예수님을 바라보며 사람들이 얼마나 수군거렸을지 우리는 쉽게 짐작할 수 있다. 세리의 집에서 식사하시는 예수님은 이름이 더럽혀질 것이었다. 분명 좋은 그림은 아니었다. 누가는 이 이야기를 간략하게 기록하고 있지만, 분명 예수님은 삭개오와 저녁식사를 함께하시면서 진지한 대화를 나누셨을 것이다.

나는 예수님이 삭개오에게 그의 이야기를 해 보라고 권하면서 다음과 같은 질문들을 던지지 않으셨을까 생각한다. "네가 사람들에게 어떻게 대하였느냐?" 혹은 "어떻게 그리 부유해질 수 있었느냐?"와 같은 질문 말이다. 예수님은 그의 이야기를 경청하시고, 그의 깊은 갈망을 알아차리셨을 것이다. 긍휼히 여기시는 예수님의 시선은 세리의 마음을 녹이고, 믿음으로 가득 차게 했을 것이다.

예수님 앞에서 삭개오는 자신이 동족 유대인들을 속였음을 솔직하게 고백했다. 그는 마침내 모든 것을 보상했을 뿐 아니라 선행까지 베풀었다. 로마의 법에 따라 다른 사람들을 속여 빼앗은 것을 네 배로 갚았고, 자기 소유의 반을 가난한 자들에게 나눠 주었다. 삭개오는 잘못한 것을 보상하는 가운데 치유와 자유를 경험했다. 변절자, 사기꾼으로서 예수님을 만났던 세리는 전혀 다른 사람으로 변화되었다.

하지만 무리들은 삭개오가 심판받길 원했다. 예수님은 그들의 보복심에 동의하지 않으셨으며, 오히려 세리의 영적 회복을 축하해 주셨다. "오늘 구원이 이 집에 이르렀으니 이 사람도 아브라함의 자손임이로다"9절. 삭개오는 예수님의 제자가 되었고, 알렉산드리아의 클레멘트에 의하면 훗날 가이사랴의 주교가 되었다고 한다.

관용의 영성으로 인해, 다른 이들을 착취하던 자는 하나님의 관대한 아들이 되었다.

예수님의 영성 지도 사역

세리장과 관계를 맺으신 예수님은, 마땅한 이유로 다른 이들에게 경멸을 당하는, 친구가 없는 이들을 위한 영적 인도의 통찰을 알려 주신다.

예수님은 경멸의 대상인 세리에게도 은혜를 베푸시는 아버지의 요구를 알고 계셨다: 예수님은 마음밭이 준비된 아브라함의 잃어버린 자손에게 신적 약속이 있음을 성령에 의해 인식하고 계셨다. 예수님은 아버지께서 원하시는 일을 하기 위해 자신의 여정을 멈추셨다. 사람들의 정치적인 견해도, 착취적인 생활방식도, 세리에 대한 예수님의 사역을 막을 수 없었다.

예수님은 영적으로 가난한 세리를 찾으셨다: 관계에 있어 예수님은 삭개오에게 먼저 다가가셨다. 예수님은 삭개오에게 나무에서 내려올 것을 명하셨고, 그의 집에 머물겠다고 선포하셨다눅 19:5 참고. 삭개오의 집에서 예수님은 영적 세계에 대한 삭개오의 눈을 뜨게 하셨다.

이 장면에서 우리는, 삭개오가 예수님을 더 잘 보기 위한 방법을 찾는 동안, 예수님이—삭개오가 자신의 필요를 말하기 전에—먼저 삭개오를 찾으셨음을 알 수 있다. 삭개오가 해야 할 일은 하나님으로부터 도망치지 않는 것뿐이었다. 하나님은 이렇게 말씀하셨다. "나에게 묻지 않은 사람들에게 내가 나를 나타내고 나를 찾지 않던 사람들에게 내가 발견되었으며"사 65:1, 현대인성경.

예수님은 삭개오의 착취적인 생활방식 너머를 바라보시며 그를 사랑하셨고, 비록 잘못된 선택으로 부정해졌지만 그를 소중한 사람으로

받아주셨다: 예수님은 다른 사람들에게와 마찬가지로 눅 5:22; 6:8; 9:47, 죄 많은 세리를 사랑하셨고 그의 마음과 생각의 필요를 아셨다. 예수님은 로마의 대리인이었던 그의 악한 행위를 넘어, 그가 은혜로 어떤 사람이 될 수 있는지를 생각하셨다.

예수님이 삭개오에게 행하신 사역은 비지시적인 방식이었다: 여리고를 통과하여 가시는 길에 예수님은 무엇을 해야 하는지 삭개오에게 분명히 말씀하셨다. 그는 나무에서 내려와 예수님과 함께 식사를 해야 했다. 하지만 예수님이 삭개오의 집에 머물겠다고 말씀하셨을 때, 그것은 "하나님이 너를 용서하시길 원하신다."는 다른 표현이었다. 또한 삭개오의 집에서 함께 대화하는 동안 예수님은 삭개오에게 자기발견의 공간을 열어 두셨다.

예수님은 관대한 보상을 실천하는 회개로 삭개오를 이끄셨다: 삭개오에게 착취를 당했던 유대인들은, 삭개오와 같은 변절자는 치유의 가능성이 없다고 생각했다. 하지만 예수님은 잃어버린 자 중에서도 최악의 인물을 찾아오셔서 그를 구원하셨다 눅 19:10 참고. 예수님은 삭개오가 죄에서 돌이켜 하나님께 나아가고, 그가 속였던 사람들에게 온전한 보상을 할 수 있게 만드셨다. 낙타가 바늘귀로 들어간 것이다!

압제의 짐

삭개오의 이야기는 같은 인간에 대해 무자비하게 이기적인 착취를 일삼는 자에 대한 예수님의 반응을 보여 준다. 욕심 많은 세리는 동족들이 어렵게 번 돈을 강탈했다. 착취와 압제는 가족, 직장, 사회 내에서 그리고 국가 간에 흔히 나타난다. 가정에서는 남편이 아내를 억압하고, 남성 리더십—더 나쁜 경우는 영적 리더십—이라는 명목 아래 여성의 필요에 둔감할 수도 있다. 국가적인 차원의 압제는 아메리칸 원주민들이 비옥한 땅에서 쫓겨나 외딴 불모지인 특별보호구역으로 밀려난 데서 찾아볼 수 있다. 어떤 형태든지 착취는 하나님이 부여하신 인간의 위엄을 침해하는 행위다. 착취적 행위는 인간에게서 삶의 필수적인 것들을 빼앗아 가고, 인간의 가치를 무차별로 공격한다. 보수적인 그리스도인들은 종종 정치적·경제적 불공평은 무시하고 '영적인' 것들에만 집중하곤 한다. 하지만 현실 세계에서 순수하게 영적인 것은 어디에도 존재하지 않는다. 모든 선택들은 물질적·사회적 결과를 낳고, 그 모든 것들은 영적인 의미를 갖는다.

죄와 악에 대한 하나님의 반응은 그분 아들의 생명과 죽음과 부활이었다. 하지만 구원 사역의 장은 가정, 공동체, 국가, 세계라는 사회적 공간이다. 이 모든 곳들은 진리와 정의와 긍휼이라는 원리들로 다스려져야 한다.

삭개오에 대한 예수님의 사역은 삭개오의 영적인 필요와 사회적 행동을 모두 언급했다. 예수님은 삭개오의 영혼에 신성한 생명을 불어넣어 주셨지만, 동시에 그분은 세리의 부정한 행동의 결과들에 대해서도 깊은 관심을 보이셨다. 그리스도인은 영혼 구원과 사회 정의에 모두 열정을 가지고 있어야 한다. 하나님은 "가난한 자를 불공평하게 판결하여 가난한 내 백성의 권리를 박탈하며 과부에게 토색하고 고아의 것을 약탈하는 자는 화 있을진저"사 10:2 라고 말씀하셨다.

우리는 다른 사람의 잘못된 방식을 깨닫게 해 주어야 한다: 불법한

자의 악한 행동 패턴과 그것이 다른 사람들에게 미치는 악영향에 대해 가르쳐 주어라. 회개는 죄인의 마음에 근본적인 변화를 요구한다. "악인은 그의 길을, 불의한 자는 그의 생각을 버리고 여호와께로 돌아오라 그리하면 그가 긍휼히 여기시리라"사 55:7.

우리는 압제하는 사람들이 자신들의 행동에 대해 뉘우치도록 도와 주어야 한다: 다른 사람의 행동을 통해 상처 받은 마음에는 슬픔이 있게 마련이다. 회개는 감정적으로 죄에 대해 슬퍼하는 과정을 필요로 한다. "그때에 너희가 너희 악한 길과 너희 좋지 못한 행위를 기억하고 너희 모든 죄악과 가증한 일로 말미암아 스스로 밉게 보리라"겔 36:31. 바울은 이렇게 말했다. "하나님의 뜻대로 하는 근심은 후회할 것이 없는 구원에 이르게 하는 회개를 이루는 것이요 세상 근심은 사망을 이루는 것이니라"고후 7:10.

우리는 잘못을 저지른 사람을 진정한 회개 가운데 주님께로 인도해야 한다: 불의한 행동을 등지고 믿음 가운데 하나님께로 나아가는 의식적인 돌이킴이 있어야 한다. 회개는 마음의 근본적인 변화를 요구한다. 주님에 의해 단련된 에브라임은 다음과 같이 고백한다. "내가 돌이킨 후에 뉘우쳤고 내가 교훈을 받은 후에 내 볼기를 쳤사오니 이는 어렸을 때의 치욕을 지므로 부끄럽고 욕됨이니이다"렘 31:19. 우리는 또한 진정한 회개가 하나님의 은혜의 결과임을 기억해야 한다행 5:31; 딤후 2:25 참고.

우리는 죄 지은 자들이 착취했던 사람들에게 돌아가 온전한 보상을 하도록 격려해 주어야 한다: 과거에 저지른 잘못은 재산의 복구, 돈의 반환, 피해보상을 위한 섬김 등 구체적으로 보상되어야 한다. 율법은 이스라엘 백성들이 상황을 바로잡기 위해 해야 할 일들을 열거하고 있다 출 22:1-14; 레 6:1-5; 민 5:5-7 참고. 바울은 죄인들에게 "회개하고 하나님께로 돌아와서 회개에 합당한 일을 하라."행 26:20 고 설교하였다. 초대교부였던 크리소스톰Chrysostom, 407년 서거은 "말로만 감사를 표현하지 말고, 행위로서 감사를 표현하라."[1] 고 말했다.

기도   주님, 저는 스스로의 유익을 위해 다양한 방법으로 다른 사람들을 이용하는 경향이 있습니다. 주님의 제자로서 제가 다른 이들을 더욱 사랑하고 하나님의 형상으로 대하여, 그들이 제가 따르고 섬기는 주님께로 나아올 수 있게 해 주십시오.

1. 거룩한 독서 Lectio Divina 가운데 다음을 실천해 보라.

여기서 독서 Lectio란 성경본문을 주의 깊게 읽고, 중요한 단어와 표현들을 묵상하고, 그 단어들을 가지고 아버지께 기도하고, 성령의 음성을 경청하는 과정을 포함한다.

다음의 성경본문을 읽으라.

> "이는 우리의 허물이 주의 앞에 심히 많으며 우리의 죄가 우리를 쳐서 증언하오니 이는 우리의 허물이 우리와 함께 있음이니라 우리의 죄악을 우리가 아나이다. 우리가 여호와를 배반하고 속였으며 우리 하나님을 따르는 데에서 돌이켜 포학과 패역을 말하며 거짓말을 마음에 잉태하여 낳으니 정의가 뒤로 물리침이 되고 공의가 멀리 섰으며 성실이 거리에 엎드러지고 정직이 나타나지 못하는도다. 성실이 없어지므로 악을 떠나는 자가 탈취를 당하는도다. 여호와께서 이를 살피시고 그 정의가 없는 것을 기뻐하지 아니하시고" 사 59:12-15.

당신이 다른 사람들에게 행한 부정과 압제의 죄악에 대해 생각나는 점이 있는가?

당신이 지은 잘못 중 진리와 정의를 혼란케 한 것은 무엇인가?

2. 더 깊은 성찰의 시간을 가지라.

위의 죄가 하나님과의 관계에 어떠한 영향을 미쳤는지 깊이 생각해 보라.
당신의 잘못을 주님께 아뢰라.

당신의 잘못을 보상하기 위해 필요한 행동은 무엇인가?

신뢰를 배반하는 사람

첫 번째 그리스도인 황제인 콘스탄티누스 대제Constantine the Great의 조카였던 율리아누스Julian, 331-363년는 로마 제국의 쇠퇴기에 살았다. 율리아누스는 성경, 헬라어, 로마 고전들에 대해 최고의 선생들로부터 교육을 받았다. 그리스도인으로서 세례를 받고 교회생활과 예배에 참석했다. 그는 당시 다수의 유명한 그리스도인 지도자들, 신학자들과 개인적으로 친분이 있었다. 23세 때 율리아누스는 그의 사촌 콘스탄티누스 2세와 로마의 공동 통치자가 되었다. 깊은 신앙심과 맹세를 보여 준 이 젊은 황제는 많은 사람들을 놀라게 했다.

로마의 서부 지역을 방어하기 위해 갈리아 지역으로 보내진 율리아누스는 이방인들을 대상으로 한 수많은 전투에서 승리를 거뒀다. 그의 사촌은 율리아누스가 전투에서 보여 준 용맹함을 시기해, 자신에게 속한 대부분의 군사들에게 로마로 복귀할 것을 명령했다. 하지만 율리아누스의 지지자들은 이를 거절했고 율리아누스를 황제로 칭했다. 얼마 지나지 않아 콘스탄티누스 2세가 죽고, 율리아누스는 로마 제국의 유일한 통치자가 되었다.

마르쿠스 아우렐리우스Marcus Aurelius의 통치를 본받아 율리아누스는 처음부터 적극적 개혁을 실시했다. 부패를 제거하고, 세금을 줄이고, 종교적 관용을 장려했다. 하지만 곧 율리아누스는 가면을 벗고 자신이 그리스-로마의 이교도임을 공공연히 인정했다. 이교도 성전들을 재건축하고, 고전적인 신과 여신들의 예배를 회복했으며, 그리스도인들이 공직에 있는 것을 금했다. 그는 군사장비에 새겨졌던 십자가를 이교도의 상징들로 바꾸었으며 반기독교 서적인 *Against the Galileans* 갈릴리 사람들을 논박함를 출판했다. 전장에서 율리아누스의 병사들은 그리스도의 이름을 선포하는 도시들을 모조리 짓밟았다. 하지만 율리아누스는 로마 황제가 된 지 2년 만에 한 전쟁에서 창에 맞아 숨을 거두었다. 역사가들이 그에게 '배교자 율리아누스'라는 별칭을 달아 주지 않았더라면, 그는 비교적 조용하게 사라져 갔을지도 모르겠다.

율리아누스의 배교는 극단적 예다. 이러한 배교자들이 바로 우리가 이번 장에서 알아볼 유형의 인물이다. 물론 소수의 사람들만이 언젠가 그리스도와 기독교 공동체를 완전히, 그리고 공공연히 배반할 것이다. 우리는 예수님이 배반자를 어떻게 대하셨는지를 살펴봄으로써 영성 지도의 귀한 교훈들을 발견할 수 있다.

가룟 유다의 배반

요 13:18-30; 마 26:20-25

목요일 저녁 지상 사역이 거의 끝나갈 무렵에, 예수님은 다락방에서 마지막 유월절을 기념하여 제자들과 함께 식사를 하셨다. 예수님과 그 친구들의 이 마지막 만남은 예수님에게 분명 복잡한 심경의 시간이었을 것이다 눅 22:15-16 참고. 십자가의 그림자가 드리워지고 있었기 때문이다.

삼 년 전, 예수님은 가룟 유다의 안에 있는 큰 잠재력을 보시고 그를 제자로 선택하셨다 눅 6:16. 재정관리 기술이 있었던 가룟 유다는 열두 제자의 돈궤를 맡았다. 불행히도 그는 공동의 돈궤에서 정기적으로 돈을 빼갔다 요 12:6 참고. 후에 베다니의 마리아가 예수님의 발에 비싼 향유를 부었을 때 이를 반대했던 이유도, 그 비싼 향유를 팔아 남은 돈을 자기가 쓰고 싶었기 때문이었을 것이다.

저녁식사 후, 예수님은 측은한 마음으로 제자들의 발을 씻기셨다. 그리고 이렇게 말씀하셨다. "내 떡을 먹는 자가 내게 발꿈치를 들었다" 요 13:18. 떡을 먹는다는 것은 교제와 친밀함의 행위였다. 하지만 "발꿈치를 들었다"는 표현은 경멸의 행위를 암시했다. 교제와 사랑의 순간에, 가룟 유다는 자신이 삼 년 동안 따랐던 주인을 경멸하고 있었던 것이다. 길들여지지 않은 야생마처럼 그는 자신을 이끌어 주신 분을 발로 차고 짓밟을 준비가 되어 있었다. 앞으로 무슨 일이 벌어질지 알고 계셨던 예수님은 "지금부터 일이 일어나기 전에 미리 너희에게 일러" 요 13:9 둔다."고 말씀하셨다. 만찬을 위해 식탁에 모인 제자들을 바라보며, 예수님은 괴로워하셨다 요 13:21 참고. 바다에 부는 폭풍과 같이 예수님의 심령은 심한 고뇌에 빠졌다. 가장 친한 친구 중 한 명—요한복음 6장 70-71절에 따르면 그는 "마귀"다—이 자신을 배반할 것을 알고 계셨기 때문이다. 너무 큰 충격에 할 말을 잃은 제자들은 서로를 바라보며 배반자가 누구인지 궁금해 했다. 그들 역시 자신의 약점과 실패를 알고 있었지만 '공공연한 배반이라니!' 라며 의아해 했다. 놀라울 만큼 조용한 침묵이 흐르고 있었다.

이내 한 명씩 제자들은 "주여 나는 아니지요."마 26:22 라고 물었다. 그러자 예수님은 침울한 어조로 말씀하셨다. "인자는 자기에 대하여 기록된 대로 가거니와 인자를 파는 그 사람에게는 화가 있으리로다 그 사람은 차라리 태어나지 아니하였더라면 제게 좋을 뻔하였느니라"마 26:24. 베드로는 예수님 곁에 기대어 있는 요한에게 배반자가 누구인지 물어보라고 독촉했다. 예수님에 가슴에 의지해 있던 요한이 속삭였다. "주여 누구니이까"요 13:25. 조용한 목소리로 예수님은 배반자가 누구인지 단서를 주셨다. "내가 떡 한 조각을 적셔다 주는 자가 그니라"요 13:26. 동방 문화에서 주인이 떡을 수프에 적셔 손님의 입에 넣어 주는 것은 친밀함의 표시였다.

지속되는 침묵으로 자신에게 이목이 집중되는 것이 싫었던 가룟 유다는 "랍비여 나는 아니지요."마 26:25 라고 물었다. 그러자 예수님은 그의 배반적 행위를 회개할 수 있는 마지막 기회를 주시며, 가룟 유다의 입에 떡을 넣어 주셨다. 이 상황에 대해 요한은 다음과 같이 기록했다. "조각을 받은 후 곧 사탄이 그 속에 들어간지라"요 13:27. 사탄은 일 년 이상 가룟 유다를 노리개로 삼아 왔다. 그러다 다락방에서 마침내 배반자를 소유했고, 돈궤를 맡았던 이는 어둠의 세력의 인질이 되었다. 가룟 유다의 상태가 회복될 수 없음을 아신 예수님은 가혹하게 말씀하셨다. "네가 하는 일을 속히 하라"요 13:27.

떡을 받은 뒤 즉시 가룟 유다는 일말의 가책도 없이 다락방을 떠났다. 요한은 상황을 이렇게 기술한다. "유다가 그 조각을 받고 곧 나가니 밤

이러라"요 13:30. 의도적으로 예수님—"세상의 빛"요 8:12; 9:5—에게서 등을 돌림으로 가룟 유다는 도덕적·영적 어둠 가운데 빠졌다. 예수님은 이전에 다음과 같이 경고하셨다. "아직 잠시 동안 빛이 너희 중에 있으니 빛이 있을 동안에 다녀 어둠에 붙잡히지 않게 하라 어둠에 다니는 자는 그 가는 곳을 알지 못하느니라"요 12:35. 아우구스티누스는 가룟 유다에 관해 다음과 같이 평했다. "어둠으로 나간 자는 어둠이 되었다."[1)]

가룟 유다는 바로 그날 예수님을 배반했다. 겟세마네 동산에서 기도의 씨름을 하셨던 예수님을 입맞춤으로 맞이한 그는 은 삼십에 성전 경비대에게 예수님을 넘겼다요 18:1-9 참고. 후에 자기 증오와 절망에 빠진 가룟 유다는 스스로 목을 매는 비겁한 최후를 선택했다마 27:3-5; 행 1:18 참고. 누가는 후에 유다를 가리켜 "사도의 직무를 버리고 제 곳으로 간 자"행 1:25라고 묘사했다. 단테는 『신곡: 지옥편』 Vision of Hell, 민음사에서, 가룟 유다가 지옥의 저주의 방들 중 가장 아래에 있는 방에 사탄과 함께 있다고 이야기했다.

예수님의 영성 지도 사역

예수님과 가룟 유다의 관계는 배반자로 돌아선 친구를 향한 영성 지도 사역의 통찰을 보여 준다.

예수님은 가룟 유다가 배반할 수 있는 가능성에도 불구하고 그를 사랑하는 위험부담을 지셨다: 예수님은 가룟 유다가 자신을 배반할 것을 아셨지만 끝까지 그를 향한 사랑을 보여 주셨다. 배반을 앞둔 순간에도, 예수님은 그의 발을 씻기셨으며 수프에 적신 떡을 그에게 주심으로

써 마지막까지 친밀함을 표현하셨다.

예수님은 가룟 유다 영혼의 상태를 알고 계셨다: 제자들을 멘토링 하실 때 예수님은 가룟 유다가 다른 이들과 같이 믿음과 신뢰 가운데 자라나지 않는 것을 발견하셨다. 베다니에서 마리아가 예수님의 발에 비싼 향유를 부었을 때, 예수님은 가룟 유다가 욕심에 빠져 있음을 알아차리셨다요 12:6-8 참고. 예수님은 가룟 유다가 그분의 계획을 반대할 것이고, 적당한 때가 되었을 때 배반할 것이라는 것을 영으로 알고 계셨다요 13:2, 18, 21 참고. 예수님은 사탄이 악한 일을 행하기 위해 가룟 유다의 속에 들어간 것도 알고 계셨다요 6:70-71; 13:27 참고.

예수님은 가룟 유다가 택한 배반의 행적을 보며 심히 괴로워하셨다: 다락방에서 예수님은 "심령이 괴로우셨고"요 13:21, NIV, 혹은 "눈에 띄게 심란해 하셨다"MSG. 예수님은 신성한 신뢰가 배반당하는 것을 보며 영혼의 참담함을 느끼셨다. 이 때문에 예수님은 이혼이나 사업의 속임수와 같은 사건을 통해 배반을 경험한 사람들에게 충분히 공감하실 수 있다.

예수님은 유다의 파괴적인 행동에 대해 지적하셨다: "내가 진실로 진실로 너희에게 이르노니 너희 중 하나가 나를 팔리라."요 13:21고 말씀하시면서, 예수님은 자신을 배반하려는 가룟 유다를 진리로 직면하셨다. 예수님은 이 말씀을 통해 거짓으로 가득 찬 가룟 유다가 자신의 동기를 점검할 수 있는 기회를 주신 것이다. 예수님은 배반자가 자신과 다른 사람들을 계속해서 속이는 것을 내버려두지 않으셨다. 진실을 배반할 친구와 직면하는 것은 결코 쉽거나 편안한 일이 아니다. 하지만 예수님은 정직 가운데 그 일을 행하셨다.

예수님은 배반자에게 그의 배반을 단념하고 다시 시작할 수 있는 기회들을 계속해서 주셨다: 예수님이 배반에 대해 언급하신 것은, 가룟 유다에게 주어지는 회개와 관계 회복의 기회였다. 친밀함의 표시로 떡을 건네 주신 예수님의 행위는 가룟 유다에게 악한 행위로부터 돌아설 것을 초청하는 메시지였다. 하지만 가룟 유다가 그의 주인을 배반하기로 결심했을 때 예수님은 더 이상 그의 파괴적인 행위를 막지 않으셨다. 예수님은 가룟 유다가 원치 않았던 관계를 계속해서 강요하기보다는 그의 자유를 존중하셨다.

깨어진 신뢰

가룟 유다가 신뢰를 깨뜨린 것은 정치적·물질적 소유에 대한 욕심에서 기인했다. 그는 예수님이 로마 정권을 전복시키고 왕 되심을 선포할 것이라고 확신하며 제자의 대열에 합류했다. 기회주의자였던 가룟 유다는 예수님이 건설하실 지상왕국의 재무장관이 되고 싶었는지도 모른다.

예수님의 왕국이 영적인 것이며 하늘에 근거를 둔 것임을 깨달았을 때, 가룟 유다는 속았다는 느낌이 들었다. 그는 예수님에 대해 증오와 적개심을 품기 시작했다. 그리고 종려 주일에 무리들이 예수님을 가리켜 "유대인의 왕"이라고 외칠 때 그것을 좋은 기회로 사용하지 못하신 예수님의 실패를 바라보며, 믿음으로부터 돌아서야겠다고 확신했는지도 모른다. 사도들의 배가 가라앉고 있음을 확신한 가룟 유다는 자신이 있어야 할 곳을 결정했고, 그것을 얻기 위해 무슨 일이든 해야 했다. 속았다고 생각한 가롯 유다는 신뢰를 깨뜨리고 복수를 택하기로 결심했던 것이다.

모든 관계의 토대인 신뢰는 정직과 성실과 헌신을 요구한다. 신뢰할 수 있는 파트너는 "나는 끝까지 당신을 지지하고 보호하겠습니다."라고 말한다. 신뢰가 지켜질 때 존경과 안전과 친밀함이 자리 잡는다. "신뢰는 서로를 붙여 주는 접착제와 같다."[2)]는 말은 맞다.

하지만 신뢰란 약한 것이어서 언제라도 깨어질 수 있다. 예를 들어, 어떤 사람이 무심코 친구에게 제삼자의 비밀스런 이야기를 털어놓았을 때, 신뢰가 깨어질 수 있다. 부당한 일을 당했으니 약속을 깨는 것이 정당하다고 생각하는 사람은, 계산된 복수에 의해 의도적으로 신뢰를 깨뜨리기도 한다. 가롯 유다는 후자에 해당한다.

초기에 가롯 유다는 다른 제자들과 마찬가지로 혼란스럽고 세속적인 사람이었다. 제임스 스토커는 이렇게 덧붙인다. "가롯 유다 인격의 근저에는 병이 자리 잡고 있었다. 그 병은 그의 내면에 있는 장점들을 모두 흡수해 버렸고 결국 괴팍한 열정으로 탈바꿈했다. 그것은 바로 돈에 대한 사랑이었다." 시간이 지나면서 다른 제자들은 "점점 영적으로 성숙해 갔지만 그는 점점 세속적이 되어 갔다."[3)]

가롯 유다의 이야기는 우리 마음속에 숨어 있는 가롯 유다에게 심각한 경고를 던진다. 우리는 어떻게 주님과의 신성한 신뢰를 깨뜨리지 않을 수 있을까?

우리는 그리스도인으로서 예수님과 신성한 언약을 맺었다는 사실을 기억해야 한다: 새 언약은 쌍방 간의 지켜야 할 약속에 대한 동의다. 하나님은 자신의 백성을 끝까지 사랑하고, 보호하고, 그들에게 필요한 것들을 공급함으로 그분의 약속들을 신실하게 지키신다. 그분의 약속들은 금과 같이 변하지 않는다. 하지만 신자들도 그들 편의 약속들을 지키기 위해 결심해야 한다. 우리는 하나님에 대한 헌신을 성실하게 지킴으로써 책임을 다해야만 한다.

지켜진 언약과 깨어진 언약의 결과들을 생각해 보라. 베드로는 실패했지만 회개했다. 그는 위대하고 경건한 리더가 되기 위해 노력했고 마침내 하늘의 상급을 얻었다. 하지만 가룟 유다는 신뢰를 깨뜨리고 회개하길 거부했다. 깊은 후회에 빠진 그는 자신의 목숨을 끊었고 그 결말은 지옥이 되었다.

우리는 최소한 한 사람의 제자와 서로를 점검해 줄 수 있는 관계를 형성해야 한다: 서로를 점검해 줄 수 있는 친구를 찾아 그와 함께 투명하고 진실한 관계를 맺으라. 신뢰의 성장을 위해서는 신뢰의 모델을 보여 주고, 숨겨진 위험을 가르쳐 주고, 신뢰의 관계를 격려해 줄 수 있는 친구가 필요하다. 영적 파트너와의 언약적 관계를 통해 당신은 신뢰의 유익과 불신의 유해함을 배우게 될 것이다. 다른 사람들에게 복수하는 방법을 통해 자기만족을 얻으려는 건강하지 못한 필요를 극복하라.

우리는 마음의 가장 깊은 동기들을 기도 가운데 분별해야 한다: 기도 가운데 행하는 자기점검을 통해, 배신을 부추기는 육신의 충동들이 무엇인지 분별하라. 그것은 이기심, 질투, 욕심, 신랄함, 혹은 분노일 수도 있다. 당신의 파트너와 함께 이러한 충동들에 대해 이야기하고, 그것들을 없애 주시기를 간절히 기도하라.

우리는 주님과의 사랑의 관계에 계속해서 불을 지펴야 한다: 우리는 진정으로 사랑하는 사람을 배신하지 않는다. 아가페 사랑은 고난,

실망, 부당함을 꿋꿋이 견딘다. 그 사랑에 대해 사도 바울은 다음과 같이 기록한다.

> 사랑은 자신보다 남을 먼저 생각합니다.
> 사랑은 있지 않은 것을 구하지 않습니다.
> 사랑은 언제나 나를 우선하지 않습니다.
> 사랑은 화를 내지 않으며,
> 다른 사람들의 죄를 기록해 두지도 않습니다.
> 사랑은 하나님을 언제나 신뢰하고,
> 최선을 찾으려 하고,
> 뒤를 돌아보지 않으며,
> 끝을 향해 나아갑니다 고전 13:4-7, MSG.

기도 주님, 저는 신자로서 사랑과 성실의 영원한 언약 가운데 주님과 결혼했습니다. 주님의 영광스런 임재를 맞이할 그날까지, 제가 삶의 시련 가운데 있을 때 주님께 성실하고 진실할 수 있는 열정을 허락해 주십시오.

1. 배반의 시편을 묵상해 보라.

시편 55편은 아들 압살롬의 반역과 신뢰했던 조언자 아히도벨의 배신삼하 15-17장 참고에 대한 다윗의 반응을 노래한다. 압살롬은 아버지 다윗의 왕권을 찬탈하려는 음모를 꾸몄고, 아히도벨은 압살롬의 조언자로 둔갑했다. 압살롬이 아히도벨의 조언을 거절했을 때, 아히도벨은 가룟 유다처럼 자살했다.

기도하며 시편 55편을 묵상한 뒤, 다음 질문을 당신에게 던져 보라.

2-5절: 다윗이 "나의 동료, 나의 친구요 나의 가까운 친우로다."13-14절고 표현했던 사람에게 배신을 당했을 때 그의 느낌은 어땠을까?

6-8절: 배신을 당했을 때 다윗은 어떠한 행동을 취해야겠다는 유혹을 받았는가?

16-18, 22-23절: 다윗이 위로와 치유로 돌아서게 된 지점은 어디인가?

2. 누군가에게 배신을 당한 적이 있다면, 당신의 경험을 다윗의 경험과 비교해 보라.

스스로에게 질문해 보라. "내가 당했던 배신을 극복하기 위해 나는 무엇을 했으며, 무엇을 할 수 있는가?"

하나님은 자신의 백성을 끝까지 사랑하고, 보호하고,
그들에게 필요한 것들을 공급함으로 그분의 약속들을 신실하게 지키신다.

혼란을 느끼는 사람:
하나님은 무엇을 하고 계시는가?

자신의 삶을 향한 하나님의 부르심을 느낀 짐은 전기 기술자라는 직업을 그만두고 교외의 한 교회에서 청소년 사역자로 섬기기 시작했다. 예수님을 향한 그의 사랑과 활발한 성격은 많은 청소년들을 모임으로 이끌었고, 삶이 변화되는 아이들이 점차 늘어났다. 여름 수련회가 끝난 후, 짐은 초등학교 선생님인 에밀리를 만나 일 년 후 결혼했다.

그의 뛰어난 은사 때문에 짐은 여러 교회에서 청빙을 받았다. 그는 대도시의 대형 교회로 옮겨 청소년 사역을 계속 하는 것이 좋겠다고 생각했다. 짐은 청소년 사역에 관한 책을 썼고, 여러 수련회와 세미나를 인도했다.

얼마 후 짐과 에밀리는 아기가 생겼다는 사실을 알게 되었고 조쉬의 출생은 그들을 더욱 기쁘게 했다. 하지만 몇 달이 지나면서 에밀리의 건강이 점점 나빠졌다. 수혈이 필요했던 임신 기간 동안 심각한 합병증이 생겼던 것이다. 감염된 혈액이 주입되어 에밀리가 HIV 바이러스에 걸렸다는 사실을 알게 되었을 때, 그들은 충격에 휩싸였다. 조쉬의 HIV 바이러스 감염여부 테스트에서도 같은 결과를 얻었다. 분명 짐과 에밀리는 사역으로 부르심을 받았다고 느꼈는데, 도대체 하나님은 그들의 삶에 무엇을 하고 계시는 것일까?

하루는 교회 스태프 한 사람이 짐과 에밀리의 집을 찾아와, 그들이 교회에서 화장실을 사용하지 않았으면 좋겠다는 교인들의 요구사항을 전했다. 어려움 속에서도, 짐은 계속해서 열심히 사역했다. 하지만 조쉬는 세 번째 생일을 맞이하기 직전, 에이즈로 세상을 떠났다. 그리고 몇 달 후, 담임목사님은 짐을 사무실로 불렀다. "자네에게 좋은 소식과 나쁜 소식이 있네. 좋은 소식은 자네가 청소년 사역을 훌륭하게 해 내고 있다는 거야. 하지만 이제 그 사역을 내려놓아야 할 시간이 되었다는 게 나쁜 소식이라네."

"왜죠, 목사님?" 짐은 놀라서 물었다.

담임목사님은 많은 교인들이 에이즈를 앓고 있는 에밀리 곁에 있는 것을 불편해 한다고 말했다. 짐과 에밀리는 사역에 대한 부르심을 누구보다도 더 분명하게 느꼈지만, 그들이 처한 환경에 혼란스러웠고 마음이 괴로웠다.

짐은 이 모든 일들을 겪으면서, 에밀리가 치료를 받고 있는 요양원에서 임시고용직을 얻었다. 하지만 크리스마스가 되기 전 에밀리는 에이즈로 세상을 떠났다.

짐은 아내와 아이를 모두 잃은 아픔에 심히 괴로웠고 자신이 사역지를 잃은 것에 대해서도 무척 혼란스러웠다.

이 모든 비극 가운데 하나님은 무엇을 하고 계시는가?[1)]

다락방의 제자들

요 13:31-16:33

제자들은 예수님을 따르기 위해 가족, 집, 직업 모든 것을 버렸다. 그들은 삼 년 동안 예수님의 가장 가까운 동반자였다. 며칠 전까지만 해도 그들은 예수님과 함께 예루살렘으로의 승리의 입성을 만끽했다. 마치 NFL 슈퍼볼 미식축구 결승전-옮긴이의 승자들이 승리의 홈커밍 퍼레이드를 하듯이 말이다. 하지만 지금, 제자들은 다락방에 모여 예수님의 수난을 상징하는 유월절 만찬을 들고 있다.

예수님은 제자들에게 너희 중 한 명은 나를 부인할 것이고 요 13:38 참고, 다른 한 명은 나를 원수들에게 넘겨줄 것이라는 요 13:21 참고 폭탄발언을 하셨다. 예수님이 그렇게 말씀하시는 동안 종교 당국자들은 벌써 예수님을 체포할 모의를 하고 있었다. 깜빡이는 기름등이 놓인 식탁에 기대어 계셨던 예수님은 열한 제자들에게 훨씬 더 충격적인 소식을 전하셨다. 곧 그들을 떠날 것이라고 말씀하셨던 것이다. 그리고 "조금 있으면 너희가 나를 보지 못하겠고" 요 16:16 참고라고 덧붙이셨다. 또한 "지금은 내가 가는 곳으로 따라올 수 없다." 요 13:36 참고, 공동번역고 말씀하셨다.

제자들의 세계는 순식간에 무너졌다. 메시아이신 예수님과 이 땅에서 번영의 왕국을 누리게 될 것이라는 그들의 소망과 기대는 완전히 깨어져 버렸다. 그들은 근심했고 요 14:1, 슬픔으로 가득했으며 요 16:6, 고통스러워했다 요 16:1. 예수님은 그들에게 수일 내에 "너희는 곡하고 애통하겠고" 요 16:20, "각각 제 곳으로 흩어질" 요 16:32 것이라고 말씀하셨다. 제자들은 갑작스런 변화들 속에서 하나님이 하고 계신 일에 대해 매우 혼란을 느꼈다.

식사를 마치시고 예수님은 제자들과 부드러운 작별인사를 하셨다. 예수님의 고별설교는 성경의 다른 부분들과 전혀 달랐다. 그것은 논리적인 진술이 아닌, "악곡과도 같았다. 작곡가는 주제들의 반복을 통해 듣는자에게 영감을 주려고 했다. 동일한 멜로디가 매번 다른 상황에서 연주되었고, 그것은 다른 요소들과 섞여 있었다…하지만 계속되는 반복은 듣는 자의 영혼에 주제들을 각인시켰다."[2)] 다락방에서 울리는 강화의 멜로디는 예수님의 떠나심을 노래했다. 다양한 주제들은 혼란과 고통 가운데 있는 제자들을 향한 하나님의 공급하심을 선언하는 것이었다. 제자들이 고통을 직면하고 처리할 수 있도록, 예수님은 당황한 제자들과 함께 아래의 말씀을 나누셨다.

"아버지와 아들은 너희를 깊이 사랑한다" 요 14:21, 23; 15:9; 16:27; 17:23

예수님은 친구들에게 그들이 처한 어두움과 혼란에도 불구하고, 무한히 그리고 영원히 사랑받을 것이라고 말씀하셨다. 아버지는 하나밖에 없는 아들을 사랑하셨던 것과 동일하게 그들을 사랑하신다. 아들 역시 아버지로부터 받은 똑같은 사랑의 깊이로 그들을 사랑하신다. 그들은 깊은 사랑을 받고 있는 것이다. 맹세와 저주로 예수님을 부인하고 그분을 죽음에 넘겨주었던 베드로까지도 말이다.

"아버지는 너희와 영원토록 결혼하셨다" 요 15:16; 17:2, 6, 9, 12, 14

세상이 창조되기 전 아버지는 예수님의 제자들을 그분의 자녀로 택하셨다. "너희가 나를 택한 것이 아니요 내가 너희를 택하여 세웠나니" 요 15:16. 예수님은 다락방 강화에서 아버지가 아들에게 제자들을 주셨음을 일곱 번 이야기하셨다. "그들은 아버지의 것이었는데 내게 주셨으며" 요 17:6. 예수님은 곧 그들을 위한 하늘의 집 ─ 사랑과 따뜻함과 안전의 집 ─ 을 마련하기 위해 아버지께로 돌아가실 것이다. 예수님과 영원히 함께 있을 것이라는 약속은 그들에게 큰 위로를 주었다.

"나는 성령을 통해 너희에게 새롭게 찾아올 것이다"

요 14:16-19, 23, 26; 15:26; 16:7

예수님은 죽음 이후 아버지께로 돌아가셨고 더 이상 육체적으로는 제자들과 함께 계시지 않았다. 하지만 예수님의 떠나심은 그분의 임재가 종결되었음을 의미하지 않았다. "내가 너희를 고아와 같이 버려두지 아니하고 너희에게로 오리라" 요 14:18. 예수님은 인격적이고 분명한, 전혀 새로운 형태의 임재로 그들과 함께 계실 것이다.

옛 언약 아래서 성령은 하나님의 사람들과 함께 with 계셨지만 시 51:11 참고, 예수님의 승천 이후 성령은 하나님의 사람들 안에 in 계신다. "너희는 그를 아나니 그는 너희와 함께 거하심이요 또 너희 속에 계시겠음이라" 요 14:17.

보혜사 성령은 예수님의 말씀을 생각나게 하실 것이고 요 14:26 참고, 모든 진리 가운데로 인도하실 것이며 요 16:13 참고, 잘못된 길에 빠졌을 때 바로잡아 주실 것이다 요 16:8 참고. 예수님이 계시지 않는 동안, 성령은 제자들의 영성 지도자가 되셔서 그들이 하나님의 형상을 닮도록 도와주실 것이다.

"아버지는 사랑으로 너희의 가지를 쳐 주실 것이다"요 15:1-2

예수님은 아버지를 정원사로, 자신을 포도나무로, 신자들을 가지로 비유하셨다. 정원사는 성장을 촉진시키기 위해 살아 있는 가지를 친다. 열매를 잘 맺는 포도나무는 가지들이 잘 손질되어 있게 마련이다. 제자들의 가지치기는 대부분 타락한 세상의 반대에 부딪힐 것이다요 15:18-21; 16:2-4; 17:14. 하지만 제자들이 느끼는 모든 고통과 혼란은 합력하여 선을 이룰 것이다롬 8:28 참고. R. 켄트 휴즈R. Kent Hughes는 다음과 같이 말했다. "포도나무의 가지를 칠 때만큼 하나님의 손이 가까이 있을 때는 없다."[3]

"나는 하늘에서 너희를 위해 기도할 것이다"요 17:9, 15, 20-26

친구들을 떠날 때가 가까이 왔을 때, 예수님은 위기와 혼란의 순간에 빠질 때마다 그들을 위해 기도할 것이라고 약속하셨다. 그분은 제자들이 믿음과 사랑 가운데 하나가 되고요 17:11, 21-23 참고, 하나님과 그분을 섬기기 위해 거룩해지고요 17:17-19 참고, 악의 공격으로부터 보호되는 것요 17:15 참고을 위해 기도하셨다. 예수님은 자녀들에게 "집으로 온 것을 환영한다."라는 말을 전하실 수 있을 때까지 그들을 위해 기도할 것을 약속하셨다.

예수님의 영성 지도 사역

다락방에서 혼란에 빠져 있는 제자들을 향해 예수님이 어떠한 영성 지도를 하셨는지 주의 깊게 살펴보자.

예수님은 친구들의 근심을 이해하셨다: 하나님의 아들은, 인간의 삶을—죄를 제외하고—온전히 사셨기 때문에, 깨어진 꿈과 혼란스러움을 잘 아신다. 예수님은 제자들 안에 있는 근심, 걱정, 슬픔을 들여다보셨다. 히브리서 기자는 다음과 같이 기록했다. "우리에게 있는 대제사장은 우리의 연약함을 동정하지 못하실 이가 아니요 모든 일에 우리와 똑같이 시험을 받으신 이로되 죄는 없으시니라"히 4:15.

예수님은 부드러움과 긍휼함으로 제자들을 섬기셨다: 제자들의 발을 씻기는 예수님의 행위는 긍휼함의 표현이었다. 혼란과 고통을 겪고 있는 친구들에 대한 사랑의 표현은 그들에게 용기와 미래에 대한 소망을 불러일으켰다. 예수님의 이러한 의도는 제자들을 "사랑하는 자녀들아"dear children, 13:33, NLT, MSG 라고 부르신 것에 잘 담겨 있다.

예수님의 긍휼은 "사랑하시는 제자"인 요한에게 지울 수 없는 깊은 인상을 남겼고, 이 때문에 그는 요한일서에서 그리스도인 독자들을 향해 "사랑하는 자녀들아"요일 2:1, 12, 28; 3:18; 4:4; 5:21 라는 애정이 담긴 유사한 표현을 사용했다.

예수님은 혼란으로 동요하고 있는 제자들을 적극적으로 위로하셨다: 예수님은 친구들에게 자신의 변함없는 사랑과, 효과적인 기도와, 끊임없는 보호를 상기시키셨다. 제자들이 가장 약해져 있을 때, 예수님은 그들을 고와와 같이 내버려두지 않을 것이고 성령을 통해 함께 있을 것이라고 말씀하셨다. 예수님은 그들에게 아버지 안에 있는 안전과, 아들과 함께 있는 영생과, 성령의 위로를 확신시키셨다. 그리고 천국에서의 흔들리지 않는 집을 약속하셨다.

예수님은 진실함으로 사역하셨다: 예수님은 제자들에게 좋은 소식과 나쁜 소식을 모두 알리셨다. 예수님은 진실을 숨기거나 포장하지 않으셨다. 곧 닥칠 자신의 죽음과 베드로의 부인과 가룟 유다의 배반을 말씀하셨으며, 세상이 악의 세력 아래 놓여 그들을 미워하고 핍박할 것을 말씀하셨다. 하지만 그분은 죽음에서 부활하실 것과 아버지의 집에 있는 영생에 대해서도 말씀하셨다. 죄에 대한 승리의 좋은 소식은 고통과 핍박의 나쁜 소식을 물리칠 것이다.

혼란에서 확신으로

다락방에서 예수님은 당황한 제자들에게 올바른 시각을 가질 것과 하나님의 뜻을 위해 전진할 것을 말씀하셨다. 예수님은 이번에도 역시 악곡의 형태로 가르침을 선사하셨다. 다양한 주제들은 예수님의 사랑과 보호를 경험하기 위해 그들이 그리고 우리가 보여야 할 영적 반응들을 가리킨다.

우리는 예수님을 온전히 신뢰해야 한다 요 14:1, 11-12 참고: 아이가 부모를 신뢰하듯, 제자들은 혼란 중에서도 예수님을 절대적으로 신뢰해야 한다. 신뢰는 가장 무거운 짐을 져 주실 수 있는 예수님께 매달리고, 우리의 존재를 바치는 것이다. 우리는 도마와 같이 요 14:5 참고 우리가 해야 할 일을 모를 수도 있고, 빌립과 같이 요 14:8 참고 삶의 혼란 속에서 하나님에 대한 시야를 잃어버릴 수도 있다. 하지만 우리의 영적 운명에 대해 예수님을 신뢰한다면, 일상생활의 혼란 속에서도 그분을 굳게 신뢰할 수 있다. 우리가 예수님을 신뢰할수록, 영적 생명은 우리에게 더 넓게 열릴 것이다.

우리는 우리의 거처이신 예수님 안에 거해야 한다 요 14:23; 15:4-9 참고: 요한복음 15장 4-10절에서, 예수님은 제자들에게 포도나무와 가지들이 하나의 유기체 안에 존재하는 것처럼, 그분 안에 거할 것을 아홉 번이나 말씀하셨다. 믿음으로 말미암아 포도나무에 접붙여진 우리는 예수님의 생명 안에 지속적으로 머물러야 한다. 우리는 예수님을 우리가 쉬는 숨, 우리가 마시는 물, 우리가 먹는 떡, 우리의 삶을 밝히는 빛으로 만들어야 한다. 예수님은 우리가 그분 안에 거할 때, 그분도 우리 안에 거할 것을 약속하셨다 요 15:4 참고. 이러한 관계는 우리에게 평안과 소망을 줄 것이다.

우리는 기도 가운데 예수님께 매달려야 한다 요 14:13-14; 15:7; 16:23-24 참고: "내가 진실로 진실로 너희에게 이르노니 너희가 무엇이든지 아버지께 구하는 것을 내 이름으로 주시리라" 요 16:23. 대화로 시작하고, 교제 가운데 자라나고, 관상 가운데 깊어지는 기도는 우리를 전능하신 하나님의 임재 가운데로 이끈다. C. S. 루이스는 "무언가를 요구하는 간청 기도는 기도의 작은 부분이다. 고백과 참회는 기도의 입구고, 경배는 기도의 성소며, 하나님의 임재와 그분을 보는 것과 그분을 즐기는 것은 기도의 떡과 포도주다. 하나님은 기도 가운데 그분을 우리에게 보이신다."라고 말했다.[4] 생명력 넘치는 기도는 삶의 혼란들을 없애 주는 데까지 나아간다.

우리는 예수님께 온전히 순종해야 한다 요 14:15, 21, 23; 15:10, 14 참고: "너희는 내가 명하는 대로 행하면 곧 나의 친구라" 요 15:14. 제자들은 인생에 어려운 도전들이 닥쳤을 때 예수님의 계명들을 따라야 한다. 예수님은 이러한 진리를 소중히 여기셨기에 후에 요한을 통해 다음과 같이 말씀하셨다. "누구든지 그의 말씀을 지키는 자는 하나님의 사랑이 참으로 그 속에서 온전하게 되었나니"요일 2:5. 예수님은 자신에게 순종하는 자는 그분의 위로하시는 사랑으로 넘치게 될 것이라고 약속하셨다. 우리가 신뢰하고 순종하는 만큼, 하나님은 우리의 삶 가운데 그분을 계시하실 것이다. 반 카암은 이렇게 말했다. "당신의 말씀을 지킬수록 나는 점점 그 말씀이 되어 갑니다."[5] 어떤 그리스도인들이 예수님을 체험하지 못한다면, 그 이유는 순종의 결핍 때문인지도 모른다.

우리는 하나 됨 가운데 사랑을 주고받아야 한다 요 13:34-35; 15:12-13, 17; 17:11, 21-23 참고: 옛 언약은 "네 이웃 사랑하기를 네 자신과 같이 사랑하라."레 19:18는 말씀으로 타인에 대한 사랑을 명했다. 하지만 새 언약에서 예수님은 사랑의 기준을 좀 더 높이셨다. "새 계명을 너희에게 주노니 서로 사랑하라 내가 너희를 사랑한 것 같이 너희도 서로 사랑하라"요 13:34; 5:12 참고. 하나님은 예수님이 자신을 드려 우리를 사랑하신 것과 같이 다른 사람들을 사랑하라고 명하셨다. 예수님과 같이 사랑하는 것은 자신의 유익보다 다른 사람의 유익을 구하는 것이고, 잘못을 되갚지 않는 것이며, 필요하다면 친구를 위해 자신의 목숨을 버리는 것이다 15:13 참고.

우리는 아버지와 아들과 성령이 하나가 된 것 같이요 17:21 참고 형제와 자매가 하나 된 공동체인 교회에서 서로 사랑을 주고받아야 한다. 우리가 그리스도의 몸인 교회 안에서 사랑을 나눌 때 하나님의 빛은 우리의 혼란을 거두어 주실 것이다요일 4:12 참고.

우리는 용기를 내고 낙담하지 말아야 한다 요 14:1, 27; 16:33 참고: 예수님은 제자들이 순종할 때 어떻게 영적으로 풍요로워지는지 말씀하심으로 작별인사를 마치셨다. (1) 그들은 평화를 경험할 것이다. 예수님이 삶의 폭풍 중에서 경험하셨던 평화까지도 말이다요 14:27; 16:33 참고. (2) 그들의 마음은 기쁨으로 넘칠 것이다. 예수님이 아버지의 뜻을 이루며 느끼셨던 기쁨도 맛보게 될 것이다요 15:11; 16:20-24; 17:13 참고. (3) 그리스도의 제자들은 생명의 길에서 벗어나지 않을 것이다요 16:1 참고. (4) 그들의 섬김에는 열매가 많이 맺힐 것이며, 열매가 항상 있을 것이다요 15:8, 16 참고. (5) 하나님이 영광을 받으실 것이다요 15:8 참고. 그분의 이름과 영광은 높임을 받을 것이고, 그로써 감사의 찬양이 그분께 드려질 것이다.

기도

주님, 인생의 어려운 순간들 속에서 때때로 주님이 저의 삶과 이 세계에서 무엇을 하고 계시는지 혼란스럽고 낙담될 때가 있습니다. 그때마다 용기를 잃지 않게 도와주시고, 주님의 약속들과 지혜롭고 사랑이 많으신 지도에 순종하도록 인도해 주십시오. 주님의 강한 손을 꼭 붙잡게 해 주시길 원합니다.

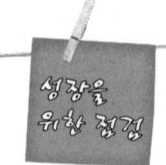

1. 하나님의 방식에 대해 깊이 생각하는 시간을 가지라.

혼란과 당혹감의 순간을 떠올려 보라. 세상에서 겪는 당신의 경험과 하나님의 선하심에 대한 당신의 지식을 조화시키려고 했던 때를 떠올려 보라.

2. 스스로 자문해 보라.

그 상황에서 나는 어떻게 반응했는가?

예수님의 가르침에 비추어 볼 때 내 반응은 적절했는가?

이러한 경험들을 통해 하나님과 그분의 공급하심에 대해 배운 영적 교훈들은 무엇인가?

두려워하는 사람

빅터는 동유럽 국가 지하 교회의 평신도 사역자다. 그리스도를 위한 담대한 증거자였던 빅터는 비밀경찰들에게 수차례 심문을 당하고 벌금을 물었다. 그는 다른 도시로의 사업차 여행 중에 경찰에게 붙잡혔고, 성경과 기독교 서적—나라의 금서로 지정된 것들—을 판매한 죄로 기소되었다. 빅터를 신고한 두 명의 '증인'들이 정부 첩보기관에 의해 고용되어 빅터의 활동들에 대해 거짓 증언을 했고, 그 결과 빅터는 삼 년의 징역을 선고받았다. 교회는 빅터의 가정을 기도와 재정으로 보살펴주기로 약속했다.

네 명의 무장 간수들이 빅터에게 수갑을 채우고 다리에는 쇠사슬을 묶어 깜깜하고 깊은 교도소 안으로 끌고 갔다. 두꺼운 벽으로 둘러싸인 교도소는 차갑고, 어둡고, 고약한 냄새가 진동하는 곳이었으며, 마치 중세시대 감옥을 연상케 했다. 으슥한 복도를 지나 감방으로 가는 동안, 무신론자인 간수들은 예수에 대한 빅터의 믿음을 저주했다. 그가 있을 곳에 다다랐을 때 빅터는 창문 하나 달려 있지 않은 작고 지저분한 감방을 보았다. 마치 자기 집인 양 쥐들이 감옥의 어두운 구석에서 기어 나왔다. 간수들이 감옥의 철창을 열자 빅터는 순간 두려움에 휩싸였다. 아주 잠시 동안, 빅터는 이 불길한 곳에서 사자가 튀어나와 자신에게 덮쳐올 것 같은 느낌이 들었다. 손과 발만 묶여져 있지 않았다면 금방이라도 도망쳤을 것이다. 이 작은 감방에서 삼 년을 보낸다고 생각하자 소름이 끼쳤다.

문이 닫힌 후 빅터는 무릎을 꿇고 주님께 열정적으로 기도했다. 한 달이 지났을 때, 동정심 많은 한 간수가 신약성경을 감방 안으로 넣어 주었다. 매일 빅터는 몇 시간이고 성경을 읽으며 기도를 드렸다. 그러자 하나님의 강력한 임재가 감옥을 가득 채웠다. 빅터의 두려움은 사라졌고 그의 마음은 하나님의 사랑과 평화로 가득했다.

영적 어두움 가운데 두려움이 우리의 목을 죄어오고 하나님이 함께 하지 않으시는 것처럼 느껴질 때, 우리는 영혼을 위한 위로와 지도를 어떻게 찾을 수 있을까?

무덤에서의 두려움

마 28:1-10; 막 16:1-8; 눅 24:1-8

예수님이 십자가에 달리셨을 때, 많은 여인들은 멀리서 두려움 속에 그분을 바라보고 있었다(마 27:55-56 참고). 삼 일 후 부활절 주일 동이 텄을 때, 몇몇 여인들은—막달라 마리아, 또 다른 마리아, 살로메—예수님의 몸에 향품을 바르기 위해 무덤으로 달려갔다. 금요일 저녁 십자가 근처를 가장 늦게 떠나 일요일 아침 가장 먼저 무덤에 도착한 이들은 여인들이었다. 특히 막달라 마리아는 병 고침을 받은 뒤로 눅 8:2 참고 늘 예수님 곁에 있었다. 반면 남자 제자들은 모두 자기의 집과 일터로 돌아갔다.

무덤에 가까이 오자 여인들은 두려움에 휩싸였다. 그들은 최근 예수님의 체포, 그분의 재판, 그리고 십자가 처형까지 수많은 심란한 사건들을 경험했다. 예수님의 제자로서 그들의 삶은 그야말로 위기였다. 예루살렘의 권력자들이 자신들에게 무슨 일을 저지를지 알 수 없었다. 그들이 무덤에 다다랐을 때 "큰 지진"seismos이 온 땅을 뒤흔들었다 마 28:2.

큰 지진은 그 자체로 무서운 사건이었다. 하지만 여인들을 더 무섭게 만든 것이 있었다. 주의 천사가 하늘에서 내려와 무덤을 막고 있던 돌을 굴리고 그 위에 앉아 있었던 것이다! "그 천사의 모습은 번개처럼 빛났고 옷은 눈같이 희었다" 마 28:3, 공동번역. 무덤을 지키던 힘센 병사들도 무서워 그 자리에서 움직이질 못했다.

슬퍼하던 여인들의 얼굴은 공포에 질려 백지장처럼 되었다. 마가는 그들이 놀라고 ekthaubeomai, 막 16:5, 떨고, 어찌할 바를 모르고 ekstasis, 문자적 의미는 "제 정신을 잃다", 무서워했다고 막 16:8 기록한다. 그들은 너무 놀라 실제로 아무 말도 하지 못했다.

천사는 심히 놀란 여인들을 향해 말했다. "너희는 무서워하지 말라 십자가에 못 박히신 예수를 너희가 찾는 줄을 내가 아노라 그가 여기 계시지 않고 그가 말씀 하시던 대로 살아나셨느니라 와서 그가 누우셨던 곳을 보라" 마 28:5-6. 가져왔던 향품을 버려둔 채, 여인들은 이 사실을 전하기 위해 빈 무덤 밖을 뛰쳐나갔다. 마태는 그들이 "두려우면서도 한편으로는 기쁨에 가득 차"마 28:8, 우리말성경 있었다고 기록했다.

갑자기 부활하신 예수님이 무서워 떨고 있는 여인들 앞에 나타나셨다. 요한은 여인들이 예수님을 동산지기로 생각했다고 기록하고 있다. 요 20:15 참고. 20세기의 어느 그림에서는 예수님을 삽을 쥐고 있는 동산지기로 표현했다. 예수님은 그들 중 한 명의 이름을 부르셨다. "마리아야." 예수님임을 알아차린 여인들은 그 발을 붙잡고 경배했다 마 28:9 참고.

여인들은 예수님이 자신들을 다시 떠나실까 봐 그분을 꼭 붙들었고, 살아나신 예수님을 눈으로 직접 확인하고, 기쁨에 들떠 경배를 드렸던 것이다. 그 여인들의 두려움을 아셨던 예수님은 이렇게 말씀하셨다. "너희가 죽을힘을 다해 나를 잡고 있구나. 그렇게 두려워하지 마라"마 28:10, MSG.

그리고 부활하신 주님은 여인들에게 말씀하셨다. "가서 내 형제들에게 갈릴리로 가라 거기서 나를 보리라"마 28:10. 비록 제자들은 희망을 버리고 달아났지만 예수님은 그들을 소중한 "내 형제들"로 생각하셨다.

예수님의 영성 지도 사역

부활하신 주님은 충성스럽지만 두려움에 떨고 있던 여인들의 영혼을 다양한 방법으로 보살피셨다.

예수님은 여인들에게 소식을 알리고 그들을 위로하기 위해 천사들을 보내셨다: 예수님은 무서워 떨고 있는 여인들을 위로하셨다. 위로자이신 성령을 통해 제자들과 함께하겠다고 약속하셨던요 14:16 참고 예수님은 위로의 천사들 히 1:14 참고 을 보내 여인들의 두려움을 덜어주셨다. 천상의 사자는 두려움에 떨고 있는 여인들에게 진실을 전해 주었다. 단순한 말 words 이 아닌 진실 truth 로 그들을 위로하셨던 것이다. 진실을 말하는 것은 치유와 자유를 위한 첫 번째 단계다.

예수님은 두려워하는 여인들을 하나님의 임재 가운데로 이끄셨으며, 하나님의 사랑과 능력으로 그들의 두려움을 없애 주셨다: 예수님은 여인들을 너무 사랑하셨기에, 그들이 두려움에 시달려 '이성을 잃은' 상태로 있도록 내버려두실 수 없었다.

예수님은 그들의 절박한 필요에 살아 있는 답을 가지고 오셨다. 그들의 존재를 흔들어 놓았던 두려움은, 살아 계시고 승리하시고 위로하시는 예수님의 임재 가운데 눈 녹듯 사라졌다.

예수님은 여인들이 건강한 두려움, 즉 하나님에 대한 경외감을 느끼도록 도와주셨다: 예수님을 만난 여인들은 그분을 "경배"했다 마 28:9. 살아 계신 예수님을 본 여인들은, 굴종적 두려움을 경건한 두려움으로 바꿀 수 있게 되었다.

초자연적인 일들에 놀란 그들은 최후의 적인 죽음을 이기신 예수님을 경외의 눈으로 바라보았다.

예수님은 두려움에 떨고 있는 남자 제자들에게 용기를 주셨고, 그 용기는 어떠한 실패도 용서와 회복을 넘어설 수 없음을 믿게 되었다: 예수님을 온전히 신뢰하지 못하고 자신의 생명을 염려하던 제자들은 예수님이 잡히시는 것을 보고 모두 도망쳤다. 죽음에서 살아나셨을 때 예수님은 두려움에 떨고 있는 제자들에게 찾아가 용서와 회복과 용기를 주셨다.

두려움 극복하기

두려움은 인간의 강력한 감정들 중 하나다. 성경에 두려움에 관한 구절이 500회 이상 등장하는 것은 두려움이 우리에게 매우 큰 문제임을 암시한다. 아우구스티누스는 두 가지 두려움을 지적했다. '굴종적 두려움' servile fear 과 '순수한 두려움' chaste fear 이 바로 그것이다.[1)]

첫 번째 파괴적 혹은 굴종적 두려움은 놀람과 파괴를 수반한다. 두 번째 건설적 혹은 순수한 두려움은 존경과 경외감과 하나님을 향한 진심어린 예배를 수반하는 '주님에 대한 두려움'이다. 성경은 후자의 두려움을 우리에게 명한다. "여호와를 경외함으로 섬기고 떨며 즐거워할지어다"시 2:11. 굴종적 두려움과 경건한 두려움의 분명한 차이는 이사야 8장 12-14절에 잘 표현되어 있다. "이 백성이 반역자가 있다고 말하여도 너희는 그 모든 말을 따라 반역자가 있다고 하지 말며 그들이 두려워하는 것을 너희는 두려워하지 말며 놀라지 말고 만군의 여호와 그를 너희가 거룩하다 하고 그를 너희가 두려워하며 무서워할 자로 삼으라 그가 성소가 되시리라 그러나 이스라엘의 두 집에는 걸림돌과 걸려 넘어지는 반석이 되실 것이며." 두 종류의 두려움은 마태복음 10장 28절에도 등장한다.

약간의 두려움은 유익하다. 그것은 잠재적 위험을 일깨워 주고 자기를 보호하게 한다. 하지만 사람과 사건에 대한 두려움이 근심과 심한 공포로 바뀌면 그것은 파괴적인 영향을 낳는다. 어떤 이들은 건강하지 못한 방법으로 하나님을 두려워한다. 어떤 이들은 하나님을 생각할 때, 막대기로 사람들을 때리는 우주의 불량배를 떠올린다. 어떤 이들은 하나님께 순종하면 우리의 진정한 자아를 잃어버리게 될까 봐 두려워한다. 굴종적 두려움은 창조적 삶을 마비시키고, 하나님과의 관계를 차단하며, 사탄이 우리의 삶에 터전을 마련하도록 방치한다. 그럴 때 우리는 본능적으로 두려워하는 것으로부터 도망치거나 그것을 피한다.

헨리 나우웬은 자신이 경험했던 굴종적 두려움을 다음과 같이 술회한다.

"심지어 나의 신학적·영적 성숙도, 약간은 위협적이고 약간은 무서운 하나님 아버지로부터 나를 자유롭게 하지 못했다. 나를 향한 하나님의 사랑은 하나님의 능력에 대한 나의 두려움 때문에 제한되었고, 때문에 친밀함에 대한 갈망이 깊었음에도 불구하고 적당한 거리를 두는 것이 현명한 일처럼 느껴졌다. 하나님에 대해 얼어붙게 만드는 두려움은 인간의 최대 비극 중 하나다. 영적 생활의 마지막 단계는 하나님 아버지에 대한 두려움을 온전히 없애고 가능한 한 그분과 같이 되는 것이다. 하나님 아버지가 두려움을 불러일으키는 한, 그분은 내 안에 거하실 수 없는 영원한 이방인으로 남을 것이다."[2)]

예수님의 제자들은 얼어붙게 하는 굴종적 두려움에 어떻게 반응해야 할까?

우리는 영혼을 공격하는 두려움이 무엇인지 분별해야 한다: 두려움을 분별함으로써, 당신은 두려움으로 인한 문제들을 평가할 수 있고 그것을 구속적인 방법으로 처리할 수 있다. 식별되지 않은 두려움은 조금씩 자라나 결국 우리를 압도하고 만다. 어떤 이는, 두려움이 생각 속으로 흘러가는 한 방울의 의심으로 시작해 우리의 믿음 전체가 흐르는 거대한 수관을 마멸시킨다고 말했다.

우리는 기도와 신뢰 가운데 하나님에 대한 두려움을 내려놓아야 한다: 당신 마음에 어떠한 두려움이 생기든지 하나님을 신뢰하라. 다윗은 이렇게 고백했다. "내가 두려워하는 날에는 내가 주를 의지하리이다"시 56:3. 위협적인 세상 가운데 결코 우리만 홀로 존재하는 것이 아니다. 그곳에는 보호하시고 신 1:29-30 참고, 공급하시고 벧전 5:7 참고, 그의 백성들과 언제나 함께하시는 히 13:6 참고 하나님이 계신다. 시편 112편 7-8절은 하나님에 대한 두려움을 내려놓은 자에 대해 기술하고 있다. "그는 흉한 소문을 두려워하지 아니함이여 여호와를 의뢰하고 그의 마음을 굳게 정하였도다 그의 마음이 견고하여 두려워하지 아니할 것이라." 또한 익명의 저자는 이렇게 말했다. "두려움이 문을 두드리면 믿음이 응답하리니, 그곳에 아무도 없을지라."

우리는 하나님의 사랑의 높이와 깊이와 넓이를 확인해 주는 성경말씀들을 묵상해야 한다: 우리의 영혼은 우리가 영원히 하나님께 사랑받는다는 진리로부터 힘을 얻는다. 하나님에 대한 당신의 사랑을 통해 당신을 향한 하나님의 사랑을 측량하는 실수를 범하지 말라. 당신을 향한 하나님의 무한하신 사랑을 기억시켜 주는 성경말씀들을 날마다 먹으라. 다음의 구절들은 그 좋은 예들이다. "너는 두려워하지 말라 내가 너를 구속하였고 내가 너를 지명하여 불렀나니 너는 내 것이라…대저 나는 여호와 네 하나님이요…네가 내 눈에 보배롭고 존귀하며 내가 너를 사랑하였은즉"사 43:1-4. "내가 영원한 사랑으로 너를 사랑하기에 인자함으로 너를 이끌었다 하였노라"렘 31:3. "보라 아버지께서 어떠한 사랑을 우리에게 베푸사 하나님의 자녀라 일컬음을 받게 하셨는가"요일 3:1.

우리는 위로와 평안을 주시는 전능하신 하나님의 고요한 임재 가운데 홀로 들어가야 한다: 고요한 장소를 찾아, 전능하시고 인자하신 하나님이 당신을 감싸 안으실 수 있게 하라. 두려워하는 아이는 감싸 안은 부모의 품 안에서 진정될 수 있다. 마찬가지로, 그리스도인의 두려움은 하나님의 임재 가운데 녹아야 한다. 바울은 우리에게 말한다. "하나님이 우리에게 주신 것은 두려워하는 마음이 아니요 오직 능력과 사랑과 절제하는 마음이니"딤후 1:7. 마음 가운데 하나님의 능력과 사랑을 실제로 받아들이면 두려움이 물러난다. 요한은 다음과 같이 기록한다. "사랑 안에 두려움이 없고 온전한 사랑이 두려움을 내어 쫓나니"요일 4:18.

구원자를 경배하라. 당신은 두려움과 공포의 폭정에서 해방될 것이다. 그분을 경외하라. 당신은 더 이상 다른 사람들 때문에 두려워하지 않을 것이다. "만군의 여호와 외에 그 어떤 것도 두려워하지 마십시오. 그분만이 거룩하신 분입니다. 그분을 두려워한다면 어떤 것도 두려워할 필요가 없습니다"사 8:13-14, NLT. 근심하는 두려움이 있다는 것은, 영혼이 하나님의 만지심에서 멀어졌다는 증거다.

헨리 나우웬의 말을 들어 보자.

"내적인 혹은 외적인 두려움으로 고통 받는 사람들에게 예수님은 말씀하신다. '너희에게 집이 있으니, 내가 바로 너희의 집이다. 나를 너희의 집이 되게 하라. 너희는 그 집이 있는 곳이 가장 친밀한 장소임을 발견하게 될 것이며, 그곳은 내가 나의 집을 발견했던 곳이기도 하다. 그곳은 너의 가장 깊은 내면, 즉 너희의 마음속에 있다.'"[3]

우리는 굴종적 두려움의 해독제를 발견하기 위해 멀리 갈 필요가 없음을 기억해야 한다.

파괴적인 두려움의 치료법은 예수님과 그분의 한없는 사랑이다. 다음은 우리가 잘 아는 찬송가의 가사다. "예수, 두려움을 고요케 하고 슬픔을 그치게 하는 이름." 한글 찬송가 23장 "만 입이 내게 있으면"의 3절 앞부분 가사로, "내 주의 귀한 이름이 날 위로하시고"로 번역되었다. -옮긴이 두려움, 외로움과 씨름했던 다윗은 이렇게 기록했다. "여호와는 나의 빛이요 나의 구원이시니 내가 누구를 두려워하리요 여호와는 내 생명의 능력이시니 내가 누구를 무서워하리요" 시 27:1.

가장 두려운 때에 예수님을 바라보라. 믿음을 소유한 자는 심각한 병으로 병실에 누워 있다 해도, 예수님이 위로와 희망의 말씀을 친밀하게 건네시며 침대 가장자리에 앉아 계시는 것을 볼 수 있을 것이다.

기도 위로의 하나님, 아우구스티누스의 간절한 외침의 기도가 제 영혼에 이루어지게 하소서. "주여 저의 영혼을 공포의 속박에서 구원해 주소서. 그리하여 저로 사랑의 자유 가운데 주님을 섬기게 하소서."[4]

1. 성경을 찾아보라.

복음서에서 예수님이 "두려워하지 말라"고 표현하신 사건들을 찾아보라.

예수님이 위로의 말씀을 전하신 사람들의 마음에 두려움을 불러일으켰던 것은 무엇인가?

건강의 악화, 거절, 혹은 악한 영들의 공격들과 같은 문제들로 근심하거나 두려워해 본 적이 있는가? 있다면 종이에 적어 보라.

2. 예수님의 임재 가운데로 나아올 때, 그분께 모든 두려움들을 내려놓으라. 예수님은 그분만을 두려워하길—경외감과 경배의 의미에서—원하신다.

당신 마음에 어떠한 두려움이 생기든지 하나님을 신뢰하라.

낙담하고 절망하는 사람

수년 동안 아프가니스탄의 그리스도인들은 소수파 중에서도 극소수였다. 하지만 기독교 선교 활동과 소수 그리스도인들의 조심스러운 복음증거로 많은 아프가니스탄 사람들이 예수님의 제자가 되었다. 가시적인 교회들은 없지만 신자들은 소그룹으로 비밀스럽게 모여 예배를 드리고 성경을 읽고 서로를 격려했다.

아프가니스탄 내의 교회에 대한 필요는 이미 충분한 상태였다. 사람들은 이슬람교에 환멸을 느끼며 조용히 답을 찾고 있었고, 은밀하게 복음을 듣고 싶어 하는 서민들이 많았다. 1972년 아프간 정부가 수도에 그리스도인들을 위한 예배 장소 설립을 승인했을 때 신자들은 뛸 듯이 기뻐했다. 그리고 얼마 후 독재정권이 무너졌는데, 그리스도인들은 이를 하나님이 자신의 뜻을 이루시는 표지라고 해석했다.

하지만 상황은 더 악화되었다. 억압적 사회주의 체제가 정권을 장악했고, 코란에 대한 엄격한 해석을 장려했다. 그리스도인들의 예배처는 이슬람교에 경의를 표하지 않는다는 이유로 철거되었다. 그 후로 이어진 구소련 공화국의 아프가니스탄 침공은 거의 10년에 걸친 학살과 굶주림의 전쟁이 되었다. 당시 작은 무리의 그리스도인들은, 견디기 어려운 삶을 이어 나갔다. 성경, 교회음악, 교회영화는 모두 불태워졌고, 아프가니스탄 사람들을 개종시키면 사형에 언도되었다.

극심한 억압 가운데 그리스도인들은 절망했다. 그들은 하나님이 보좌에 계신 것을 믿었지만, 그분의 왕국은 너무 천천히 실현되는 것 같았다. 복음의 희미한 빛은 계속되는 영적 어둠의 성장으로 점점 꺼져 가고 있었다. 그들은 물었다. "이 수년간의 억압 속에 하나님은 어째서 간섭하지 않으시고 그분의 뜻을 회복하지 않으시는가?" 어떤 그리스도인들은 아프가니스탄을 떠나 안정된 삶이 있는 곳을 찾아갔다.

하나님은 무엇을 하고 계셨는가? 그분은 도대체 어디로 가셨는가?

엠마오로 가는 두 제자

눅 24:13-35

예수님이 부활하셨던 날 오후, 글로바와 다른 제자—아마도 그의 아내—는 예루살렘에서 그들의 집이 있는 엠마오로 가는 중이었다. 눈에 띄지 않는 곳에서 십자가 처형을 지켜본 이 두 사람은, 먼발치에서 예수님을 따르던 자들이었다. 엠마오로 가는 중에도 그들의 생각은 여전히 갈보리에 있었다. 갈보리에서 있었던 일들을 이해하기 위해 계속 고심하고 있었던 것이다. 예수님은 그런 그들에게 나타나셨고, 그들이 가는 길에 은밀한 동반자가 되셨다.

이 낯선 이는 두 사람에게 물었다. "너희가 길 가면서 서로 주고받고 하는 이야기가 무엇이냐"눅 24:17. 그러자 그들은 "슬픈 빛을 띠고"눅 24:17 가던 길을 멈췄다. 시무룩한 표정은 자신들이 따르던 선지자가 죽은 것에 대해 슬퍼하고 있는 마음의 상태를 여실히 보여 주었다. 글로바는 이 낯선 이가 예루살렘에서 일어난 끔찍한 일을 모른다는 것에 대해 매우 놀란 눈치였다. 낯선 남자가 다시 물었다. "무슨 일이냐"눅 24:19. 예수님은 그들의 마음 상태를 잘 알고 계셨다. 하지만 그들이 이야기하도록 초청하심으로, 실망과 절망을 덜 수 있는 기회를 주신 것이었다.

한 주 전 예수님은 예루살렘에 입성하셨다. 제자들과 무리들은 그분을 이스라엘의 왕이라고 칭송했다요 12:12-13 참고. 하지만 로마로부터 이스라엘을 해방시켜 줄 것이라 믿었던 그분은 참혹하게 처형을 당했다. 그들의 영웅은 죽었고, 그분의 임무는 실패로 돌아갔으며, 그들의 희망은 산산조각 났다. 무참히 깨어진 꿈과 함께 두 제자는 혼란과 낙담에 빠졌다. 여인들이 빈 무덤에 대해 이야기했고 천사들도 예수님의 살아나심을 알려 주었지만, 삼 일 뒤 예수님은 어디에도 나타나지 않으셨다. 제자들의 마음은 절망과 희망 사이에서 갈기갈기 찢기고 말았다.

길을 걸으며 대화를 나누던 두 제자는 예수님을 알아보지 못했다눅 24:16 참고. 왜 그랬을까?

메시아의 부활에 대해 언급하는 성경말씀을 알지 못했던 두 제자는, 예수님을 다시 볼 수 있을 것이라고 전혀 기대하지 않았다. 또한 박살난 희망의 어두운 구름은 예수님의 임재에 대한 인식을 흐리게 만들었다. 그들은 잘못된 방향으로 가고 있었다. 그들은 예루살렘에 있는 제자들과의 교제로부터 멀어지고 있었던 것이다! 홀로 있는 그들의 믿음은 근시안적이었으며, 때문에 절망에 사로잡혀 있었다.

낯선 이는 얼마 전 일어난 비극적인 사건을 설명하고 있는 성경말씀에 대해 이해하지 못한 제자들을 부드럽게 질책했다. 그의 꾸짖음은 부드러웠지만 직설적이었다. "미련하고 이해력이 부족하고 선지자들이 말한 모든 것을 마음에 더디 이해력이 둔한 믿는 자들이여" 눅 24:25. 제자들은 영광으로 가는 메시아의 예정된 길이 거절과 고통을 통한 것이었음을 알지 못했다.

낯선 이는 성경이 메시아에 대해 어떻게 가르치고 있는지 설명했다 눅 24:25 참고. 예수님은 분명 그들에게, 비록 상처를 입었지만 승리한 여인의 씨 창 3장 참고, 유월절 어린양 출 12:21 참고, 속죄염소 레 16장 참고, 고난 받는 종 사 53장 참고, 찔림을 당한 희생자 슥 12장 참고에 대해 말씀하셨을 것이다. 하지만 여전히 그들은 그 낯선 이를 알아보지 못했다.

엠마오에 다다랐을 때 예수님은 그곳보다 더 멀리 가려고 하셨다 눅 24:28 참고. 예수님은 제자들에게 자신을 계시하시고 그들의 절망을 치유해 주시길 너무나 원하셨던 것이 분명하다! 그 낯선 이가 특별한 존재임을 감지한 두 제자는 그에게 자신들의 집에 머물 것을 권했다. 그는 그들의 초대를 흔쾌히 받아들였다. 예수님은 환영하는 마음이 담긴 초대를 거절하는 법이 없으시다.

식사 그리고 깨달음

탁자에 둘러앉았을 때, 예수님은 주도권을 잡으셨다. 그분은 음식에 대한 감사기도를 하신 뒤 떡을 떼어 그들에게 나누어 주셨다. 제자들은 분명 적잖이 놀랐을 것이다. 그들은 낯선 이를 손님으로 초대했는데, 오히려 자신들이 낯선 이로부터 손님 대접을 받고 있는 것이 아닌가!

낯선 이는 주인 역할을 하고 있었다. 이 상징적 행위는 며칠 전 열한 제자들과 함께 나누셨던 마지막 만찬을 생각나게 했다.

제자들의 눈은 휘둥그레졌고, 불현듯 그들은 탁자에 앉아 있는 낯선 이가 살아 계신 메시아임을 깨달았다. 이 놀라운 사건은, 예수님의 백성들이 성만찬에서 그분의 죽음을 기억할 때 예수님이 그들과 특별한 방식으로 함께하실 것이라는 사실을 보여 준다. 이에 관해 로시지Rosage는 유용한 통찰력을 제공한다. "예수님은 제자들로 하여금 떡을 떼는 행위 속에 숨겨진 그분의 신성을 관상적으로 체험하게 하셨다."[1]

제자들에게 자신을 나타내신 뒤, 부활하신 예수님은 사라지셨다. 하나님은 성령을 통한 그리스도의 임재가 육체적 임재보다 낫다는 것을 알고 계셨다. 부활하신 주님을 가까이에서 만난 제자들은 흥분을 감출 수 없었다. 짙은 어둠과 강도를 만날 수도 있는 위험에도 불구하고, 그들은 주님이 살아나셨다는 것을 다른 제자들에게 알리기 위해 예루살렘으로 향했다. 그들은 그날 저녁 경험한 이 믿을 수 없는 기쁨을 형제자매들과 함께 나누고 싶었다.

예수님의 영성 지도 사역

엠마오로 가는 두 제자의 이야기는 혼란과 절망 가운데 있는 자들을 향한 영성 지도를 제공한다.

예수님은 낙담한 제자들에게 탐색적 질문을 던지셨다: 예수님은 제자들의 절망에 대해 빠른 대답을 내놓지 않으셨다. 그분은 그들에게 이야기할 수 있는 기회를 주셨다. 정답이 없는 질문들은 제자들이 마음의 짐을 덜고, 그들이 겪는 혼란을 말로 표현하고, 그들의 실망을 털어놓을 수 있게 해 주었다. 말로 표현하기 전까지는 자신의 진짜 문제가 무엇인지 쉽게 알지 못한다.

예수님은 관심과 흥미를 가지고 주의 깊게 들으셨다: 예수님은 적극적 청취자셨다. 그분은 제자들의 깨어진 희망과 파괴된 꿈을 귀담아 들으셨다. 경청은 성령—진정한 영성 지도자—의 목소리를 잘 듣도록 도와준다. 예수님은 영성 지도가 중요한 비지시적 요소를 지니고 있음을 보여 주셨다. 피지도자의 탐구적 정신을 경청하고, 기도 가운데 성령의 이끄심을 기다리는 태도가 바로 그것이다. 예수님이 두 제자와 함께 계시면서 그들의 필요를 경청하신 것은, 그분의 제사장적 사역의 한 측면이다.

예수님은 적시에 바로잡으시고 부드럽게 꾸짖으셨다: 예수님은 영적 둔함눅 24:25 참고에 대해 제자들을 꾸짖으셨고, 그분의 고통과 죽음의 필연성을 이해하지 못했던 제자들의 인식을 바로잡아 주셨다. 예수님은 제자들을 너무도 사랑하셨기에 그들이 절망에 빠져 있게 내버려 두지 않으셨고, 궁극적 치유를 위해 가벼운 상처를 입게 하셨다. 예수님의 바로잡음과 꾸짖음은 영성 지도의 지시적 요소를 보여 준다. 그것은 또한 예수님의 선지자적 사역의 측면을 부각시킨다. 예수님은 제자들에게 제사장으로서의 신뢰를 얻은 이후 제사장적 사역을 실천하셨다.

예수님은 성경으로 제자들을 가르치셨다: 예수님은 심한 동요 가운데 있는 제자들이 하나님의 영감 있는 말씀을 바라보게 하셨다. 그 말씀은 예수님의 인격과 모든 사람들의 필요에 대한 하나님의 은혜로운 공급을 증언하고 있었다눅 24:27 참고. 예수님이 성경을 풀어 주신 뒤눅 24:32 참고, 그들의 영의 눈이 열린 것눅 24:31 참고을 주목하라.

예수님은 자신을 드러내 보이심으로 제자들에게 생명을 공급하셨다: 길에서 예수님이 제자들에게 성경을 풀어 주셨을 때 그들의 마음이 뜨거워졌다눅 24:32 참고. 떡을 떼는 동안 그들에게 자신을 드러내 보이셨을 때 희망이 되살아났다. 영의 눈이 열렸고, 상실된 시력이 회복되었으며, 낙담과 절망의 거미줄은 환하게 걷혔다. 예수님은 절망에 빠진 제자들에게 황홀한 아름다움으로 자신을 계시하셨다. 여기서 우리는 또 한 번 예수님의 제사장적 사역을 볼 수 있다.

예수님은 제자들을 해방시켜 하나님에 대한 견고한 신뢰로 나아갈 수 있게 하셨다: 낯선 이가 예수님이심을 제자들이 알아차렸을 때, 그분은 홀연히 사라지셨다. 예수님은 심지어 구원 받은 사람들도 그와 같은 초자연적 만남을 지속하기에는 너무 연약한 존재임을 잘 알고 계셨다. 하지만 예수님의 영광스러운 임재를 경험한 제자들은 예전과 전혀 달랐다. 그들은 이 좋은 소식을 전해야겠다는 강한 부담을 느꼈다. 그들의 눈이 열린 뒤눅 24:31 참고 그들의 입이 열렸음눅 24:35 참고을 주목하라.

절망과 희망

성경은 절망을 '근심', '황폐함', '흑암'과 같은 단어들로 묘사한다. 절망과 희망은 동전의 양면과 같다. 왜냐하면 절망을 가리키는 라틴어 단어 *desperatio*는 '희망이 없는'이라는 뜻이기 때문이다. 절망의 본질은 하나님과 미래에 대한 희망의 상실이다. 안위하시는 하나님의 부재는 우리의 영혼이 칠흑과 같은 어두움을 경험하게 한다.

하나님이 우리에게 "주 안에서 항상 기뻐하라."고 명하셨기에, 그리스도인 저자들은 절망을 일곱 가지 주된 악들 중 하나로 생각했다. 반면, 희망소망은 믿음, 사랑과 함께 세 가지 신학적 덕목들 중 하나다 고전 13:13 참고.

때로 어두움과 절망은 타락한 세상에 사는 죄인들인 우리를 뒤덮는다. 마르틴 루터, 존 던John Donne, 쇠렌 키르케고르Søren Kierkegaard 와 같은 위대한 그리스도인들도 우울함과 절망의 긴 터널을 지났다. 욥욥 3:3-19 참고, 엘리야왕상 19:3-4 참고, 다윗시 22:69 참고, 예레미야렘 20:14-18 참고, 가룟 유다마 27:3-5; 행 1:18 참고와 같은 성경의 여러 인물들 역시 절망의 시기를 거쳤다. 치유되지 않은 "절망은 쓰라림, 분노, 영속적인 자기연민으로 뒤틀어질 수 있다."[2)]

하지만 절망은 그리스도 안에서 변화를 향한 촉매제가 되기도 한다. 가장 깊은 나락에까지 침몰하여 그 어떤 가르침도 받을 준비가 된 영혼은, 그리스도를 닮고 열매를 맺을 수 있다.

절망에 시달리는 하나님의 자녀가 어떻게 삶과 희망을 다시 붙잡을 수 있을까? 엠마오로 가는 두 제자의 이야기와 성경의 다른 이야기들에서 얻을 수 있는 몇 가지 원리가 있다.

우리는 "이 어둡고 고통스러운 경험을 통해 하나님은 나의 삶에 어떠한 선한 목적을 이루려고 하시는가?"라는 질문을 던져야 한다: 성경은 하나님이 자녀들의 선과 그분의 목적을 성취하기 위해 열심히 일하시고 계심을 보여 준다롬 8:28 참고. 고통은 종종 새로운 삶과 희망의 전조가 된다.

우리는 생명을 주시는 하나님의 은혜를 향해 마음을 열어야 한다: 마르틴 루터는 하나님의 은혜가 자신을 절망의 나락 속에서 건져 내셨음을 기쁨 가운데 발견했다. "죽음과 같은 깊은 고통 속에 희망이 바닥 났을 때, 주님은 내게 오셔서 기적적으로 나의 삶을 파괴와 죽음 가운데서 건져 내셨다."3)

성령은 낙담한 영혼들에게 격려와 희망의 은혜를 주시는, 신뢰할 수 있는 분이다.

우리는 "작은 예수"4)인 우리를 섬겨 줄 그리스도인 공동체의 지원을 구해야 한다: 다른 그리스도인들과 함께 손을 붙잡고 걸어가며 그들에게 지원을 얻을 때, 우리를 낙담케 하는 환경을 극복할 수 있는 용기를 발견할 수 있다. 믿음의 공동체 없이 홀로 희망을 얻고 유지하는 것은 거의 불가능하다.

우리는 믿음과 용기를 가지고 앞으로 나아가야 한다: 낙담에 대한 좋은 해독제는 용기를 내는 믿음의 행위다. 용기를 냄으로써 낙담을 극복한 사례는 성경에 잘 나타나 있다. 여호수아는 이스라엘 백성들을 향해 이렇게 말했다. "두려워하지 말며 놀라지 말고 강하고 담대하라" 수 10:25. 다윗도 솔로몬에게 이와 비슷한 이야기를 한 적이 있다. "강하고 담대하여 두려워하지 말고 놀라지 말지어다" 대상 22:13.

우리는 확신, 희망, 기쁨을 회복하는 일에 우리를 지원해 줄 영적 친구나 영성 지도자를 찾아야 한다: 예수님이 낙담한 제자들을 위해 효과적인 영적 인도자로 섬기셨듯이, 하나님은 오늘날 어려움에 처한 순례자들에게 그리스도와 희망을 전해 주는 영적 친구들을 은혜 가운데 보내실 것이다.

"여호와의 말씀이니라 너희를 향한 나의 생각을 내가 아나니 평안이요 재앙이 아니니라 너희에게 미래와 희망을 주는 것이니라" 렘 29:11.

기도   제 삶이 울퉁불퉁한 길처럼 보일 때, 어두운 구름이 희망의 빛을 가릴 때, 절망과 아픔의 유혹으로 치닫고 있을 바로 그때, 오 하나님, 주님이 저의 변함없고, 성실하고, 굳건한 친구임을 깨닫게 도와주십시오.

1. 격려와 희망의 사역자로 섬기라.

갤럽 설문조사는 "성인 중 22퍼센트가 지난 24시간 동안 낙담의 어두운 순간을 경험했다."[5]고 말한다.

지인, 친구, 가족들 중에 낙담해 있거나 희망을 잃은 것처럼 보이는 사람들을 생각해 보라.

2. 이 장에서 얻은 통찰력으로, 당신이 그들에게 어떻게 희망과 격려를 줄 수 있을지 기도해 보라.

그리고 그 첫 번째 단계로서, 도움이 필요한 사람에게 찾아가 은혜의 전달자가 되라.

헨리 나우웬은 이렇게 말했다. "흐린 하늘 아래를 걷는 동안 태양에 관해 계속 이야기하는 사람은 희망의 전달자이자 이 시대의 진정한 성인이다."

절망은 그리스도 안에서 변화를 향한 촉매제가 되기도 한다.
가장 깊은 나락에까지 침몰하여 그 어떤 가르침도 받을 준비가 된 영혼은,
그리스도를 닮고 열매를 맺을 수 있다.

헌신에 실패한 사람

앤디는 매력적이고 열정적인 사람이었다. 그는 타고난 영업사원이자 리더였고, 그의 아버지와 할아버지는 주요 교단의 목회자였다. 때문에 그의 부모와 친구들은 앤디가 때로 정도를 벗어난 행동을 한다는 것을 알면서도, 그가 목회를 할 것이라고 믿어 의심치 않았다.

앤디는 신학교를 다녔고, 모교회에서 일 년 동안 부목사로 사역하다가, 한 개척 교회의 담임목사로 임명되었다. 교회는 버려진 셀프서비스 세탁소에서 조촐하게 시작되었다. 하지만 몇 년 후, 500명까지 성장했고 그의 명성으로 인해 다른 도시에서 일부러 찾아와 예배를 드리는 이들도 생겼다. 앤디는 관광명소와 같은 존재가 되었다. 교인들은 그를 존경했고, 그도 기대에 걸맞게 행동했다.

교인들이 많아지면서 앤디의 삶도 풍요로워졌다. 그의 생활방식—집, 자동차, 해외 휴가—은 교회에서 제공하는 후한 사례비로도 감당이 안 될 만큼 규모가 커졌다. 그러면서 앤디는 점점 형식적인 설교를 하게 되었고, 사람들에 대해서도 별로 관심을 갖지 않게 되었다. 뭔가 분명 잘못되고 있었다.

의심이 증폭되던 수개월의 시간이 흐른 뒤, 마침내 진상이 드러났다. 앤디가 교회 재정을 횡령하고 바람을 피운다는 소문이 사실로 밝혀졌던 것이다. 사역자가 어떻게 그럴 수 있냐고 사람들이 물었을 때, 그는 이렇게 대답했다. "저는 더 이상 하나님의 사람이 아닙니다." 부패한 정신은 앤디의 영혼을 천천히 갉아먹었고, 마침내 자신이 섬기던 주님을 부인하게 만들었다.

앤디는 교회로부터 고소를 당하기 전 사임했다. 저질러 온 실수가 너무 심각했으므로 그는 감히 아무도 만날 수 없었다. 그는 가족을 떠났고, 모든 친구와 사업상 지인들과 연락을 끊었으며, 만나던 여자와도 관계를 중단했다. 그리고 자신이 살던 동네를 떠나 다시는 돌아오지 않았다. 그가 이름을 바꾸고 트럭 운전사를 하고 있다는 소문만이 나돌 뿐이었다.

예수님은 헌신에 실패한 자들을 향해 어떠한 영성 지도를 하셨을까?

베드로의 흥망과 회복

마 26:31-35, 69-75; 요 21:15-23

베드로는 훌륭히 잘 해 내고 있는 듯 보였다. 예수님을 따르기 위해 모든 것을 버렸고, 예수님의 인정을 받아 핵심 제자 중 하나가 되었다. 예수님의 정체성에 대해 모두가 혼란스러워할 때, 베드로는 예수님이 "그리스도시요 살아 계신 하나님의 아들"마 16:16이라고 고백했다. 예수님은 베드로의 고백에 대해 그를 축복하셨고, 그 고백은 후에 세워질 교회를 떠받치는 "반석"이 될 것이라고 말씀하셨다 마 16:18 참고.

후에 다락방에서 예수님은 모든 제자들이 자신을 버릴 것이라고 예언하셨다. 하지만 베드로는 결코 주님을 버리지 않겠다고 성급히 고백했다. "모두 주를 버릴지라도 나는 결코 버리지 않겠나이다" 마 26:33. 베드로는 확신에 차 "무슨 일이 있더라도 저는 예수님을 따를 것입니다. 저를 한번 믿어 보십시오."라고 외친 것이다.

베드로의 고백에 예수님은 이렇게 대답하셨다. "내가 진실로 네게 이르노니 오늘 밤 닭 울기 전에 네가 세 번 나를 부인하리라" 마 26:34. 하지만 베드로는 어떤 시험이 와도 이길 수 있을 것이라 확신하며 "내가 주와 함께 죽을지언정 주를 부인하지 않겠나이다." 마 26:35 라고 말했다.

베드로의 부인

잡히시던 날 밤, 예수님은 대제사장 가야바의 집에 끌려가 심문을 당하셨다. 그때 베드로는 바깥뜰에 서서 불을 쬐고 있었다. 한 여종이 다가와 베드로가 예수님과 같이 있던 자라고 말하자, 베드로는 "나는 네가 무슨 말을 하는지 알지 못하겠노라." 마 26:70 고 대답했다.

당황한 베드로가 앞문 쪽으로 자리를 옮기자, 또 다른 여종이 다가와 그를 예수님의 제자라 칭했다. 베드로는 맹세하고 부인하며 말했다. "나는 그 사람을 알지 못하노라" 마 26:72.

곁에 있던 사람들도, 갈릴리 억양을 쓰는 베드로를 보며 예수님의 제자가 틀림없다고 맞장구를 쳤다. 이번에도 베드로는 저주하고 맹세하며 똑같이 외쳤다. "나는 그 사람을 알지 못하노라"마 26:74. 그 후에 곧, 예수님이 예언하셨던 대로 닭이 세 번 울었다.

바깥뜰을 지나 뒤쪽으로 끌려가시던 예수님은 슬픔과 동정의 눈으로 베드로를 바라보셨다. 순간 베드로는 예수님의 예언과 확신에 찼던 자신의 고백을 떠올렸다. 힘세고 거친 이 어부가 여종의 말 앞에 겁을 냈던 것이다. 베드로는 바깥으로 달려 나가 심히 통곡했다. 이후 깨어진 그의 영혼은 느린 치유의 과정을 시작했다.

베드로의 회복

예수님의 십자가 처형 후, 제자들은 갈릴리로 돌아갔다. 한 주 후, 예수님은 갈릴리 바닷가에서 베드로와 다른 여섯 제자들 앞에 불현듯 나타나셨다. 그 시점으로 돌아가 보자.

베드로는 다른 제자들에게 말했다. "나는 물고기 잡으러 가노라"요 21:3. 자신의 실패에 낙담한 베드로는 고기를 잡는 육체적 활동을 통해 마음을 가라앉히고 싶었다. 다른 제자들도 베드로와 함께 배에 올라탔다. 그들은 저녁까지 그물을 던졌지만 얻은 것이라곤 빈 그물뿐이었다.

아침 일찍, 바닷가에 서신 예수님은 제자들이 153마리의 고기를 낚을 수 있도록 도와주셨다. 그리고 제자들에게 구운 생선과 따뜻한 빵이 있는 아침식사를 준비해 주셨다. 얼마 전 불 곁에서, 베드로는 부끄럽게도 예수님을 부인했었다. 갈릴리 바닷가의 불 곁에서, 그는 그날 밤의 수치스런 기억들을 떠올렸을 것이다.

식사를 마칠 때쯤, 해가 지평선 위로 모습을 드러냈다. 예수님은 베드로 쪽으로 자리를 옮겨 그와 개인적인 대화를 나누셨다. 예수님에 대한 헌신에 철저히 실패한 베드로의 영혼은 깊은 후회로 얼룩져 있었다.

예수님은 베드로에게 말씀하셨다. "요한의 아들 시몬아 네가 이 사람들보다 나를 더 사랑하느냐"요 21:15. 예수님의 이 질문은, 베드로가 충성에 대한 자신의 고백을 철저히 저버렸던 일을 떠올리게 했을 것이다. 그를 "시몬"—예수님의 제자가 되기 전 베드로의 이름—이라 부르심으로, 예수님은 실패한 제자가 그분과 함께 새로운 출발을 해야 함을 암시하셨다. 베드로는 예수님의 질문에 대답했다. "주님 그러하나이다 내가 주님을 사랑하는 줄 주님께서 아시나이다"요 21:15. 베드로가 말했던 "사랑"*phileō* 은 우정과 자연스런 호감 정도를 뜻하는 것이었다. 비겁했던 부인과 죄책감 때문에 베드로는 차마 예수님을 희생적으로 사랑한다고 고백할 수 없었다.

예수님은 그에게 두 번째 물으셨다. "요한의 아들 시몬아 네가 나를 사랑하느냐"요 21:16. 예수님이 언급하신 사랑은 "아가파오"*agapaō* 라는 단어다. 베드로는 다시 한 번 "필레오"*phileō* 라는 단어를 사용해 그분께 대답했다. "주님 그러하나이다 내가 주님을 사랑하는 줄 주님께서 아시나이다"요 21:16.

예수님은 그에게 세 번째 물으셨다. "요한의 아들 시몬아 네가 나를 사랑하느냐"요 21:17. 이번에 예수님은 베드로가 사용했던 단어 "필레오"를 사용하셨다. 앞의 두 번은 자신을 깊고 헌신된 사랑으로 사랑하는지 물으셨지만, 세 번째 질문에서는 우정과 자연스런 호감으로 사랑하는지를 물으셨다.

예수님이 세 번째 물으셨을 때 베드로는 근심했다. 문자적으로는 "비탄에 잠겼다"는 의미다. 베드로의 목소리는 낙담으로 가득 차 있었다. "주님 모든 것을 아시오매 내가 주님을 사랑하는 줄을 주님께서 아시나이다"요 21:17. 바닷가에서 예수님이 던지신 세 번의 질문은, 베드로가 바깥뜰에서 예수님을 세 번 부인했던 것을 생각나게 했을 것이다. 예수님은 세 번째 질문에서 "필레오"라는 단어를 사용하심으로 베드로가 저지른 헌신의 실패를 정면으로 드러내셨다.

예수님의 능숙한 탐색적 질문은 베드로에게 그의 약함을 깨우쳐 주고, 자기과신을 버리게 했으며, 주님과의 관계를 진지하게 점검해 보도록 했다.[1]

해변을 따라 예수님과 걸어갈 때, 시몬은 죽고 베드로는 되살아났다. 베드로는 자신이 한없는 사랑을 받았으며 그 사랑을 돌려 드려야 한다는 것을 깨달았다. 예수님은 그분의 양을 돌보라는 세 번의 명령을 통해 세 번의 부인을 말끔히 없애 주셨다. 삼 년 전, 예수님은 베드로를 전도자로 부르셨다 마 4:18-19. 갈릴리 바닷가에서 예수님은 베드로에게 목자의 사역을 맡기심으로 그의 부르심을 확장하셨다. F. F. 브루스 Bruce는 이렇게 말했다. "이제 전도자의 고기 잡는 낚싯바늘hook에 목자의 양치는 지팡이crook가 더해졌다. 이는 베드로가 그 두 가지 사명을 '무슨 수를 써서라도' by hook or by crook 성취할 수 있게 하기 위한 것이었다."[2]

베드로의 회복과 변화의 결과는 사도행전에 잘 나타나 있다. 오순절 마가 다락방에서 베드로의 설교는 3,000명을 회심시켰고, 그의 담대한 리더십은 초대 교회에서 빛을 발했다. 그리스도를 향한 베드로의 진정한 사랑은 그의 서신에도 잘 나타난다. "예수를 너희가 보지 못하였으나 사랑하는도다"벧전 1:8. 베드로는 여기서 "아가파오"—마음을 사로

잡는 희생적 사랑—라는 단어를 사용한다.

베드로의 임무

바닷가를 거닐며 예수님은 베드로에게 충성스런 제자도의 대가에 대해 말씀하셨다. 그것은 하나님을 영광스럽게 하는 순교였다. 베드로는 전에 예수님을 위해 죽겠노라는 경솔한 고백을 한 적이 있었다. 하지만 예수님은 베드로가 다시 '회복' 된 뒤에야, 그가 겪게 될 무서운 죽음에 대해 밝히셨다. 초대교부들은 베드로가 네로의 잔인한 통치 아래 64년경, 로마에서 십자가 처형을 당했다고 기록했다.

바닷가를 거니는 발자국 소리를 들으며 베드로는 뒤따라오는 요한을 보았다. 베드로는 예수님께 물었다. "주님 이 사람은 어떻게 되겠사옵나이까" 요 21:21. 그러자 예수님은 대답하셨다. "내가 올 때까지 그를 머물게 하고자 할지라도 네게 무슨 상관이냐 너는 나를 따르라" 요 21:22.

주님은 베드로와 요한에게 각각 다른 소명과 다른 이야기의 결말을 주셨다. 행동과 리더십의 사람이었던 베드로는 선지자와 설교자로서 예수님을 따랐고, 순교로 생을 마감했다. 통찰력과 묵상의 사람이었던 요한은 예언자와 시인으로서 예수님을 따랐고, 노령의 나이까지 그리스도를 섬겼다.

예수님의 영성 지도 사역

갈릴리 바닷가에서 예수님과 베드로가 나누었던 대화는, 실패한 제자에게 하신 영성 지도에 대한 예수님의 통찰력을 보여 준다.

예수님은 베드로를 위해 중보하셨다 : 이전에 다락방에서 예수님은 "내가 너시몬를 위하여 네 믿음이 떨어지지 않기를 기도하였노니"눅 22:32라고 말씀하셨다. 사탄은 초대 교회의 지도자였던 베드로가 멸망하길 간절히 원했다. 하지만 예수님의 기도는 사탄의 공격으로부터 베드로를 보호했다. 예수님의 기도가 없었다면 베드로는 가룟 유다가 걸었던 파멸의 길을 따라갔을지도 모른다.

예수님은 베드로가 고통스런 실패를 경험하게 하셨다 : 예수님을 부인함으로써 베드로의 영혼은 황량한 사막으로 들어갔다. 하지만 그의 실패는 자기점검을 위한 강력한 사건이자, 성장을 위한 촉진제가 되었다. 예수님을 향한 베드로의 헌신과 사랑은 그의 고통스런 실패를 통해 더 커졌다. 반 카암은 이렇게 말했다. "우리의 환상을 깨뜨리기 위해, 우리의 오만을 꺾기 위해, 그분은 우리가 여러 번 실패하도록 하신다."[3]

예수님은 베드로에게 그의 동기를 점검케 하고 그의 약함을 드러내는 질문들을 던지셨다 : 영혼을 파헤치는 세 번의 질문은 베드로가 아직 드러나지 않았던 인격의 단면과 맞닥뜨리게 했다. 주님은 추상적인 답에 만족하지 않으시고, 베드로의 마음이 완전히 드러날 때까지 계속해서 질문하셨다. 예수님의 날카로운 질문은 자기과신과 헌신의 실패라는 베드로의 껍질을 깨뜨렸다.

예수님은 베드로에게서 자기과신, 자아중심, 세상적인 야망들을 빼내는 영적 수술을 하셨다 : 베드로는 진정한 자신의 모습을 알고, 자신의 깨어짐과 직면하고, 예수님의 치유를 경험해야만 했다. 그런 후에야 비로소 하나님을 경외하는 사도의 사역에 적합한 자가 될 수 있었다.

예수님은 성장과 치유가 고통스러울 정도로 천천히 진행된다는 것을 잘 알고 계셨기 때문에, 인내심을 가지고 실패한 제자를 대하셨다.

예수님은 베드로의 사랑을 강화시키셨다: 예수님은 베드로가, 500년 전 모세에게 주어졌던 율법의 첫째 계명신 6:5 참고으로 돌아가게 하셨다. "네 마음을 다하고 목숨을 다하고 뜻을 다하여 주 너의 하나님을 사랑하라"마 22:37. 베드로의 마음은 하나님을 향한 깊은 열정으로 불붙었다. 아가페 사랑만이 그의 마음과 영혼을 만족시키고 그의 섬김을 지속할 수 있게 해 주었다.

예수님은 각 사람을 향한 하나님의 부르심이 독특하다는 것을 가르쳐 주셨다: 예수님이 베드로를 향해 지니신 목적과 요한을 향해 지니신 목적은 각기 달랐다. 예수님은, 우리가 형제자매들을—그들의 섬김과 운명에 관해—하나님의 사랑의 손에 맡겨 두어야 한다고 가르치셨다. 예수님의 제자는 자신을 다른 제자나 그의 상황과 비교해서는 안 된다. 우리 마음속에 있는 괴로움으로도 이미 족하다.

결핍된 헌신

제자들 중에서 지도자였던 베드로도 영적 수고가 필요한 사람이었다. 베드로는 진실한 의도와 넓은 마음의 소유자였지만, 그의 인격과 영성에는 부족한 점이 있었다. 베드로는 너무 성급히 말했고 "주여 그리 마옵소서 이 일이 결코 주께 미치지 아니하리이다." 마 16:22, **충동적으로 행동했고** 그는 종의 귀를 잘랐다. 요 18:10 참고, **자신을 지나치게 믿었고** "내가 주와 함께 죽을지언정 주를 부인하지 않겠나이다." 마 26:35, **허세로 가득했다** 그는 물 위를 걸으려고 했다. 마

14:28-31 참고. 또한 그는 자기를 드러내는 자였고 그는 누가 큰 자인지에 대한 논쟁을 벌였다. 눅 22:24 참고, 변덕스런 헌신의 소유자였고 그는 겟세마네 동산에서 잠들었으며 마 26:40-41, 43, 45 참고, 예수님을 멀리서 따라갔다 눅 22:54 참고. 베드로의 상처와 깨어짐은 전혀 다루어지지 않았다.

베드로의 마음 깊숙한 곳에는 예수님과의 온전한 연합이 없었다. 주님을 위한 영속적인 아가페 사랑만이 베드로의 삶에 안정감과 충성을 줄 수 있었다. 하지만 베드로의 사랑은 불완전했고 요 21:15-17 참고, 그의 믿음은 연약했다 마 14:31 참고. 그가 고백했던 예수님의 신성은 그의 영혼을 사로잡지 못했다. 때문에 베드로는 자신의 힘으로, 결코 순수하지 못한 헌신을 견디며 살았다. 사자처럼 몰래 다가오는 간사한 적은, 베드로의 내면에서 쉽게 먹이를 발견했다. 안정적이지 못하고 사랑이 부족했던 베드로는 사탄의 속임수에 약한 존재였다 눅 22:31-33 참고. "반석"이 아닌 모래성에 가까웠던 그는 끝내 허물어졌다. 주님을 부인하고 그분의 뜻을 훼손했던 것이다.

베드로와 같이 우리는 모두 영적으로 연약한 잠재적 부상자들이다. 하지만 고도의 긴장이 요구되는 때는 언제나 오게 마련이다. 그리스도인이 예수님의 뜻을 훼손하는 헌신의 실패를 피할 수 있는 방법은 무엇인가? 베드로를 향한 예수님의 사역에서 몇 가지 힌트를 얻을 수 있다.

우리는 자신의 힘으로 주님을 영화롭게 할 수 없음을 인정해야 한다: 은사와 경건을 겸비한 영적 인도자인 반 카암은 이렇게 말했다. "내가 할 수 있는 유일한 일은 주님을 부인하는 것뿐입니다. 나의 노력으로 언제 어디서든지 어떻게든 주님을 따를 수 있다고 생각하는 것은 교만입니다."[4] 우리의 약함에 대해 정직하게 인정한다면, 진정한 겸손과 하나님에 대한 온전한 의지를 향해 나아갈 수 있을 것이다.

우리는 하나님과 사람들 앞에서 진실한 자아를 드러내야 한다: 당신이 아닌 다른 사람처럼—강한 것처럼, 똑똑한 것처럼, 꾸준한 것처럼—행동하지 말라. 예수님은 완전한 사람이 아닌 진실한 사람을 그의 제자들로 삼으셨다. 우리는 모두 실패한다. 하지만 "따르지 않는 사람보다 실패하는 제자가 더 낫다."[5] 우리는 실패했을 때 우리의 삶을 다시 일으켜 줄 하나님의 은혜를 신뢰할 수 있다. 하나님은 믿음과 건강한 영적 습관들의 실천을 통해, 우리를 예수님의 형상으로 닮아가게 하실 것이다.

우리는 삶의 결함과 약함을 정직하게 분별해야 한다: 우리는 하나님이 우리에게 있는 자기기만적 요소들을 보여 주시도록 기도해야 한다. 12단계 프로그램twelve-step program; 원래 알코올 중독자들의 회복을 위한 프로그램이었지만, 다른 행동장애들의 회복을 위한 지침원리로도 사용된다.-옮긴이은, 자신의 상처에 대한 정직한 인정에서 회복이 시작된다는 것을 전제로 한다. 그리스도인이 되는 것이, 우리의 영혼에 더 이상 치유가 필요한 부패요소들이 없다는 것을 보장하지는 않는다. 기도 가운데 이러한 필요들을 주님 앞에 진실하게 가져오라. 하나님은 용서의 전문의이시다.

우리는 예수님과 깊은 관계, 머리로 제한하지 않는 마음에 중심을 둔 관계를 맺어야 한다: 베드로처럼 우리는 아가페의 능력으로 사랑해야 한다. 이는 마음을 다해 하나님을 사랑해야 한다는 것을 의미한다. 성경을 묵상하고, 그분의 임재 가운데 머물고, 우리의 모든 문제들을 그분 앞에 가져갈 때, 예수님을 향한 마음의 친밀함은 더욱 깊어질 것이다. 하나님과의 깊은 관계가 부족하다면, 우리는 베드로와 같은 잠재적 부상자라 할 수 있다. 하지만 앞서 보았듯이4장, 사랑의 삶을 사는 것은 영적 여정의 마지막 단계다.

기도

"주님, 제가 너무 쉽게 방황하는 존재라는 것을 느낍니다. 또한 저는 사랑하는 하나님을 너무 쉽게 떠나는 존재입니다."[6)] 주님, 베드로와 같이 저의 사랑은 종종 불완전하고, 저의 충성은 부족합니다. 주님을 향한 아가페 사랑이 제 마음을 사로잡아, 나사렛의 목수셨던 주님의 제자임을 기쁨으로 여길 수 있게 도와주십시오.

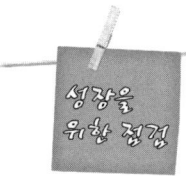

1. 기도 가운데 자신의 실패를 떠올려 보라.

조용한 장소를 찾아 당신의 삶을 돌아보라. 아마 베드로처럼 심각한 헌신의 실패를 경험하지는 않았을 것이다. 하지만 당신이 어떠한 실패를 겪었든지 간에, 하나님이 용서와 회복을 원하는 분이심을 기억하라.

2. 당신이 예수님을 배반했던 사건을 일기에 적어 보라.

너무 심한 일을 저질러서 하나님이 앞으로 결코 당신을 사용하지 않으실 것이라고 느껴 본 적이 있는가?

하나님은 어떠한 은혜의 방법으로 당신을 회복시키셨는가?

당신의 경험을 통해 얻은 교훈들 중, 헌신의 실패로 어려움을 겪고 있는 이들을 도와줄 수 있는 교훈이 있다면 무엇인가?

"우리의 환상을 깨뜨리기 위해, 우리의 오만을 꺾기 위해,
그분은 우리가 여러 번 실패하도록 하신다."

_ 반 카암

분노와 광기에 사로잡힌 사람

샘은 대학 시절부터 사회정의 문제에 관심이 있었다. 웨스트코스트에 있는 작은 교회의 목사로 임명된 후, 곧 그 지역의 〈삶의 권리〉Right to Life 라는 인권단체와 연결되었다. 태어나지 않은 아이들의 권리에 대한 그의 강렬한 열심 덕에, 낙태반대운동에서 지도자의 임무를 맡게 되었다. 낙태가 매년 수백만 건이나 행해지고 있다는 사실은 샘을 의분으로 가득 차게 했다. 자궁에서 순결한 생명을 빼앗는 일이야말로, 그의 분노를 가장 강하게 자극하는 것 같았다.

지역 신문은 낙태 클리닉이 잿더미로 변한 화재 사건을 1면 기사로 실었다. 경찰은 샘과 그의 동료를 방화범으로 지목했다. 법정에서 샘은 불을 지른 것에 대한 잘못을 시인했지만, 낙태라는 악에 대한 자신의 분노는 도덕적으로 정당하다고 항변했다. 사람보다는 하나님께 복종해야 한다고, 그는 판사에게 말했다. 낙태 클리닉 방화범들은 징역 2년 6개월을 선고받았다.

2년 후, 샘은 모범수로 인정받아 가석방되었다. 교회에서는 그를 담임목사로 다시 환영하며 받아 주었다. 가석방 금지 규정에 의하면, 샘은 낙태반대모임이나 〈삶의 권리〉와 일체 접촉하지 못하도록 되어 있었다. 감옥에서 나온 후로 샘과 가까이 지낸 사람들은, 그가 조금도 뉘우치지 않았으며, 오히려 낙태하는 의사들에 대해 이전보다 더 분노하고 있다는 것을 발견했다.

그로부터 일 년이 채 안 되어, 그 지역의 또 다른 낙태 클리닉에 불이 났다. 샘은 다시 유죄 판결을 받았고, 이번에는 8년형을 선고받았다. 수감되기 전 방송과의 인터뷰에서, 그는 낙태에 대한 자신의 분노가 너무 위대하며 이러한 중대한 사회적 악을 섬멸하기 위해서라면 무슨 일이든 할 것이라고 말했다.

샘의 모습은 분노로 가득 찬 한 남자의 모습과 매우 흡사하다. 그 남자는, 예수님이 기이한 일을 베풀면서까지 영성 지도를 하시려 했던 대상이었다.

박해자 사울

행 9:1-9

정통파 랍비 가말리엘의 문하생이던 사울은 뛰어난 바리새인이었고, 유대교에 열심이었으며, 율법에 관해서는 매우 철저했다. 사울은 스데반에게 돌을 던지는 장면에서 처음 등장하는데, 이 첫 번째 기독교 순교자를 죽음에 이르게 한 사람들을 선동했던 자가 바로 사울이었다행 7:58; 22:20 참고. 자신을 죽이는 이들을 위해 기도하는 의로운 스데반의 모습은 몇 년 동안 사울의 뇌리를 떠나지 않았다.

예루살렘 교회에 대한 박해가 시작되었을 때, 그리스도인들은 유대와 사마리아 전역으로 흩어졌다. 바리새인들은 박해의 핵심 주동자였다. "사울이 교회를 잔멸할새destroy 각 집에 들어가 남녀를 끌어다가 옥에 넘기니라"행 8:3. '황폐시키다' 혹은 '파괴하다' 라는 뜻을 지닌 '잔멸하다' destroy 라는 동사는 먹잇감을 짓이기는 야수의 모습을 상기시킨다. 성경은 곧이어 "사울이 주의 제자들에 대하여 여전히 위협과 살기가 등등하여"행 9:1 라고 기록한다.

사울은 율법에 대해 열심이었을 뿐만 아니라, 점점 수를 더해 가며 영향을 미치는 예수님의 추종자들에 대해 격한 분노와 광란을 품고 있었다. 사울은 예수님을 믿는 자들을 체포하여 예루살렘에 다시 끌어넣고, 거기서 그들을 때리고, 가두고, 죽일 수 있는 권한을 대제사장의 서신들을 통해 확보했다.

훗날, 바울은 헤롯 아그립바 앞에서 변명하며, 신자들로 하여금 그리스도와 그의 가르침들을 "모독"하게 하려 했다고 증언했다행 26:11 참고. 그는 이렇게 말을 이었다. "그들에 대하여 심히 격obsession하여 외국 성에까지 가서 박해하였고"행 26:11. 헬라어 분사인 '엠마이노메노스' emmainomenos 는 '맹렬한 분노' 혹은 '끓어오르는 광란' 이라는 뜻을 지닌 '격분' obsession 이라는 말로 번역되었다.

예수님의 제자들을 잡으려 했던 다메섹에 거의 이르렀을 때, 사울은 하늘로부터 내려온 찬란한 빛을 보고 땅에 엎드러졌고 곧 눈이 멀었다. 그리고 한 음성이 들려왔다. "사울아 사울아 네가 어찌하여 나를 박해하느냐"행 9:4. 사울이 목소리를 향해 누구인지 물었을 때, 성스러운 그 낯선 존재는 이렇게 대답했다. "나는 네가 핍박하는 예수라"행 9:5. 사울은 예수님의 명을 따라 다메섹으로 인도를 받았다. 그곳에서 그는 아나니아 하는 제자의 안수로 성령을 받고, 시력을 되찾을 수 있었다. 사울이 그리스도가 자신을 위해 행하신 일에 대해 증거했을 때, 다메섹에 있는 사람들은 그 말을 믿을 수 없었다. 사람들은 서로 이렇게 물었다. "이 사람이 예루살렘에서 이 이름을 부르는 사람을 멸하려던 자가 아니냐"행 9:21.

사울은 분노 때문에, 이제 막 시작한 교회를 박해했었다. 그가 지닌 극단적인 분노는 예수님의 제자들에게 폭력을 가하게 했고, 이 모든 폭력의 동기가 되었던 것은 유대교의 전통에 대한 사울의 개인적인 열심갈 1:14 참고, 그리고 신종 '이단'이 유대교의 관례에 심각한 위협을 가할 것이라는 두려움이었다.

예수님의 영성 지도 사역

사울을 붙드신 예수님은, 교회에 대해 분노한 박해자에서, 선한 광채가 나는 경건한 사도로 그를 변화시키셨다. 예수님은 어떤 영성 지도 사역으로 바리새인 사울을 사도 바울이 되게 하셨는가?

예수님은 바울을 광야로 이끄셨고 그곳에서 삼 년 동안 이 새로운 회심자를 위해 사역하셨다: 바울이 베드로나 예루살렘의 다른 지도자들과 의논하기 전, 그리스도는 그를 아라비아의 광야로 이끄셨다. 그 광야는 몇 세기 전에 모세와 엘리야가 하나님과 친밀하게 이야기를 나누었던 곳이었다. 그 고립된 환경에서, 바울은 기도 가운데 구원자와의 더 깊은 관계로 들어갔다. 예수님은 광야에서 바울에게 과도한 열정을 드러내는 분노한 자아를 보여 주시고, 그의 영혼에 영적 수술을 하셨을 것이다.

그리스도의 영은 바울로 하여금 분노와 죄로 가득한 내면의 정욕에 대하여 죽을 수 있게 하셨다: 여러 해를 보내며, 성령은 바울을 위해 신실하게 사역하셨다. 바울은 디모데에게 이렇게 편지했다. "내가 전에는 비방자요 박해자요 폭행자였으나 도리어 긍휼을 입은 것은 내가 믿지 아니할 때에 알지 못하고 행하였음이라 우리 주의 은혜가 그리스도 예수 안에 있는 믿음과 사랑과 함께 넘치도록 풍성하였도다"딤전 1:13-14.

바울의 "내가 그리스도와 함께 십자가에 못 박혔나니"갈 2:20 라는 말은, 그리스도와 함께 십자가에 못 박힌 자신을 보았음을 가리킨다. 그가 회심했을 때, 못 박힌 그리스도는 그에게서 죄와 죽음의 저주를 옮기셨다. 그리스도는 바울이 낡은 자아에 대하여 죽게 하시고, 육체의 정욕에서도 자유로워지게 하셨다. 바울은 이렇게 고백했다. "우리가 알거니와 우리의 옛 사람이 예수와 함께 십자가에 못 박힌 것은 죄의 몸이 죽어 다시는 우리가 죄에게 종노릇 하지 아니하려 함이니"롬 6:6; 롬 8:13 참고.

바울이 삶의 구습에 대하여, 그리고 그 모든 부정적인 힘에 대하여 죽을 수 있는 힘을 주신 것은 그리스도의 영이었다. 바울은 더 이상 "육체의 욕심"갈 5:16과 "원수 맺는 것"과 "분냄"갈 5:20을 이룰 필요가 없었다.

그리스도의 영은 바울로 하여금 약함을 통해 스스로를 낮추게 하셨다: 바울은 이렇게 기록했다. "너무 자만하지 않게 하시려고 내 육체에 가시 곧 사탄의 사자를 주셨으니 이는 나를 쳐서 너무 자만하지 않게 하려 하심이라"고후 12:7.

바울의 고통이 무엇이든 간에, 그것은 바울이 그리스도를 의지하고 그분에게서 배우는 일을 멈추지 않도록 하나님의 뜻에 따라 주어진 것이었다. 바울의 "가시"는 자신이 가진 것들을 의존하지 않고 그리스도의 은혜를 더욱 더 신뢰하게 했다.

그리스도의 영은 바울이 삶의 새로운 차원을 향해 움직여 나아갈 수 있게 하셨다: 바울은 또한 "내 안에 그리스도께서 사시는 것이라"갈 2:20고 고백했다. 부활에 있어서 그리스도와 연합했기 때문에롬 6:5 참고, 바울은 하나님의 아들의 초자연적인 생명이 성령에 의해 그의 안에서 시작되었음을 발견했다. 한때 그의 삶을 지배했던 부정적인 충동과 열정들은 그리스도의 은혜와 덕에 그 길을 내어 주었다.

성령은 바울 속에서 은혜의 열매들을 맺었다. 분노를 "사랑", "양선", "절제"로 바꾼 것이다갈 5:22-23 참고. 그렇다. 사도 바울은 여전히 그의 옛 사람과 싸우고 있었다. 롬 7:14-25에서 그가 묘사한 전투를 보라. 하지만 이제 그리스도의 은혜가 그를 지배하는 열망이 되었다. 적대감, 핍박, 매 맞음—그가 과거에 예수의 제자들에게 행했던 것들—을 당했을 때 바울은 더 이상 분노와 복수로 반응하지 않았다.

2세기의 기독교 저작인 *Acts of Paul and Thecla* 바울과 테클라 행전은 사도 바울을 키가 작은 대머리에 다리가 굽은 사람으로 묘사한다. 하지만 바울이 "은혜로 풍성했고, 어떤 때는 사람처럼 보였지만 어떤 때는 천사의 얼굴을 가진 것처럼 보였다"[1]고 기록한다. 예수님의 은혜와 능력은 악마 사울을 '천사' 바울로 변화시켰다.

분노 가라앉히기

심한 분노의 감정은 영적 생활의 치명적인 적이다. 구약성경에만 해도 분노에 관해 600회나 언급되어 있다. 이러한 인간의 일반적인 감정을 이해하기 위해, 우리는 건설적인 분노와 파괴적인 분노를 구별해야 한다.

의분은 도덕적 세상에 존재하는 죄와 부정에 대한 응당한 반응이다. 거룩하고 의로우신 하나님은 종종 인간의 죄에 대해 분노하신다신 29:20-26; 시 74:1 참고. 모세는 이스라엘 백성들이 금송아지를 경배하고 있을 때 크게 분노했다출 32:19 참고. 예수님은 지상 사역 초기요 2:13-17 참고와 말기마 21:12-13 참고에, 돈 바꾸는 자들과 장사하는 자들을 성전에서 내어 쫓으시며 건설적인 분노를 표현하셨다. 바울 역시 건설적인 분노를 잘 알고 있었다. 때문에 그는 "분을 내어도 죄를 짓지 말며"엡 4:26 참고라고 말한다. 하지만 "해가 지도록 분을 품지 말고 마귀에게 틈을 주지 말라."엡 4:26-27 참고고 덧붙임으로써 바울은 건설적인 분노가 파괴적인 분노로 금세 바뀔 수 있음을 암시했다.

낙태 산업에 대한 샘의 분노는 두 가지 분노의 차이점을 잘 보여 준다. 자궁 속에 있는 수백만 명의 태아를 살인하는 행위에 대한 분노는 건설적인 분노요, 의로운 격분이다. 하지만 낙태 클리닉을 불 지르거나 폭파하는 일은 분명 선을 넘은 파괴적인 분노다.

파괴적인 분노—다른 사람을 해하고자 하는 열망—는 죄다. 오늘날 그리스도인들은 간음과 같은 육체의 죄는 적대하면서, 분노와 같은 마음의 죄는 종종 무시한다. 하지만 기독교의 전통적인 권위자들은 분노를 일곱 가지 악 중 하나로 꼽았다. 초대 교회 신학자였던 바실은 다음과 같이 말했다. "분노는 일시적 광기와 같은 것이다."[2] 사막 교부 아바 아가톤Agathon은 "분노에 찬 사람은 설령 그가 죽은 자를 살려 냈다 하더라도 하나님을 기쁘시게 하지 못한다."[3]

우리의 내면을 파괴적인 분노로 가득 차게 만드는 것은 무엇인가? 분노는 다른 사람에게 받은 상처 혹은 상처의 위협로 인해 올 수도 있고, 자신의 목표가 어려움에 부딪힐 때 혹은 생각대로 이루어지지 않을 때 올 수도 있다. 또한 그것은 자신의 삶에 대한 불만족으로 생기기도 한다. 다른 사람을 해하는 지경에까지 가는 파괴적인 분노는 사탄이 우리의 삶에 쉽게 들어올 수 있도록 해 준다엡 4:26-27 참고.

구약성경 전 4:26-27 참고, 예수님 마 5:22 참고, 바울 갈 5:20; 엡 4:26; 골 3:8 참고은 모두 파괴적인 분노를 품는 것에 대해 경고한다. 성경은 분노가 수많은 죄들의 뿌리라고 말한다 잠 29:22 참고. 그것은 언어학대, 부부싸움, 깨어진 우정, 물리적 공격, 살인과 같은 죄들을 포함한다 마 5:21-22 참고. 파괴적인 분노는 가해자에게도 해가 된다. 때문에 제롬Jerome, 420년 서거은 "다른 사람에게 상처를 줌으로써 자신을 치유할 수 있는 사람은 없다."[4] 라고 말했다. 또한 분노에 찬 사람은 다른 사람들에게 자비와 은혜를 베풀 수 없다. 파괴적인 분노는 건설적인 방향으로 흘러가야 할 에너지를 소진한다. 다음은 분노의 근원지와 발전 단계를 묘사한다.[5]

상처 → 분노 → 복수 ┬→ 파괴적인 행동(외적 표출)
　　　　　　　　　　 └→ 우울함(내적 표출)

쉽게 통제할 수 없고 다른 사람들에게 상처를 주는 분노를 어떻게 다룰 수 있을까?

우리는 내면의 분노와 맞서야 한다: 우리는 분노가 존재한다는 것과 그것에 대한 책임을 인정해야 하며, "사탄이 그렇게 하도록 만들었다."고 변명해서는 안 된다.

그 다음 우리가 해야 할 일은 분노의 원인을 규명하는 것이다. 그것은 상처일 수도, 위협일 수도, 좌절일 수도 있다.

그 다음 단계는 분노를 일으킨 상황에 대해 최대한 객관적으로 평가하는 것이다. 만약 분노가 다른 사람의 행동으로 인해 일어났다면 우리는 그 사람의 관점에서 생각해 보아야 한다. 이렇게 함으로써 우리는 최대한 객관적인 태도로 상처와 분노의 이유를 그 사람에게 설명할 수 있다.

우리는 분노를 하나님께 고백해야 한다: 파괴적인 분노는 죄이기 때문에 우리는 그것을 슬퍼해야 하며, 하나님께 고백함으로써 그것이 우리 영혼 속에 깊이 뿌리박지 못하도록 해야 한다. 시인 아삽은 악인이 흥하고 선인이 고통당하는 것을 보며 분노했다. 하지만 그는 자신의 상처를 주님께 고백하고 그분을 피난처로 삼음으로써 새로운 시각을 얻었다시 73편 참고. 영적 친구에게 우리의 상처와 분노를 이야기하는 것약 5:16 참고도 부정적인 감정의 영향력을 완화시키는 데 도움이 된다.

우리는 분노를 촉발시킨 사람을 용서해야 한다: 분노를 가라앉히는 강력한 방법은 우리를 공격하고 상처 준 사람을 용서하고 그를 위해 기도하는 것이다. 때문에 예수님은 이렇게 말씀하셨다. "너희가 사람의 잘못을 용서하면 너희 하늘 아버지께서도 너희 잘못을 용서하시려니와 너희가 사람의 잘못을 용서하지 아니하면 너희 아버지께서도 너희 잘못을 용서하지 아니하시리라"마 6:14-15. 랍비들이 가르쳤듯이 세 번까지 용서하거나 베드로가 제안했던 것처럼 일곱 번까지 용서할 것이 아니라, 우리는 끊임없는 용서를 베풀어야 한다마 18:21-22 참고. 닐 앤더슨 Neil Anderson은 용서에 내재되어 있는, 예수님을 닮은 행위에 대해 말한 바 있다. "용서는 누군가의 죄로 인해 벌어진 일들과 함께 살아갈 것을 인정하는 행위다."⁶⁾

1981년, 분노에 찬 한 청년은 번잡한 도시의 도로를 자동차로 지나가던 교황 요한 바오로 2세를 저격했다. 교황이 이 계획된 암살자에 대해 얼마나 큰 분노를 느꼈을지는 충분히 짐작할 수 있다. 하지만 교황은 저격범이 있는 감옥에 찾아가 그를 안아 주고 그리스도의 이름으로 용서했다. 이는 그리스도인의 용서에 대한 좋은 귀감이라 할 수 있다.

우리는 분노라는 육신적 반응을 성령의 열매로 바꿔야 한다: 교회와 그리스도에 대해 분노와 적개심을 품었던 바울은 이렇게 말했다. "육체의 일은 분명하니 곧 … 원수 맺는 것hatred과 … 분냄 … 이라"갈 5:19-20 참고. 또한 그는 "이런 일을 하는 자들은 하나님의 나라를 유업으로 받지 못할 것이요."갈 5:21라고 덧붙였다. 우리는 성령이 화평케 하는 의의 열매들 즉, '사랑', '자비', '양선', '절제'를 우리의 삶에 가져오시도록 기도해야 한다. 우리의 삶에서 일하시는 성령과 동행할 때 분노는 자연히 사라질 것이다갈 5:25 참고.

우리는 의도적인 행동을 통해 분노와 복수를 버려야 한다: 베드로는, 무리들이 십자가에 달리신 예수님을 향해 욕설을 퍼부었을 때 예수님이 분노와 위협으로 반응하지 않으시고 그분의 영혼을 하나님께 맡기셨다고 기록하고 있다^{벧전 2:23 참고}. 우리 역시 예수님과 같이 행해야 한다. 바울은 그리스도의 제자들에게 다음과 같이 명했다. "너희는 모든 악독과 노함과 분냄…을 모든 악의와 함께 버리고 서로 친절하게 하며 불쌍히 여기며 서로 용서하기를 하나님이 그리스도 안에서 너희를 용서하심과 같이 하라"^{엡 4:31-32; 골 3:8 참고}. 분노를 통제하는 것이 우리의 의지적 행동과 그분의 도움으로 불가능한 일이었다면, 하나님은 우리에게 그것을 명하지 않으셨을 것이다.

기도

거룩하신 아버지, 부정과 압제가 있는 곳에서 제가 그릇된 것들을 바로잡고자 하는 의로운 행동으로 반응하게 도와주십시오. 하지만 불의한 분노가 마음속에 일어날 때, 그것이 다른 사람들에게 상처를 주고 슬픔과 비탄으로 이어지기 전에 주님께 고백할 수 있게 도와주십시오. 그리스도의 자비로운 삶이 제 삶에 이루어지길 원합니다.

1. 분노가 차오르면 의식적으로 그 분노의 파괴적인 에너지를 완화시키라.

다음번에 파괴적인 방법으로 분노를 표출하게 되면, 이 장을 다시 읽고 이 강력한 감정의 힘을 이해하도록 노력해 보라. 분노의 원인을 규명하고 분노를 일으킨 상황을 명확하게 평가하라.

당신의 분노와 복수의 계획을 주님께 의지적으로 고백하라. 영적으로 민감한 친구와 그것을 나누라.

2. 시편 37편 8-9절을 묵상하라.

미래에 일어날 수 있는 분노와 복수의 사건들을 줄이기 위해 당신이 취해야 할 일들은 무엇인가?

영혼의 돌봄을 받으신 예수님

겟세마네 동산의 기도는 인자이신 예수님이
십자가라는 도전을 혼자의 힘으로 극복할 수 없으셨음을 보여 준다.
아버지의 뜻을 이루기 위해 예수님에게는 공급과 힘과 지도가 필요했다.
하나님의 아들이신 예수님에게 아버지로부터의 공급이 필요했다면
그분의 길을 따르는 우리에게는 얼마나 더 많은 공급이 필요하겠는가?
"마음에는 원이로되 육신이 약하도다"(막 14:38)라는 말은 진실한 고백이다.

풍요로운 관계

지금까지 우리는 예수님이 가족, 친구, 이방인, 적들에게 영적 인도 혹은 영성 지도를 어떻게 행하시는지 살펴보았다. 예수님은 정치적·사회적 '올바름'correctness에 얽매이지 않고 남성과 여성, 부한 자와 가난한 자, 농민과 정치인, 성직자와 평신도를 은혜와 성장으로 섬기셨다. 영적 인도에 탁월하신 그분은 구도자들에게 살아 계신 하나님을 알리고, 성부 하나님과의 관계가 자라도록 그들을 도우셨다. 하지만 섬기는 자인 예수님도 가족, 친구 그리고 특히 하늘에 계신 아버지의 섬김을 받으셨다. 예수님은 자신에게 주어지는 양육을 기꺼이 받아들이셨는데, 인간으로서의 갈망과 한계—죄를 제외하고—가 있다면, 관계에 대한 요구 또한 있기 때문이다.

가족과 친구들로부터의 양육

인자이신 예수님은 육체적·정신적·감정적·사회적·영적으로 자라나셨다. 누가복음은 이렇게 기록한다. "예수는 지혜와 키가 자라가며 하나님과 사람에게 더욱 사랑스러워 가시더라"눅 2:52. 마리아와 요셉은 예수님의 어린 시절 동안 사랑과 교육과 훈련을 제공했다. 그들은 어린 예수에게 도덕적 원리들과 사회적 기품을 가르쳤으며 구약과 그것에 나타난 풍성한 전통들로 양육했다.

인자이신 예수님은 고통을 겪으셨다. 그분의 궁극적 고통은 십자가에서 치러졌다. 예수님은 형용할 수 없는 극심한 고통 가운데 여섯 시간 동안 십자가에 매달려 계셨다히 2:10 참고. 하지만 그분은 갈보리 언덕 이전에 몇 년 동안 고통을 당하셨다.

히브리서 기자는 다음과 같이 고백한다. "그가 아들이시라도 받으신 고난으로 순종함을 배워서"히 5:8. 예수님은 친구들에게 오해를 받고 적들에게는 학대를 당하셨다. 그분은, 우리와 마찬가지로 어려운 시간 동안 함께해 주는 가까운 친구들의 지원과 격려를 소중히 여기셨다. 그분이 제자로 선택했던 열두 명의 사람들은 그분의 "친구"요 15:15였다.

예수님은 그들과 함께하셨고, 대화를 나누셨고, 울며 기도하셨다. 또한 세 명의 핵심 제자들—베드로, 야고보, 요한—과 특별히 친밀한 교제를 나누셨다.

십자가의 공포가 예수님의 생명에 어두운 그림자를 드리울 때, 그분은 남아 있는 열한 제자들의 영적·정서적 지원을 바라셨다. 제자들과 마지막 만찬을 나누시면서 예수님은 이렇게 말씀하셨다. "내가 고난을 받기 전에 너희와 함께 이 유월절 음식을 먹기를 간절히 바랐다"눅 22:15, 쉬운성경. '바랐다' desired 라는 동사는 교제와 지원을 원하는 그분 영혼의 깊은 갈망을 표현한다.

다락방에서 예수님은 친구들에게 포도나무와 가지의 비유를 말씀하시며, 가지는 생명을 주는 포도나무를 떠날 때 곧 말라 버린다고 지적하셨다요 15:1-17 참고. 하지만 가지 없는 포도나무 역시 앙상하고 상하기 쉽다.

F. B. 마이어Meyer는 이를 다음과 같이 설명했다. "우리는 예수님에게 꼭 필요한 존재다. 그분은 우리 없이 일하실 수 없다. 아들이신 그분은 아들들을 원하신다. 천사들로는 충분치 않은 것이다."[1]

로마 군인들에게 잡히시기 전, 예수님은 어둠의 세력들과의 외로운 싸움에서 도움을 얻기 위해 열한 제자들을 겟세마네 동산으로 데려 가셨다. 그리고 베드로, 야고보, 요한과는 영적·정서적 고통을 나누셨다. "내 마음이 심히 고민하여 죽게 되었으니 너희는 여기 머물러 나와 함께 깨어 있으라"마 26:38. 예수님은 가장 가까운 친구들에게 자신이 세상의 죄로 채워진 잔과 씨름하는 동안 기도로 조력할 것을 간청하셨다.

며칠 뒤, 예수님이 십자가에 달리셨을 때 그분 곁에는 어머니, 이모 살로메, 요한이 함께 슬퍼하며 기도하고 있었다요 19:25-27. 예수님은 특히 친구인 여인들의 충성된 지원에 위안을 얻으셨다.

반면 남자 제자들은, 비록 악의는 없었지만, 예수님이 그토록 원하셨던 도움을 제공하는 데 종종 실패했다. 그들은 예수님의 신성한 메시아 직과 고통의 사명을 이해하지 못했다. 예수님의 가장 가까운 친구들도 아주 중요한 순간에 그분을 실망시켰다. 그들은 겟세마네 동산에서 밤이 새도록 기도해야 할 때에 잠들었으며, 가롯 유다의 배신으로 예수님이 적들에 체포되셨을 때는 "다 예수를 버리고 도망"했다마 26:56.

그리고 얼마 후, 베드로는 맹세하며 그분을 부인하고 저주했다. 위기의 순간, 예수님이 친구들을 가장 필요로 하실 때 그들은 그분 곁에 있지 못했다.

하늘 아버지로부터의 공급

예수님은 하늘 아버지로부터 끊임없는 힘과 분명한 지도를 공급받으셨다. 누가복음에서, 예수님이 기도 가운데 아버지와 지속적으로 교제하시는 장면에 초점을 맞추고 있는 것은 놀라운 일이 아니다. 갈릴리의 첫 번째 설교 사역 기간 동안, 예수님은 고요한 묵상과 기도를 위해 날이 밝으면 한적한 곳으로 가셨다눅 4:42 참고. 그분의 말씀 선포와 이적은 많은 무리들의 주의를 끌었고, 그들은 예수님을 영웅으로 만들고자 했다.

하지만 그때마다, 예수님은 물러가 "한적한 곳에서 기도"하셨다눅 5:16. 열두 명의 제자들을 부르시기 전 예수님은 기도하시러 산에 올라가 "밤이 새도록 하나님께 기도"하셨다눅 6:12. 예수님에게 결정의 시간은 언제나 기도의 시간이었다.

오천 명의 사람들을 먹이신 사건 후에, 무리들이 예수님을 왕으로 삼으려 하자 예수님은 제자들을 배에 태워 먼저 건너가게 하시고 무리들을 돌려 보내셨다. "무리를 보내신 후에 기도하러 따로 산에 올라가시니라 저물매 거기 혼자 계시더니"마 14:23. 예수님은 무리들의 정치적 열성에 굴복되지 않으시고, 한적한 곳으로 물러나 아버지로부터 지혜와 힘을 공급받으셨다. 후에 가이사랴 빌립보 지방에서 제자들에게 자신의 정체성에 대해 질문하기 전에도 예수님은 홀로 기도의 시간을 가지셨다 눅 9:18 참고.

일주일 후, 베드로, 야고보, 요한을 데리고 기도하러 높은 산에 올라가셨을 때 성부 하나님은 아들을 향한 그분의 사랑을 확증하셨다 마 17:5 참고. 변형 Transfiguration 은 예수님에게도 분명히 영혼이 공고해지는 경험이었을 것이다.

후에 유대에서도, 예수님은 "한 곳에서 기도"하고 계셨다 눅 11:1. 제자들은 예수님이 지속적으로 아버지와 교제하시는 데 놀라 어떻게 기도해야 하는지 물었다. 그래서 예수님은 제자들에게 기도의 원형을 보여 주셨다. "아버지여, 이름이 거룩히 여김을 받으시오며" 눅 11:2. 여기서 "아버지"라는 단어는 예수님이 누리셨던 친밀하고 풍성한 관계를 암시한다.

레지날드 풀러 Reginald Fuller 는 다음과 같이 설명한다.

"예수님은 아버지와의 지속적인 기도와 교제 가운데 사셨다. 그분이 소리를 내어 기도하시는 것은, 흔히 우리가 하는 것처럼 기도하지 않고 있다가 기도를 시작하는 그런 종류의 것이 아니다. 예수님은 다만, 무엇이 그분 삶의 기초이자 근거인가에 대해 명백히 드러내어 표현하시는 것이다. 예수님은 그분의 사역을 위해 필요로 하는 능력이… 하나님의 은혜에 달려 있음을 보여 주시기 위해, 마음으로 드리는 지속적인 기도의 상태에서 잠시 벗어나시는 것뿐이다. 그분이 아버지의 구원 행위의 통로가 될 수 있는 것은 바로, 그러한 기도와 교제와 아버지의 뜻에 대한 끊임없는 순종을 통해서다."[2)]

초기 사역 기간 동안, 예수님은 자신의 영혼을 채우기 위해 기도 가운데 아버지의 마음을 추구하셨다. 예수님은 자신에게 주어진 사명을 스스로의 힘만으로는 할 수 없다는 것을 알고 계셨다. 이 때문에 그분은 종종 새벽 미명에 일어나거나 밤이 새도록 하늘 아버지와 교제하셨다. 정기적인 기도를 통해 예수님은 삶의 힘과 사역을 위한 지도를 공급받으실 수 있었다. 예수님은 "나를 보내신 살아 계신 아버지의 힘으로 산다."요 6:57, NLT 고 말씀하셨다. 인자가 효과적인 영성 지도자일 수 있었던 이유는, 성령의 능력으로 말미암아 아버지로부터 지속적인 영성 지도를 받으셨기 때문이었다.

하나님이셨던 예수님이 양육과 지도를 위해 이처럼 아버지께 철저히 의지하셨다면, 영적 인도를 감당하는 우리 인간들은 얼마나 더 많이 하나님께 의지해야 하겠는가?

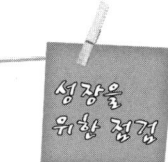

당신의 지원 체계를 공고히 하라.

초기 지상 사역 기간 동안 예수님이 가족과 친구들로부터 영적·정서적 지원을 필요로 하셨다면, 우리에게는 얼마나 더 많은 공급이 필요하겠는가?

변함없이 당신에게 지원을 보내는 사람들을 적어 보라.

영혼의 친구들이 당신 곁에 부족하다면 전 4:10 참고, 당신의 짐을 함께 질 수 있는 사람들과 어떻게 우정을 쌓을 수 있을지 기도하는 마음으로 생각해 보라.

"우리는 예수님에게 꼭 필요한 존재다. 그분은 우리 없이 일하실 수 없다.
아들이신 그분은 아들들을 원하신다. 천사들로는 충분치 않은 것이다."
_ F. B. 마이어

친밀한 대화

마태복음 6장 9-13절이 제자들을 위한 모범적인 기도라면, 요한복음 17장은 주님 자신을 위한 기도라고 할 수 있다. 왜냐하면 기도 내용 전부가 예수님에 관한 것이기 때문이다. 요한복음 14-16장에 나타난 예수님의 강화와 마찬가지로, 이 기도는 주요한 주제들이 반복되고 섞여 찬양과 간청의 교향곡을 형성하는 악곡과 흡사하다. 아들 예수님과 아버지 하나님과의 친밀한 대화를 함께 들어 보자.

저녁의 만남

요 17장

유월절 달빛 아래 있던 다락방에서 나와, 예수님은 고별기도를 통해 자신의 마음을 아버지께 쏟아놓으셨다.

예수님은 하나님을 "아버지여"라고 부르며 가장 친밀한 단어로 그

분과 교제하셨다: 예수님은 하나님을 "아버지", "거룩하신 아버지", "의로우신 아버지"라 부르며 그분과 함께하는 시간을 보내셨다. 하나님을 "아버지"라고 부르는 것은 1세기 유대인들의 귀에는 상당한 충격이었을 것이다. 야훼는 너무나 숭고한 분이어서 경건한 유대인들은 그 신성한 이름을 감히 입 밖에 내지 못했고, 그 이름을 기록하는 필사자들은 정화의식 ritual bath 을 해야 한다는 부담감을 느낄 정도였다. 하지만 예수님은 가장 부드럽고, 친밀하고, 사랑스럽게 하나님을 부르셨다. "아버지"라는 단어를 사용하셨던 예수님의 편안함에서, 우리는 예수님이 아바 아버지와 누리셨던 친밀함의 깊이를 엿볼 수 있다.

예수님은 아버지와 아들 사이에 존재하는 연합으로부터 양식을 공급받으셨다: 항복과 사랑의 마음으로 아버지께 고백하는 예수님의 말씀을 들어 보라. "내 것은 다 아버지의 것이요 아버지의 것은 내 것이온데"요 17:10. 그분의 고백은 계속된다. "아버지께서 내 안에, 내가 아버지 안에 있는 것 같이"요 17:21. 예수님은 성부와 성령과 영원한 신적 연합을 이루고 계셨다. "우리가 하나가 된 것 같이"요 17:22.

하지만 지상 사역 기간 동안 예수님은 하늘 아버지와의 관계와 교제를 통해 힘을 공급받으셨다. 이는 예수님의 기도 속에 잘 나타나 있다. "곧 내가 저희 안에, 아버지께서 내 안에 계셔"요 17:23. 요한복음 17장의 기도에서 예수님은 아바 아버지와의 친밀한 대화와 사랑의 교제를 통해, 예수님 자신도 양식을 공급받을 필요가 있음을 알려 주신다.

예수님은 영혼을 공고하게 하시는 아버지의 사랑 안에서 자라셨다: 예수님은 기도 가운데서 다음과 같이 부드럽게 표현하신다. "의로우신 아버지여…나는 아버지를 알았삽고"요 17:25. "알다"라는 단어는 깊고 개인적인 관계 속에 뿌리를 두고 있는 체험적 앎을 가리킨다. 사랑, 믿음, 순종을 통해 예수님은 아버지를 아셨고, 그분의 풍성한 사랑을 덧입고 계셨다. "아버지께서 창세전부터 나를 사랑하시므로"요 17:24; 23, 26 참고. 예수님은 아버지의 측량할 수 없는 사랑을 통해 다른 사람들을 사랑하는 일에 자신의 삶을 내어 줄 수 있는 힘을 공급받으셨다.

예수님이 아바 아버지에게서 받은 양육은 그분의 사명을 성취하는 데 힘을 더해 주었다: 기도의 교제를 통해 아버지의 사랑으로 흠뻑 젖은 예수님은 아버지께 영광을 돌리셨다요 17:1 참고. 이것은 무엇을 의미하는가? 아우구스티누스는 이를 잘 설명했다. "영광이란 어떤 이에 대한 찬양이 동반된 그의 명성이다."[1] 삼 년간의 지상 사역 기간 동안 예수님은 아버지를 나타내셨고, 많은 이들의 물질적·영적 필요를 채우셨다. 그리고 고통과 죽음을 통해 아버지의 탁월함을 나타내시려고 기도를 통해 힘을 얻으셨다. 죽기까지 순종하심으로 인해 많은 죄인들은 아버지를 알고 사랑하게 되었다.

예수님은 이렇게 선포하신다. "내가 아버지의 이름을 저희에게 알게 하였고 또 알게 하리니 이는 나를 사랑하신 사랑이 저희 안에 있고 나도 저희 안에 있게 하려 함이니이다"요 17:26.

아버지께 의지함

성육신하신 예수님은 절박한 위기들을 극복할 수 있는 모든 자원을 가진 분이셨기 때문에, 배신과 죽음에 직면했을 때 아버지로부터 공급이나 지원을 받으실 필요가 없었다고 생각하는 사람도 있을 것이다. 하지만 결코 그렇지 않다.

생명을 주시는 아버지와의 관계가 없었다면 인자이신 예수님은 아무것도 하실 수 없었을 것이다. 이 때문에 예수님은 이 세상에서의 마지막 시간을, 영적 양식을 제공하시는 아바 아버지와의 대화에 사용하셨던 것이다.

부활하신 예수님이 신적 생명과 사랑을 세상에 흘려보내는 통로가 될 수 있으셨던 것은 아버지와의 풍성한 관계의 결과로 인한 것이었음을 잊지 말아야 한다.

이러한 원리는 언제나 우리에게도 적용될 것이다. 즉, 우리가 아버지와의 친밀한 관계를 이룰 때에만, 우리는 빈곤한 세상을 축복할 수 있을 것이다.

아바 아버지와의 대화의 기도가 깊어지게 하라.

아직 읽어 본 적이 없다면 요한복음 17장을 읽어 보라. 이 긴 예수님의 기도 속에 단 여섯 구절만이 간청과 요구를 포함하고 있다.

기도 시간에, 주님을 향해 마음을 열고, 그분의 선하심을 인정하고, 그분께 찬양을 올려 드리고, 당신의 가장 깊은 소망과 꿈을 그분과 함께 나누는 "대화의 시간"conversational engagement[2)]을 의식적으로 갖도록 하라.

친밀한 대화를 나눔으로 인해 아버지와의 관계가 깊어졌는가?

예수님은 하나님을 "아버지", "거룩하신 아버지", "의로우신 아버지"라 부르며
그분과 함께하는 시간을 보내셨다.
예수님은 가장 부드럽고, 친밀하고, 사랑스럽게 하나님을 부르셨다.
"아버지"라는 단어를 사용하셨던 예수님의 편안함에서,
우리는 예수님이 아바 아버지와 누리셨던 친밀함의 깊이를 엿볼 수 있다.

깊은 항복

고별기도 후에 예수님은 근심하는 제자들을 데리고 감람산 기슭의 겟세마네 동산으로 가셨다. "기름을 짜다"라는 뜻의 겟세마네는 올리브를 짜내 기름을 생산하는 곳이었다. 예수님과 제자들의 기도 시간을 위해 어떤 부유한 친구가 이 장소를 제공했는지도 모른다. 예수님은 여덟 명의 제자들에게 감람산 숲에서 기다리라고 말씀하신 뒤, 핵심 제자 세 명을 데리고 동산 안으로 좀 더 들어가셨다. 그곳에서 일어난 일을 묵상할 때 우리는 거룩한 곳으로 들어가게 된다. 오래 전 하나님이 모세에게 하셨던 말씀이 기억난다. "너의 선 곳은 거룩한 땅이니 네 발에서 신을 벗으라"출 3:5.

깊은 근심

마 26:36-45; 막 14:32-39; 눅 22:39-46

기도하기 위해 무릎을 꿇으셨을 때 예수님은 "슬픔에 잠겨" "괴로워" 하셨다 마 26:38, 우리말성경. 첫 번째 단어 *lupeō* 는 '슬퍼하는' 혹은 '고뇌하는'이라는 뜻이고, 두 번째 단어 *adēmoneō* 는 문자적으로 '집을 떠난' 혹은 '중심을 잃은'이라는 뜻을 지닌다. 마가는 이보다 좀 더 강렬한 언어로, 예수님이 "매우 근심에 잠겨 괴로워" 막 14:33, 우리말성경 하셨다고 설명한다. "매우 근심에 잠겨"라는 단어 *ekthambeomai* 는 '놀람과 공포에 압도된'이라는 의미다. *The Message* 메시지 성경 는 같은 구절을, 예수님이 "미칠 듯한 고뇌의 웅덩이로 빠져들어 갔다."고 표현했다. 자신의 앞에 놓여 있는 일을 바라보시던 예수님은 흔들림과 혼란과 당혹감을 느끼셨다.

극심한 고통 속에 있었던 예수님은 세 명의 제자들을 향해 말씀하셨다. "내 마음이 매우 고민하여 죽게 되었으니" 마 26:38. 복음서는 동산에 있던 인자를 용감한 영웅이 아닌 연약한 한 인간으로 묘사한다. 윌리엄 레인 William Lane 은 이렇게 말했다. "예수님은 곧 다가올 배신에 앞서 잠시 아버지와 함께 계시기 위해 겟세마네 동산을 찾았지만, 그곳에서 천국이 아닌 지옥이 열리는 것을 발견하셨다. 그리고 그분은 심히 동요하셨다."[1] 십자가 사건을 앞두고 있던 인자는 극심한 감정적 고뇌를 경험하셨던 것이다. 여기서 우리는 인간적 동정을 갈구하는 예수님을 발견한다. 그분은 자신의 깊은 슬픔을 가장 친한 친구들과 나누길 간절히 바라셨다.

예수님은 베드로, 요한, 야고보를 향해 말씀하셨다. "너희는 여기 머물러 나와 함께 깨어 있으라" 마 26:38. 친구들을 떠나 예수님은 올리브 나무들이 우거진 그늘 속으로 홀로 들어가셨다. 그리고 그곳에서 아버지께 이전의 어느 누구도 한 적이 없는 기도를 드리셨다.

간청

예수님의 세 가지 기도 중 첫 번째에서 예수님은 이렇게 기도하셨다. "아바 아버지여 아버지께는 모든 것이 가능하오니 이 잔을 내게서 옮기시옵소서"막 14:36. 아람어와 헬라어식 표현인 "아바"Abba는 가장 친밀한 관계를 표현한다. 괴로움에 처한 아이가 아빠를 부르듯이 성자 하나님이 성부 하나님을 부르고 계신 것이다. 예수님이 옮겨 주시길 기도했던 잔은 죄에 대한 하나님의 진노와 속죄로서 뿌려질 그분의 피를 상징한다. 이 첫 번째 기도에서 인간 예수님은 앞으로 닥칠 공포—선택된 친구들의 배신, 사탄과의 격렬한 투쟁, 십자가의 육체적 고통—앞에서 주춤하고 계셨다. 그 중에서 가장 큰 공포는 아버지로부터 버려지는 영적 황폐에 직면해야 하는 것이었다. 이는 십자가에서의 기도에 잘 나타나 있다. "나의 하나님, 나의 하나님, 어찌하여 나를 버리셨나이까"막 15:34. 예수님은 첫 번째 기도에서 죽음의 고통과 괴로움을 통해서가 아닌 다른 방법으로 하나님의 나라가 이루어질 수는 없는지 하나님께 물으셨다. 데일 브루너Dale Bruner는 다음과 같이 설명했다. "본문을 통해 우리가 알 수 있는 것은, 만약 가능하다면 예수님은 빠져나가길 원하셨으며, 우리는 그러한 예수님의 수수께끼 같은 요구를 존중해야 한다는 사실이다."[2] 히브리서 기자는 다음과 같이 표현했다. 예수님은 "자기를 죽음에서 능히 구원하실 이에게 심한 통곡과 눈물로 간구와 소원을 올렸고"히 5:7.

예수님이 자신의 앞에 놓인 싸움의 무게에 휘청거리고 계실 때, 천사는—광야의 시험에서처럼마 4:11 참고—그분에게 힘을 주었고 격려를 아끼지 않았다. 하지만 기도 중이셨던 예수님의 괴로움은 너무나 큰 것이었기에, 시원한 밤인데도 불구하고 마치 상처에서 피가 흐르는 것처럼 예수님의 몸에는 땀이 비 오듯 흐르고 있었다. 동산 입구로 돌아가실 때 예수님은 세 명의 제자들이 자고 있는 것을 보셨고, 그분의 정서는 불확실함과 중압감으로 인해 메말라 있었다.

받아들임

동산으로 물러나 예수님은 두 번째 기도를 드리셨다. "내 아버지여 만일 내가 마시지 않고는 이 잔이 내게서 지나갈 수 없거든 아버지의 원대로 되기를 원하나이다"마 26:42. 주님의 두 번째 기도는 아버지의 뜻을 좀 더 깊게 받아들이는 모습을 보여 준다. 첫 번째 기도에서 예수님은 덜 고통스러운 길을 위해 기도하셨지만 지혜의 하나님은 사랑의 거절로 답하셨다.

기도를 통해 아버지와 깊은 관계로 나아가셨던 예수님은 더 이상 고통의 잔이 없어지게 해 달라고 요구하지 않으셨다. 다시 한 번 예수님은 제자들의 행동을 살피셨지만 그들은 역시 잠에 빠져 있었다. "너희가 나와 함께 한 시 동안도 이렇게 깨어 있을 수 없더냐"마 26:40.

예수님은 세 번째 기도에서 고통의 길을 온전히 받아들이신다. 말로 표현할 수 없는 육체적·감정적·영적 고통에도 불구하고, 그분은 마침내 그것을 경험하셨으며, 아버지가 정해 주신 길을 온전히 받아들이셨다.

겟세마네 동산에서 예수님은 왜 두세 번씩 기도를 드리셨을까? 엘리야는 과부의 아들의 치유를 위해 세 번 기도했고_{왕상 17:21 참고}, 바울 역시 육체의 가시가 없어지길 세 번 기도했다_{고후 12:8}. 예수님의 반복적인 기도는 시험의 시간 속에 있는 그분의 절박함과 끈기를 보여 준다. 아니 그보다 더 중요한 부분이 있다. 기도 가운데 씨름하시는 예수님은 자신의 영혼과 싸우고 있는 그분을 보여 주고 계신 것이다. 십자가에서 돌아서라는 사탄의 유혹은 예수님이 당하신 시험의 일부였다. 하지만 인간 예수님은 세상의 죄를 지는 고통을 조용히 기다리셨다. 후에 바울을 이를 다음과 같이 표현했다. "하나님께서는 죄를 알지도 못하신 분에게 우리 대신 죄를 짊어지게 하셨습니다"_{고후 5:21, 우리말성경}.

평화

기도하며 씨름하셨던 예수님의 모습은 인간이 경험하는 슬픔의 단계들을 보여 주는 듯하다. 그 단계란 불신에 대한 충격, 분노, 간청, 그리고 받아들임과 평화로 이어진다.

예수님이 기도하며 아버지의 지혜를 구하실 때, 그분의 뜻은 아버지의 뜻과 점점 맞춰져 갔다. 처음에는 하나님의 뜻에 비추어 볼 때 약간 어긋난 10시 위치에 계셨지만, 겟세마네의 기도 중에 11시 위치로, 그 다음에는 12시의 정위치로 움직이셨던 것이다.[3] 예수님의 전 생애는 아버지의 뜻에 순종하는 계속적인 과정이었다. 겟세마네 동산의 기도만큼 이를 명확하게 보여 준 사건은 없었다.

아버지의 뜻을 순종하는 데 필요한 사랑, 격려, 힘을 얻기 위해 예수님은 반복적으로 기도하셨다. 예수님은 아버지가 원하시는 것을 행하길 바라셨지만 동시에 그것을 할 수 있는 힘을 필요로 하셨다. 그분의 앞에 놓여 있는 거대한 도전들을 이겨 낼 충분한 자원을 아버지로부터 얻는 과정이 반드시 필요했다. 히브리서 기자는 다음과 같이 기록한다. "온전하게 되었은즉 자기를 순종하는 모든 자에게 영원한 구원의 근원이 되시고"히 5:9.

예수님이 제자들에게 세 번째로 찾아가셨을 때 그들은 역시나 잠에 빠져 있었다. 어쩌면 그들은 망연자실한 상태에 있었는지도 모른다. 레인은 다음과 같이 말했다. "다가오는 고통의 중압감이 커질수록, 예수님 주위에 있었던 이들은 점점 더 이기적이고 혼란스러워져 갔다."[4] 가룟 유다와 무리들이 오는 것을 아셨던 예수님은 제자들을 깨우시면서 말씀하셨다. "일어나라 함께 가자 보라 나를 파는 자가 가까이 왔느니라"마 26:46. 아버지와의 교제와 천사들의 방문을 통해 예수님의 영혼은 공고해졌고 그분의 비전은 명확해졌다. 예수님은 조용한 확신 가운데 그분의 눈을 갈보리에 고정시키셨다.

겟세마네 동산의 기도는 인자이신 예수님이 십자가라는 도전을 혼자의 힘으로 극복할 수 없으셨음을 보여 준다. 아버지의 뜻을 이루기 위해 예수님에게는 공급과 힘과 지도가 필요했다.

하나님의 아들이신 예수님에게 아버지로부터의 공급이 필요했다면 그분의 길을 따르는 우리에게는 얼마나 더 많은 공급이 필요하겠는가? "마음에는 원이로되 육신이 약하도다"막 14:38라는 말은 진실한 고백이다.

당신의 뜻을 아버지의 뜻과 맞추라.

당신이 현재 씨름하고 있는 인생의 문제가 무엇인지 생각해 보라. 그것은 쉽지 않은 결정일 수도 있고, 질병일 수도 있고, 삶을 재정비하는 문제일 수도 있다.

이러한 씨름 가운데 당신의 뜻이 얼마나 많이 섞여 있는지 기도 가운데 생각해 보라.

겟세마네 동산에서 예수님이 겪으신 일을 떠올려 보라. 당신의 문제들을 하나님께 철저히 내려놓고 그분의 지혜롭고 완전한 뜻을 받아들이기 위해 필요한 것은 무엇인가?

예수님이 기도하며 아버지의 지혜를 구하실 때,
그분의 뜻은 아버지의 뜻과 점점 맞춰져 갔다.

아버지의 품에 달려들기

두 명의 강도 사이에서 십자가에 못 박히신 예수님은 극심한 고통 가운데 여섯 시간이나 매달려 계셨다. 십자가 처형은 대략 오전 아홉 시 경부터 시작되었다. 분명 평범한 날이 아니었다.

정오에서 오후 세 시—하루 중 가장 밝은 때—까지, 빛은 사라지고 어둠이 땅에 뒤덮여 있었다. 유월절은 만월滿月—이 시기에 태양과 달은 지구의 정반대편에 위치한다—에 거행되는 축제였기 때문에 이 현상은 일식이었다고 말할 수도 없다. 이 날의 어둠은 인류의 가증스러운 범죄에 대한 자연의 애도였다. 어둠은 사탄의 활동을 암시하는 것이기도 하다. 예수님이 십자가에 달리셨을 때 세상은 일시적으로 빛을 잃었다.

어둠의 시간 동안 죽음이 지배했고, 사탄이 승리하는 것처럼 보였다. 지진이 일어나고 무덤이 열렸던 사건은 하나님 아들의 죽음을 고통스러워하는 자연의 울부짖음이었다. "자연은 인간들이 자연의 하나님께 행한 일들에 대해 강하게 반발했다."[1]

성전에서 매일 어린 양이 드려지던 오후 세 시에, 예수님은 큰 소리로 울부짖으셨다. "나의 하나님, 나의 하나님, 어찌하여 나를 버리셨나이까" 마 27:46. 시편 22편 1절을 인용한 토로의 외침은 예수님이 십자가 위에서 하신 네 번째 말씀이었다. 여기서 "나를"이라는 단어는 강조용법으로 사용되었다. 즉 이것은 "나는 당신의 말씀에 순종하는 당신의 사랑하는 아들이요 종입니다. 그런데 왜 나를 버리십니까?"와 같은 의미를 지닌 말이었다.

예수님이 버림받은 것에 대해 울부짖는 기도를 드리셔야 했던 이유는 무엇일까? 십자가에서 예수님은 세상의 모든 죄를 상징하는 쓴 잔을 마시셨다. 이사야는 이를 다음과 같이 예언했다. "그는 실로 우리의 질고를 지고 우리의 슬픔을 당하였거늘 우리는 생각하기를 그는 징벌을 받아서 하나님에게 맞으며 고난을 당한다 하였노라" 사 53:4. 그 짧은 순간, 인류의 죄에 대한 심판이 예수님의 순결한 몸과 영혼에 축적되었고, 이에 예수님은 고통 가운데 울부짖으셨던 것이다.

예수님이 울부짖으셨던 또 한 가지 이유는 아버지가 그분을 일시적으로 버리셨기 때문이었다. 예수님이 말씀하셨던 '버리다'라는 단어는 '곤경 가운데 내버려두다' 혹은 '도움을 제공하지 않다'라는 의미다. 그 짧은 시간 동안, 예수님과 아버지와의 관계는 분리되었고 아버지에 대한 그분의 시야는 흐려졌다. 이는 아들과 아버지 사이의 갈등 때문이 아니라, 아버지께서 세상 죄를 지고 계신 어린 양을 차마 내려다볼 수 없으셨기 때문이었다.

그 순간 예수님은 외치셨다. "나의 아버지"가 아닌 "나의 하나님"이라고 말이다. 예수님이 하나님을 이렇게 부르신 것은 처음이었다. 비록 짧은 순간이었지만, 어떻게 성부 하나님이 성자 하나님을 버릴 수 있었는가 하는 것은 우리가 결코 이해할 수 없는 수수께끼다. 비록 일시적으로라도 하나님과 분리되어 있는 상태는 어둠이었고, 고문이었고, 그야말로 지옥이었다.

죽음 직전에서 예수님이 던지신 "어찌하여?"라는 질문을 주목하라. "나를 사랑하고, 믿고, 돌보아 주셨던 하나님께로부터 어찌하여 내가 버려져야 하는가?" 예수님이, 우리 모두가 품는 질문을 실제로 던지셨다는 것은 매우 중요하다. 비록 예수님의 심오한 질문에 대해 아버지는 말씀으로 응답하지 않으셨지만, 부활의 능력으로 그것을 보여 주셨다. 질문은 대답되지 않았지만, 예수님은 아버지에 대한 믿음을 잃지 않으셨다. 그것은 "나의 하나님"이라는 외침 속에 잘 나타나 있다. 예수님은 하나님이 자신을 위해 함께 계시지 못했던 그 짧은 순간에도 그분을 향한 신뢰를 저버리지 않으셨다.

십자가 장면은 너무도 끔찍했고, 이를 지켜보던 구경꾼들은 의인이 고통을 당해야 하는 현실에 놀라 가슴을 쳤다. 그것은 아마도 죄 없는 이를 십자가 처형까지 가게 하는 데 그들 역시 공범자였다는 사실을 시인하는 행위였는지도 모른다 눅 23:47-48 참고.

예수님의 위로

마 27:45-50; 막 15:33-37; 눅 23:44-46; 요 19:28-30

목마르고, 지치고, 깊은 고통 속에 계셨던 예수님은 마실 것을 요청하셨다. 곁에 있던 사람들이 신 포도주를 머금은 해융을 예수님의 입에 대 주었고, 죽음을 눈앞에 둔 예수님은 "다 이루었다"요 19:30고 말씀하셨다.

구속을 위한 준비를 마치자 예수님은 큰 소리로 "아버지여 내 영혼을 아버지 손에 부탁하나이다."눅 23:46라고 말씀하신 뒤 숨을 거두셨다. 시편 31편 5절을 인용한 이 말씀은 십자가 위의 마지막 일곱 번째 말씀이었다. 숨이 멎어가는 예수님의 마지막 남은 힘의 발산이었던 "큰 소리"라는 표현은 깊은 확신과 확고한 신뢰를 상징한다. 아버지는 아들의 희생을 귀하게 여기셨다. 교제는 회복되었고, 속죄는 치러졌다. 예수님은 다시금 하나님을 친밀한 "아버지"로 부를 수 있게 되었다.

죄 없는 어떤 사람이 참혹한 고문을 당하여 분노와 냉소로 가득 차 있었다고 한다면 우리는 이를 충분히 이해할 수 있을 것이다. 하지만 표현할 수 없는 고통에 찢기고 어둠의 세력들에게 공격당했던 예수님은, 아버지를 절대 포기하지 않았다. 그분은 깊은 슬픔에 잠겨 있었지만, 사랑과 신뢰 가운데 아버지를 계속해서 붙잡았다. 생명이 꺼져가는 상황 속에서도, 예수님은 공급하시는 아버지의 품에 안기셨고, 그곳에서 궁극적인 영성 지도를 받으셨다. 긍휼하신 아바 아버지의 영원한 안아주심을 경험했던 것이다.

누가는 예수님이 "숨을 거두셨다"눅 23:46, 공동번역고 기록한다. "영혼이 떠나시다"gave up his spirit, 마 27:50라는 마태의 표현은 예수님이 자신의 생명을 죽음에 자발적으로 넘기셨음을 가리킨다. 예수님의 죽음을 지켜보았던 로마 백부장은 유대 종교지도자들이 부정했던 사실을 인정했다. 십자가에 못 박혔던 예수님이 "의인"눅 23:47이었다는 것을 말이다. "이 사람은 진실로 하나님의 아들이었도다"막 15:39.

십자가에서 예수님이 보여 주신 영적 전쟁은 영혼의 돌봄을 필요로 하는 우리 모두에게 얼마나 귀한 본이 되는가! 우리의 삶이 최악으로 치닫고 있을 때, 우리의 영혼이 무시무시한 고통으로 짓밟히고 그래서 하나님마저 우리를 버렸다고 느껴질 때, 예수님은 우리의 본이 되신다.

예수님과 같이 우리는 믿음으로 아버지의 팔에 '뛰어들도록' 우리의 영혼을 이끌 수 있다. 그곳에서 우리는 아바 아버지의 교제와 돌봄을 경험하게 될 것이다.

아바 아버지는 그분의 자녀들을 위해 그곳에 계신다. 언제나 그리고 영원히!

예수님은 당신의 궁극적인 피난처인가?

그리스도인의 여정에 있는 당신은, 깊은 낙담에 빠져 감정을 추스르지 못한 채 하나님에게도 버림을 받았다고 느껴 본 적이 있었을 것이다.

혼란과 괴로움 가운데 있을 때 하나님께 묻고 싶은 질문들을 일기에 적어 보라.

당신은 믿음으로 아바 아버지의 품에 안겨 피값으로 사신 자녀들에게 주시는 사랑과 위로를 받을 준비가 되어 있는가?

예수님을 따라 다른 이들을 인도하는 법

예수님은 정기적으로 무리로부터 물러나 혼자만의 시간을 가지거나,
개인적 필요들과 아버지와의 교제를 위해 지속적으로 기도하셨다.
정기적으로 영적 양식을 받음으로써 예수님은
"자신의 필요 때문에 다른 사람들의 필요를 채우지 못하는 일이 없도록 하셨다."
예수님은 영성 지도자의 일이 듣고, 질문하고, 제안하고, 격려하고, 교정하고, 자원을 제공하고,
제자들과 함께 그리고 그들을 위해 기도하는 것임을 보여 주셨다.
우리는 예수님이 먼저 보여 주신 본을 따라
기도 가운데 예수님의 이름으로 영혼 돌봄의 사역을 행해야 할 것이다.

예수님의 본을 따라

　　이 책의 1부는 영혼 돌봄 혹은 영성 지도에 대한 모델로서 예수님과 그분의 사역에 대해 이야기했다. 2부는 가족, 친구, 이방인, 적들에게 예수님이 제공하셨던 영적 인도를 성경에 기록된 사건들을 중심으로 살펴보았다. 예수님이 나누셨던 거의 모든 대화들과 가르침들은 영적 인도를 제공하는 것이었다. 왜냐하면 그분은 끊임없이 사람들을 하나님에게로 이끄셨기 때문이다. 3부는 예수님이 자신의 영혼을 위해 하늘 아버지로부터 어떻게 공급을 받았는가에 초점을 맞췄다.

　　이 책의 마지막 4부에서 우리는 예수님의 영성 지도 방법과 이 거룩한 일에 있어서 그분이 보여 주신 특징들을 살펴볼 것이다. 예수님은 하나님과의 의미 있는 관계를 찾는 사람들에게 상당히 유연한 자세를 보여 주셨다. 그분은 영적 성장을 위해 일률적인 대답이나 딱 들어맞는 공식을 제공하신 적이 없다. 우리는 오늘날 영적 인도를 제공하는 그리스도의 제자들로서, 예수님으로부터 몇 가지 사역의 패턴을 배워야 한다.

영적 인도에 대한 예수님의 접근법

예수님은 모든 사람들에게 자신을 열어 두셨다: 다른 이들을 섬기고 자신의 목숨을 많은 사람의 대속물로 주기 위해 오셨던 주 예수님은 사회적·경제적·정치적 위치에 관계없이 모든 이들에게 다가가셨다. 가난한 자와 부한 자, 경건한 자와 죄인, 정치인과 농부, 유대인과 이방인 모두에게 열린 마음을 보여 주셨다.

이는 바쁜 일상과 여러 가지 요구들에 둘러싸인 우리에게 귀한 교훈을 준다. 예수님은 절박한 소망과 긴급한 필요를 갖고 있는 사람들이 그분의 일정에 끼어들더라도 이를 허용하셨다. 로마 백부장이 예수님에게 아픈 종을 고쳐 달라고 요구했을 때, 예수님은 이렇게 대답하셨다. "내가 가서 고쳐 주리라"마 8:7. 마태의 또 다른 기사는 예루살렘으로 가던 행보를 멈추시고 두 맹인을 고쳐 주시는 예수님에 대해 기록하고 있다마 20:30-34 참고. 예수님은 지금까지 존재했던 이들 중 가장 타인 중심적인other-centered 분이셨다.

예수님은 성령의 능력으로 사역하셨다: 예수님이 세례를 받으셨을 때 하나님의 영이 그분에게 임했다막 1:9-11 참고. 그것은 예수님의 공적 사역을 위한 능력이 부어지는 사건이었다. 성령—하나님의 인격적 임재와 능력—은 최고의 영성 지도자다. 예수님은 거룩한 성령에 의해 인도되고 힘을 공급받아, 하나님과의 관계와 인생의 목적을 추구하는 영혼들에게 영적 인도를 제공하셨다.

예수님은 사람들을 독특한 인격으로 대하셨다: 예수님은 하나님의 형상으로서 각 개인의 독특함을 존중하셨다. 예수님은 모든 이들에게 동일한 잣대를 들이대지 않으셨다. 그분은 각 사람에게 독특한 방식으로 사역하셨으며, 특정한 필요를 지닌 특정한 상황을 고려하셨다. 귀신에게서 벗어난 어떤 사람에게는 가족에게로 돌아가라고 말씀하셨고막 5:18-20 참고, 또 어떤 사람에게는 "와서 나를 좇으라."막 10:21고 도전하셨다. 심지어 많은 무리를 향해 말씀하실 때도 예수님은 각 사람에게 선포하셨다. "귀 있는 자는 들으라"마 13:9, 43.

예수님은 독창적인 대화로 사람들과 어울리셨다: 예수님의 가르침은 그 자체로 영적 인도의 좋은 형태였지만, 때로는 대화나 살아 움직이는 교류를 사용하셨다. 예수님은 사람들에게 마음의 짐을 내려놓고 자신의 이야기를 할 수 있는 기회를 주셨다. 한 사람의 영혼이 평안을 소유하기 위해서는 반드시 자신의 영혼을 드러내야 한다. 예수님과의 대화는 잘못된 환상을 벗겨 냈고 그들에게 더 깊은 시각과 청각과 이해를 가져다주었다.

예수님은 사람들의 생각과 느낌과 열망들을 들여다보시고, 그들이 자신과 하나님을 향한 필요를 더욱 명확하게 볼 수 있게 해 주셨다. 예수님은 대화가 무익한 논쟁으로 변질되는 것을 허락하지 않으셨다. 우물가에서 사마리아 여인과 나누신 대화가 바로 그 전형이다.

예수님과의 독창적인 대화를 통해 사람들은 생산적인 변화를 낳도록 도전을 받았다.

예수님은 탐색적 질문을 던지셨다: 지적 능력을 자극하는 데 사용되었던 소크라테스의 질문과 달리, 예수님의 질문은 사람들로 하여금 그들의 마음과 삶을 향한 하나님의 요구들을 살피도록 자극했다. 예수님은 사람들과의 대화에서 종종 자기성찰요 1:38 참고, 영적 문제들에 관한 세심한 묵상눅 18:40-41 참고, 동기의 점검요 5:6; 행 9:4 참고을 촉구하는 탐색적 질문을 던지셨다. 핵심을 꿰뚫는 질문을 통해 예수님은 환상을 폭로하시며요 13:38 참고, 인간의 운명에 관한 중요한 문제들에 집중하고마 9:4-5 참고, 결정을 내릴 것을 요구하셨다요 18:34 참고. 즉, 예수님의 질문은 듣는 자들을 하나님의 나라를 구하는 내면의 여정으로 초청했다. 이러한 그분의 질문은 영적 인도의 비지시적 측면을 보여 준다.

예수님은 주의 깊게 공감하는 마음으로 들어 주셨다: 예수님은 우선 아버지의 말씀을 듣고 그분의 뜻을 분별하기 위해 아버지께 귀를 기울이셨다요 8:28. 다른 이들을 섬길 때 예수님은 '적극적 청취'active listening를 하셨다. 즉 그분 앞에 있는 사람에게 모든 관심을 쏟으시고 그의 경험 속으로 들어가셨다.

예수님은 공포, 좌절, 실패, 믿음의 씨앗에 대한 사람들의 말에 귀를 기울이셨다. 귀로만이 아닌 마음으로 들으시며 겉으로 표현되는 말속에 숨겨진 고통과 소망을 알아차리셨다. 예수님은 종종 아무 말씀이나 행동도 하지 않으심으로써, 하나님의 고요하고 세미한 음성이 들릴 수 있게 하셨다. 가나안 여인이 예수님에게 귀신들린 딸에 대해 이야기했을 때, 예수님은 한 말씀도 대답하지 않으셨다마 15:23. 그리고 그분의 침묵은 반성과 결정을 위한 공간을 마련해 주었다.

사람들은 종종 말보다는 들어 주는 것을 통해 도움을 얻기 때문에, "다른 이들을 향한 첫 번째 섬김은 계속해서 그들의 이야기를 들어 주는 것이다."[1] 잘 듣는 것 — 최소한 한 문장이 끝날 때까지라도 — 역시 영적 인도의 비지시적 단면을 보여 준다.

예수님은 하나님의 말씀을 사람들의 삶에 능숙하게 적용하셨다: 예수님은 죄, 회개, 용서, 하나님 나라의 삶과 같은 주제들을 강조하시며 구도자들에게 하나님 말씀을 가르치셨다. 구약성경에 대한 숙련된 지식은 예수님이 사람들의 필요에 맞게 가르치실 수 있도록 도와주었다. 그분은 부자에게 십계명을 해석해 주고막 10:19-21 참고, 글로바와 다른 제자에게 성경을 자세히 설명해 주셨다눅 24:27 참고. A. W. 토저는 다음과 같이 말했다. "하나님 말씀에 대한 명확한 이해와 경건한 실천은 영적 완성을 향한 지름길이다."[2)]

예수님은 믿음의 여정에 있는 이들에게 확인과 격려를 제공하셨다: 인간은 가치의 확인을 절실히 필요로 한다. 이것이 부족할 때 우리는 낙담하고 포기한다. 여배우 셀레스트 홈Celeste Holm 의 지적은 정확하다. "우리는 격려로 살아가며 그것이 없을 때 우리는 천천히, 슬프게, 그리고 분노 가운데 죽어간다." 예수님의 확인과 격려는 사람들을 영적으로 한 단계 높은 곳으로 이끌었다. 예수님은 자신을 배반했던 베드로에게 그분의 양을 먹이고 돌보는 임무를 맡김으로 그를 격려하셨다요 21:15-18 참고.

예수님은 영적 성장의 장애물을 지적하셨다: 부드러운 지적을 통해 예수님은 환상을 벗기고, 삼위 하나님과의 관계를 방해하는 장애물들을 지적하셨다. 예수님은 아버지의 왜곡된 형상, 건강하지 못한 공포, 회피의 기술, 관계를 흐리게 하는 죄의 행동패턴들을 가려 내셨다. 그분은 교만, 분노, 공포, 용서하지 못하는 마음, 지나친 분주함, 죄책감, 자기중오가 은혜에 대한 인간의 마음을 닫히게 한다는 것을 잘 알고 계셨다. 또한 부자에게 소유에 대한 집착이 하나님 나라로 들어가는 것을 막는다고 말씀하셨다눅 18:22-25. 영적 성장의 장애물을 지적하시는 것은 영적 인도의 지시적인 면을 보여 준다.

예수님은 도전하고 맞서고 고치고 비판하셨다: 말씀하실 수 있는 기회가 주어지면, 예수님은 사람들에게 그들 자신과 인생에 대한 진리를 가르쳐 주셨다눅 9:58, 62 참고. 그분은 종종 무리들에게 "진실로 너희에게 이르노니"마 5:18; 8:10; 16:28라고 말씀하셨다. 또한 사람들의 비위를 맞추기 위해 진리를 축소시키지 않으셨다. 그분은 삶을 위해 책임져야 할 것과 복음의 요구들을 삶 속에서 실천해야 할 것을 사람들에게 도전하셨고, 친구들 마음속에 있는 게으름과 우둔함, 그리고 적들의 마음속에 있는 강퍅함과 당당히 맞서셨다.

가나의 혼인잔치에서 어머니요 2:4 참고와 엠마오로 가는 두 제자들눅 24:25-26 참고을 향한 그분의 비판은 부드러웠지만, 야고보와 요한눅 9:54과 베드로마 16:23를 향한 비판은 매우 단호했다. 예수님은 사람들의 가장된 평화를 깨뜨리는 것을 주저하지 않으셨다. 사람들이 해야 할 일들을 말씀하실 때 예수님은 그들의 뜻과 반하여 그것들을 강제하거나 조종하지 않으셨다. 이것 역시 영적 인도의 지시적인 면을 보여 준다.

예수님은 사람들의 무지, 교만, 게으름, 실패를 끈기 있게 참아 주셨다: 은혜가 사람들에게 미치는 영향을 굳게 확신하셨던 예수님은 언제나 제자들 곁에 계셨으며 그들을 절대 포기하지 않으셨다. 예수님은 겟세마네 동산에서 제자들이 그분과 함께 깨어 있지 못했을 때마 26:40, 43, 45 참고, 예수님의 체포 당시 그들이 도망했을 때마 26:56 참고에도 그들을 용서해 주셨다. 예수님은 실패투성이 제자들에게 하나님이 용서 못하실 어떤 큰 죄도 없다는 희망을 주셨다. 예수님은 결코 사람을 정죄하거나 수치스럽게 하지 않으셨다. 하지만 사람들이 자신들의 행동에 대해 서투른 변명을 하도록 내버려두지도 않으셨다.

예수님은 그분이 돌보던 사람들을 위해 열심히 기도하셨다: 예수님은 홀로 하나님과 한적한 시간을 보내실 때 제자들과 믿음이 없는 세상을 위해 기도하셨다. 예수님은 제자들이 정결함, 연합, 악으로부터의 보호 가운데 자라날 수 있도록 그들과 함께 다락방에서 기도하셨다요 17:6-19 참고. 예수님의 인생은 다른 사람들을 위한 끊이지 않는 기도의 교향곡이었다. 제럴드 메이는 다음과 같이 말했다. "영적 인도는 수동적이거나 근엄한 체하는 것이어서는 안 된다. 그것은 끊임없는 기도와 경건함 가운데 이루어져야 한다."[3)]

예수님은 공동체 안에서 영혼 돌봄을 실천하셨다: 예수님의 주요한 사역은 열두 제자들을 인도하는 것이었다. 부활하신 뒤 예수님은 제자들이 모여 있을 때 평화와 격려를 전하셨다요 20:19 참고. 이방인들에게 사역하실 때 예수님은 제자들과 함께 계셨다. 예수님은 성령이 새 생명을 불러일으키는 곳이 공동체임을 아시고 공동체를 세우기 위해 노력하셨다. 영혼 돌봄의 사역은 믿음의 공동체를 통해 가장 효과적으로 이루어진다.

영성 지도를 하실 때 예수님은 거부를 경험하셨다: 예수님은 사람들을 더 깊은 믿음과 순종으로 이끌기 원하셨다. 사람들을 생수 가운데로 초대하길 간절히 바라셨지만 그분은 인간의 자유를 존중하여 생수 마시기를 강요하지 않으셨다. 바로 이 때문에 부자 관원은 예수님과 대화를 나눈 뒤 슬퍼하며 돌아갔다. 예수님과 삼 년을 함께했던 가룟 유다가 은 삼십에 주님을 팔아넘긴 것도 그 때문이었다. 영성 지도자는 기도와 간청을 하지만, 그 결과가 언제나 그들의 희망대로 되지는 않을 것이다.

예수님은 즐거운 마음으로 사역하셨다: 영원한 운명의 문제들을 다루고 계셨던 예수님은 즐거운 마음으로 삶을 누릴 줄 아셨다. 그분은 가나 혼인잔치에 참여해 신랑, 신부와 더불어 즐거운 시간을 가지셨다. 예수님은 그분의 사역 가운데서 어린아이 같은 쾌활함과 즉각적인 유머감각을 보이시기도 했다. 그분은 격식 없는 여유의 가치를 잘 아셨다. 예수님은 영혼 돌봄의 사역이 "너무 무거운" 것으로 바뀌는 것을 원치 않으셨다.[4]

예수님은 자신의 영혼을 돌보셨다: 인자이신 예수님은 자신의 육체적·감정적 한계를 알고 있었기에 휴식, 기분전환, 사회적 관계를 위한 시간을 마련해 두셨다. 하나님의 아들인 예수님은, 지친 순례자들에게 아버지를 잘 계시하기 위해 아버지와의 친밀함을 신실하게 키워 나가야 한다는 것을 아셨다.

이 때문에 사역 기간 내내 예수님은 사랑의 아버지로부터 영적으로 공급받는 일을 게을리하지 않으셨다. 예수님은 정기적으로 무리로부터 물러나 막 3:7-9 참고 혼자만의 시간을 가지거나 막 6:32 참고, 개인적 필요들과 아버지와의 교제를 위해 지속적으로 기도하셨다 눅 6:12. 정기적으로 영적 양식을 받음으로써 예수님은 "자신의 필요 때문에 다른 사람들의 필요를 채우지 못하는 일이 없도록 하셨다."[5]

예수님은 영성 지도자의 일이 듣고, 질문하고, 제안하고, 격려하고, 교정하고, 자원을 제공하고, 제자들과 함께 그리고 그들을 위해 기도하는 것임을 보여 주셨다. 우리는 예수님이 먼저 보여 주신 본을 따라 기도 가운데 예수님의 이름으로 영혼 돌봄의 사역을 행해야 할 것이다.

 **당신의 사역을 점검해 보라.**

공식적으로든 비공식적으로든, 영혼 돌봄의 사역을 행할 때 예수님이 먼저 보여 주신 본을 기도하면서 따르도록 하라.

예수님의 보여 주신 사역 중 당신이 가장 따르기 힘든 사역은 어떤 것인가?

공감하는 마음으로 들어 주는 사람이든 당신의 영혼에 관심을 갖고 있는 사람이든, 경험이 풍부한 영성 지도자와 함께 영혼 돌봄 사역의 과정을 함께 나누라.

"우리는 격려로 살아가며 그것이 없을 때 우리는 천천히, 슬프게, 그리고 분노 가운데 죽어간다."
_ 셀레스트 홈, 여배우

예수님의 인격을 따라

루시는 자신에게 영적 인도와 영성 지도를 해 줄 사람을 오랫동안 기다려 왔다. 브라이언도 마찬가지였다. 하지만 처음에는 두 사람 모두 이에 관해 좋은 경험을 하지 못했다.

루시는 좋은 지도와 통찰력을 제공해 줄 경건한 사람을 만났다고 생각한 적이 있었다. 수년 동안 그들은 삼 개월에 한 번씩 만났으며, 그 시간 동안 루시는 자신이 부르심을 받은 영역 — 교회에서 젊은 여성들에게 성경을 가르치는 것 — 에서 어떻게 하나님과 더 가까이 동행할 수 있는지 그에게서 영적 인도를 받았다.

하지만 어느 날, 루시는 자신의 영성 지도자가 영적 관계 이상을 원한다는 것을 알게 되었다. 당시 두 사람은 모두 결혼한 상태였다. 이 문제에 관해 루시가 그에게 이야기했을 때 그는 자신이 여성들을 상담하는 것에 '문제'가 있음을 시인했다. 그는 전에도 이러한 문제로 곤혹을 치른 적이 있었다. 물론 영성 지도자와 피지도자와의 관계는 그날로 끝이 났지만, 그것은 그 영성 지도자가 자신의 문제에 대한 전문적인 영적 도움을 찾기 위해 잠시 지도자로서의 역할을 중단하겠다고 약속한 뒤였다.

브라이언의 영성 지도자와의 경험 역시 루시와 비슷하게 시작했다. 브라이언은 자신의 영성 지도자가 제시해 주는 영적 통찰력의 깊이에 놀라며 감사했다. 그의 상담과 격려의 방식은 브라이언이 하나님과 더 가깝게 동행하고 그분께 순종하도록 만들어 주었다.

하지만 어느 순간 브라이언은 뭔가 변화가 있음을 발견했다. 처음에는 그것이 정확히 무엇인지 지적할 수 없었지만 점차 분명해지기 시작했다. 그가 얻는 영적 인도는 성경이나 성경의 원리들로부터 파생된 것이 아니었다. 그것은 그저 주간 TV 토크쇼에 나오는 유명한 저자들의 책에서 따온 것에 지나지 않았다. 브라이언이 이 문제를 영성 지도자 앞에서 거론했을 때 그는 브라이언의 말을 무시해 버렸다. 브라이언은 어떤 면에서 모든 진리가 하나님의 진리라고 생각했다. 하지만 브라이언은 대중 심리학이나 뉴에이지 심리학이 아닌 견고한 하나님의 말씀에서 지도를 얻고 있는지를 확인하고 싶었다.

루시와 브라이언은 새로운 영성 지도자를 찾는 일에 열중했다. 두 사람 모두, 인간은 흠이 있고 변하기 쉬운 존재임을 깨달았다. 하지만 그들은 자신들의 경험으로 인해 낙담하지 않았다. 실망스런 경험에도 불구하고 그들은 계속해서 영혼 돌봄을 우선순위로 여겼다.

인간은 결국 '인간일 뿐'이라는 사실을 기억해야 하지만, 영성 지도의 관계에서 진실과 믿음을 경험하거나 제공하는 것은 매우 중요한 일이다. 영성 지도란 한 사람이 자신의 깊은 내면을 드러내는 관계를 전제하기 때문에, 그러한 관계는 신뢰 가운데 세워져야 한다.

그렇다면 영성 지도의 관계에서 우리가 얻거나 제공하기를 원하는 특징들은 무엇일까?

예수, 우리의 완전한 모델

지상 사역 기간 동안, 예수님은 영혼의 탁월한 지도자로서 몇 가지 자질들을 보여 주셨다. 다음은 예수님이 소유하셨던 중요한 인격적 특징들이다.

예수님은 성경과 성경 원리들에 관한 철저한 지식을 소유하고 계셨다: 구약에 대한 예수님의 지식은 너무도 완벽하여, 언제나 구약의 말씀들을 정확하게 인용하고 그것을 사람들의 필요에 맞게 적절히 적용하셨다. 예수님은 성경에서 청자들과 비슷한 필요들을 가지고 있는 사람들을 예로 들어 청자들의 경험들을 묘사하셨다. 또한 그분은 신학, 인간의 본성, 영적 전쟁에 관한 깊은 지식을 갖고 계셨다. 그뿐 아니라 하나님의 아들이자 인간의 아들인 자신의 정체성에 대해 깊이 이해하셨다.

효과적인 영성 지도자는 성경, 신학, 영성에 관한 고전들, 인간 행동의 원리들에 해박한 지식을 가지고 있어야 한다. 아빌라의 테레사는 다음과 같이 말했다. "경건한 자들과 학자들 모두에게 도움을 얻는 것이 최선의 방법이다."[1]

예수님은 영적 생활의 깊은 체험을 가지고 계셨다: 예수님은 아바 아버지와 친밀한 관계를 누리며 그곳에서 기쁨과 힘을 얻으셨다. 예수님은 하늘 아버지와의 깊은 관계 속에서 즐거워하셨다. 예수님은 "아버지 외에는 아들을 아는 자가 없고 아들… 외에는 아버지를 아는 자가 없느니라."마 11:27고 말씀하셨다. 아버지와의 친밀한 관계는 공적 사역의 압력과 도전들에 대항하여 그분을 공고히 해 주었다. 아버지의 임재 가운데 살고 그분의 음성을 들음으로 인해 예수님은 하나님을 찾는 영혼들에게 아버지를 드러내 보이실 수 있었다. 그 누구도 자신에게 없는 것을 남에게 줄 수는 없다. 오늘날의 영적 인도도 하나님을 추구하는 것을 절대적인 우선순위로 해야 한다.

예수님은 기도의 영성을 훈련하셨다: 기도는 예수님 사역의 활력을 제공하는 근원이었다. 예수님은 정기적으로 한적하고 조용한 곳으로 물러나, 기도 가운데 아버지의 얼굴을 구하셨다. 세례를 받으실 때의 기도눅 3:21 참고, 열두 제자들을 부르시기 전의 기도눅 6:12 참고, 변화산에서의 기도눅 9:28 참고, 다락방에서의 기도요 17장 참고, 겟세마네 동산에서의 기도마 26:36-43 참고와 같이 예수님과 아바 아버지와의 관계는 특별하고 중요한 일이기도 했지만, 동시에 지극히 일상적이고 평범한 것이기도 했다. 기도 가운데 하나님의 보이지 않는 임재를 경험하신 예수님은 자신의 사명을 이루기 위해 필요한 지혜와 힘과 지도를 받으셨다.

영혼 돌봄의 사역을 감당하는 자들은 생생한 기도의 삶을 훈련해야 한다. 그것이 없는 영적 생활은 시들어 소멸될 것이다.

예수님은 다른 사람들을 향한 사랑과 관심을 가지고 계셨다: 예수님의 마음은 모든 이들을 향한 사랑과 고통 받는 자들을 향한 긍휼로 넘쳐났다. 죽은 아들을 위해 슬퍼하는 나인성의 과부를 바라보며 예수님은 불쌍히 여기셨다눅 7:13 참고. 죽은 나사로를 보며 슬퍼하는 마리아, 마르다와 함께 눈물을 흘리셨다요 11:33-36 참고. 예수님의 사랑과 긍휼은 하나님의 은혜가 다른 이들을 향해 흘러가는 통로의 역할을 했다.

그분의 따스한 말과 행동은 사람들로 하여금 자신의 인생을 예수님께 헌신해야겠다는 확신을 갖게 했다. 떼제Taizé 성가에는 다음과 같이 적혀 있다. "사랑과 친절이 있는 곳에 하나님이 계십니다."[2)]

예수님에게는 놀라운 공감의 능력—다른 사람들의 세계 속에 들어가 그들의 관점에서 삶을 경험하는 능력—이 있었다. 영적 멘토는 사랑, 긍휼, 공감이 그 어떤 치료 기술들보다 가치 있는 요소임을 깨달은 사람이다.

예수님은 분별의 은사를 가지고 계셨다: 분별discernment은 성령의 은사로서 생각을 간파하고눅 5:22 참고, 동기를 읽어 내며요 6:61 참고, 참된 영과 거짓된 영을 구분하는고전 12:10 참고 능력이다. 성경에서 분별은 매우 중요한 능력으로 묘사된다. "거만한 사람은 지혜를 구해도 찾지 못하지만 오직 통찰력 있는discerning 사람은 쉽게 지식을 얻는다"잠 14:6, 우리말성경. 사역 기간 동안 예수님은 광야에서 사탄의 책략을 분별하셨고마 4:3-12 참고, 사람들이 자기 자신의 마음을 아는 것보다 그들의 마음을 훨씬 더 잘 아셨으며눅 7:40; 9:48 참고, 하나님의 뜻을 잘 이해하셨다마 26:39-44.

영적 인도는 분별의 은사를 위해 기도하고 그것을 장려하는 것이다. 존 카시안은 다음과 같이 말한 적이 있다. "놋과 금을 구별할 능력이 있고, 진짜 화폐만 가려낼 수 있는 환전상이 되라."

예수님은 거룩한 삶을 실천하셨다: 예수님의 인격과 행동은 흔들리지 않는 거룩함과 진리 그 자체였다. 예수님을 가까이 따랐던 제자들은 마침내 예수님을 "거룩하고 의로운 자"행 3:14라고 고백했다. 정직과 고결함을 갖춘 예수님은 다른 이들을 거룩하신 하나님의 임재 가운데로 이끌 수 있는 자격을 갖추고 계셨다. 영혼 돌봄의 사역을 하는 이들에게 가장 중요한 덕목이 무엇인가라는 질문에 신학생들은 거룩한 삶을 첫째로 꼽았다.³⁾ 영적 멘토들은 예수님을 본받아 거룩함을 좇는 일에 최선을 다해야 한다. 왜냐하면 거룩함이 없이는 아무도 주를 보지 못할 것이기 때문이다 히 12:14.

예수님은 평안한 마음을 소유하고 계셨다: 예수님의 영혼이 평안 가운데 있을 수 있었던 이유는, 그분이 자신뿐 아니라 아버지와 평안한 관계를 누리셨기 때문이다. 축적된 평안으로 인해, 예수님은 문제로 가득한 순례자들과 온전히 함께 계실 수 있었다. 스트레스와 근심으로부터 해방된 예수님은 쉴 곳을 찾아 헤매는 영혼들에게 따뜻한 안식처를 제공해 주셨다. 부활한 뒤 예수님은 동일한 평안을 그의 제자들에게 전하셨다. "너희에게 평강이 있을지어다" 요 20:19, 21, 26. 인내는 예수님의 평안한 상태로부터 흘러나온 것이다. 서두르는 법이 없으셨던 예수님은 하나님의 완벽한 타이밍을 끈기 있게 기다리셨다.

예수님은 고통의 경험을 잘 아셨다: 예수님은 고통의 삶을 사셨다. 예수님은 형제들에게 오해를 받고, 많은 이들부터 거절을 경험하고, 종교 지도자들에게는 미움을 샀으며, 결국 가장 심한 고통의 죽음을 경험하셔야 했다. 육체적·정서적·영적으로 고통을 당하셨던 예수님은 무지하고 미혹당한 자들을 능히 용납하실 수 있다. 왜냐하면 그분 역시 "연약에 휩싸여" 계셨었기 때문이다 히 5:2.

깨어짐과 거절이 아닌 구원의 위로만 경험해 본 사람은 시련의 시간을 겪는 사람들을 동정하기 힘들다. 하지만 의심과 실망을 경험하고 그리스도의 구속 가운데 그것들을 극복한 사람은 동일한 시련을 겪는 이들에게 훨씬 더 친밀하게 다가갈 수 있다 고후 1:3-6 참고.

헨리 나우웬에 따르면 효과적인 영성 지도자는 "상처 받은 치유자"[4]—깨어짐을 경험했으나 놀랍게 회복되고 새로움을 얻은 자—이다.

예수님은 경이의 감각을 발전시키셨다: 예수님은 하나님의 위대하심에 대한 깊은 감각을 가지고 계셨다. 대제사장이신 예수님은 하나님께 이렇게 말씀하셨다. "내게 주신 영광을 내가 저희에게 주었사오니" 요 17:22. 위엄과 신비 가운데 깊은 신성함을 드러내신 예수님은 구도자들을 하나님의 임재 가운데로 맞이하셨다.

온전하신 주님이 소유하셨던 이러한 특징들을 기도 가운데 본받을 때 우리가 행하는 영혼 돌봄의 사역은 풍성한 결실을 맺을 것이다. 예수님이 먼저 보여 주신 미덕들은 기도와 연구와 성실한 실천 속에 이루어져야 한다.

다른 사람들을 거룩한 길로 인도하는 멘토들은 이러한 높은 부르심에 걸맞은 지혜를 위해 기도해야 할 것이다. 또한 거룩한 일에 열심을 내야 할 것이다.

성공회 출신 영성 지도자 레지날드 서머셋 워드는 효과적인 영적 인도자 혹은 영성 지도자의 필수적인 덕목을 다음과 같이 요약했다.

"영성 지도를 고귀하게 여기는 사람은 8온스의 기도와, 3온스의 신학과, 3온스의 상식과, 2온스의 심리학으로 만들어집니다."

당신의 인격을 점검해 보라.

예수님을 영성 지도자의 모델로 만들어 준 특징들에 대해 곰곰이 생각해 보라.

이 장에서 언급된 특징들에 대한 당신 자신의 성적을 매겨 보라. '탁월함', '우수함', '개선이 필요함'의 세 항목으로 점수를 매기라.

개선이 필요한 영역들—영적 분별력이 될 수도 있고 거룩한 삶이 될 수도 있다.—에서 성장하기 위한 계획을 기도하는 마음으로 세워 보라.

지금까지 우리는 생명을 공급해 주지만 많이 무시되어 왔던 영혼 돌봄의 사역 혹은 영성 지도에 관해 살펴보았다. 우리는 예수님이 성령의 능력으로 당시의 남성과 여성, 부한 자와 가난한 자, 교육을 받은 자와 교육을 받지 못한 자에게 동일하게 영적 지도를 행하셨음을 깨달았다.

오늘날 영성 지도가 필요한 이들은 누구인가?

청년, 노인, 평신도, 목회자, 선교사, 신학생, 그리스도인이라는 여정에 동참한 모든 이들은 이 책에서 설명한 영적 인도 사역에서 도움을 받을 수 있다. 하나님을 좀 더 친밀히 알고, 좀 더 열정적으로 기도하고, 하나님의 뜻을 좀 더 뚜렷이 분별하고, 인생의 진로를 좀 더 성공적인 방향으로 수정하고자 하는 이들은 모두 영적 인도 사역에서 많은 도움을 얻을 수 있을 것이다.

"우리 주 곧 구주 예수 그리스도의 은혜와 저를 아는 지식에서"벧후

3:18 자라나길 진정으로 원하는 자들이라면 영적 인도야말로 당신이 선택해야 할 바로 그것이다!

영성 지도를 위해 어디로 갈 것인가?

영적으로 자라나길 갈망하는 예수님의 제자들은 그들의 말을 들어 주고, 분별해 주고, 다음 단계로 인도해 주고, 그들의 영원한 집으로 가는 방향을 가리켜 줄 수 있는 사람을 어디에서 찾을 수 있겠는가? 지혜, 긍휼, 겸손, 은혜의 옷을 입고 당신을 격려해 주는 영적 동반자를 어디에서 찾을 수 있겠는가? 조언자들과 문제해결자들은 뉴캐슬의 석탄만큼이나 쉽게 찾을 수 있다. 하지만 경건하고 실력 있는 영성 인도자들—예수님이 보여 주신 목양적 특징들을 두루 갖추고 있는 사람들—은 과연 어디에서 찾을 수 있겠는가?

"좋은 영성 지도자는 암탉의 이빨만큼이나 희귀하다."[1]라는 의견은 파편적 진리일지도 모른다. 사실, 하나님은 예수님 안에서 당신의 영적 성장을 도울 수 있는 실력 있는 영성 지도자들을 그분의 교회 가운데 심어 두셨다.

영성 지도자를 찾는 일을 시작하는 데 있어 가장 좋은 방법은 당신의 목회자, 교인관리 담당 사역자, 평신도 양육자에게 찾아가 추천을 받는 것이다. 가까운 수양관, 교단 사무실, 혹은 영성 지도 프로그램이 있는 대학교나 신학대학교를 찾는 것도 좋은 방법일 것이다. 실력 있는 영성 지도자와 만남을 갖고 있는 사람과 이야기하는 것도 좋은 방법이다.

하지만 가장 중요한 일은, 당신의 성품과 필요에 꼭 맞는 사람을 만나게 해 달라고 하나님께 기도하는 것이다. 아마 당신은 하나님이 적합한 사람을 보내 주시는 것에 곧 놀라게 될 것이다. 끊임없이 구하는 자는 얻게 된다.

영성 지도 사역의 풍요로운 삶을 살았던 아빌라의 테레사는 다음과 같이 말했다. "당신이 진정으로 겸손하고 적합한 사람을 만나길 소망한다면 주님은 당신에게 영성 지도자를 보내실 것입니다."[2)]

"당신이 진정으로 겸손하고 적합한 사람을 만나길 소망한다면
주님은 당신에게 영성 지도자를 보내실 것입니다."
_ 아빌라의 테레사

역사적인 여정의 패턴

본서의 초반부에서, 하나님과의 더 깊은 교제를 향한 영혼의 여정을 설명하기 위해 초대 그리스도인들이 저술한 다양한 '패턴'들에 대해 잠시 언급했었다.

우리는 주로 현대의 모델들을 살펴보았지만, 사실 훨씬 더 다양한 모델들이 존재한다. 그 중 가장 유명한 것들은 아마 클레르보의 베르나르, 아빌라의 테레사, 청교도인 존 번연이 쓴 저작들일 것이다. 그 모델들을 여기서 간략하게 살펴보자.

먼저 각 모델에 대한 이해를 돕고, 그 다음에는 각 모델 속에 나타난 패턴들이 당신이나 혹은 당신으로부터 영혼 돌봄을 받고 있는 사람과 겹치는 부분이 있는지 살펴보려고 한다. 각 모델들을 영성 지도를 위한 일반적 지도로 유용하게 사용할 수 있을 것이다. 하지만 물론 하나님만이 궁극적 영혼의 지도자이시며, 모든 영혼의 여정이 독특한 것이라는 사실을 언제나 기억해야 한다.

중세 모델: 사랑을 강화하기

"구주를 생각만 해도"Jesus, the Very Thought of Thee, "오 거룩하신 주님"O Sacred Head Now Wounded, "사랑하는 자들의 기쁨되신 예수"Jesus, Thou Joy of Loving Hearts와 같은 찬송가를 작사한 클레르보의 베르나르는 영적 여정을 네 가지 단계의 사랑의 강화로 묘사했다. 영적 성장은 사랑의 경험을 더욱 깊게 하는 일을 말한다.[1]

"우리는 우리를 위해 자신을 사랑한다": 베르나르에 따르면 이는 사랑의 첫 번째 단계이다. 이 단계의 원칙은 다음 계명에 잘 요약되어 있다. "네 이웃을 네 몸과 같이 사랑하라"레 19:18; 마 22:39. 잠언은 이렇게 기록하고 있다. "지혜를 얻는 자는 자기 영혼을 사랑하고"잠 19:8. 사람이 자신을 소중한 피조물로 사랑하지 않는 한 그가 하나님과 다른 사람들을 사랑할 수 없는 것다는 것은 심리학적 원리다. 첫 번째 단계의 사랑은 미성숙한 사랑이며, '자신을 위해 자신을 사랑하는 것'이다.

"우리는 우리를 위해 하나님을 사랑한다": 이 단계에 있는 그리스도인들은 하나님이 그들에게 주신 혜택들—기도가 응답되거나 필요가 채워지거나—로 말미암아 하나님을 사랑한다. 두 번째 단계의 사랑 역시 미성숙한 사랑이며, '자신을 위해 자신을 사랑하는 것'이다.

"우리는 하나님을 위해 하나님을 사랑한다": 중세 성인의 말에 따르면, 이 단계에서 우리의 마음은 선물gift을 넘어 선물의 수여자giver를 갈망한다. 즉 하나님의 위로가 아닌 위로의 하나님을 보게 된다. 사랑하는 자아 5:16 참고와의 깊은 교제를 통해, 우리의 영혼은 하나님 이외의 보상을 바라지 않는다. 이는 이타적 사랑이며, '자신을 위해 하나님을 사랑하는 것'이다.

"우리는 하나님을 위해 자신을 사랑한다": 베르나르는 네 번째 사랑의 단계를 순전한 사랑으로 하나님을 사랑하는 것이라 설명했다. 이는 우리를 향한 하나님의 측량할 수 없는 사랑을 경험적으로 아는 상태다. 이는 완전한 사랑이며, '하나님을 위해 자신을 사랑하는 것'이다. 리처드 십스는 사랑을 깊어지게 하는 여정을 다음과 같은 말로 표현했다. "그리스도인은 자신을 위해 하나님을 사랑하는 것으로 시작하지만, 하나님을 위해 자신을 사랑하는 것으로 끝을 맺는다. 결국 그의 끝과 하나님의 끝은 하나가 된다."[2]

카르멜회 모델: 기도를 깊어지게 하기

아빌라의 테레사는 『영혼의 성』 The Interior Castle, 바오로딸에서 영적 여정이 기도를 통해 하나님과의 관계를 깊어지게 하는 것이라고 설명했다. 성은 인간의 영혼을, 성문은 영적 생활로 들어가는 것을, 성의 가장 안쪽에 있는 방은 하나님과의 가장 깊은 교제를 나누는 장소를 각각 상징한다. 테레사는 성을 통과하는 순례자의 여정을 연 인간의 관계에 비유했으며, 영적 우정 1궁방-3궁방, 영적 구혼 4궁방-5궁방, 영적 결혼 6궁방-7궁방의 세 단계로 나누었다.

영적 우정

제1궁방으로 들어간 새로운 회심자는 하나님과의 만남을 경험하지만, 아직 그분과의 관계에 이르지는 못한다. 세상의 유혹과 하나님의 손길 사이에서 영혼은 찢김을 당한다. "제1궁방에서 영혼은 여전히 세상에 잠겨 있고, 세상의 즐거움과 허영심에 둘러싸여 있다."[3)]

제2궁방에 있는 회심자의 믿음은 연약하고, 기도는 짧고 미지근하며, 섬김은 자기중심적이다. 사탄은 경제적 안정과 세상의 갈채에 대한 필요를 떠올리며 그리스도인을 공격한다. 내면적 가치의 심각한 갈등이 찾아오고, 그리스도인은 그리스도께로 나아가는 것과 세상으로 후퇴하는 것 사이에서 영혼의 찢김을 경험한다.

제3궁방에서는 설교와 책과 교제를 통해 성장이 지속된다. 외면적으로 자선의 행위를 하고 있지만 내면적으로는 그리스도와의 친밀함이 부족한 상태다. 3궁방에서 많은 영혼들은 영적 메마름과 영혼의 칠흑 같은 밤을 경험한다. 하나님은 그분을 향한 의지를 더욱 견고히 하기 위해 이 같은 시련을 허락하신다. 황폐함으로 인해 낙담한 많은 그리스도인들은 이 세 번째 단계를 넘는 데 실패한다.

영적 구혼

시련을 경험한 순례자는 제4궁방에서 하나님과 좀 더 깊은 교제를 나눈다. 고요의 기도를 통해 성령이 내면의 능력들을 끌어오게 함으로써 그리스도인은 구주와의 친밀함을 깊게 한다. 이제 마음은 은혜를 받는 통로가 된다. 테레사는 이 단계를 마음의 은밀한 애정을 통해 관계를 맺고 있는 연인 사이로 비유한다. 이 단계에서 그리스도인의 초점은 규칙이 아닌 사랑이다.

테레사는 제5궁방에 다다른 그리스도인들이 상당히 적다고 판단했다. 이곳까지 이른 영혼은 중심이 잡혀 있기에 기도 가운데 하나님과의 깊은 교제를 경험한다. 테레사는 그리스도 안에서 영혼이 변화되는 것을 누에의 변화에 비유했다. 고치를 짓는 누에는 고치 안에서 변형되어 아름다운 나방으로 다시 태어난다. 5궁방 안에 있는 영혼은 그리스도께 더 많이 이끌려 세상을 떠나 그분과 함께 있고자 하는 열망을 갖게 된다. 하지만 여전히 그 마음은 온전하게 쉴 곳을 찾지 못한다.

영적 결혼

제6궁방에 들어간 사람들은 신랑을 향한 사랑이 말할 수 없이 강해졌음을 발견한다. 하나님의 임재는 너무도 분명하여 그리스도인들은 황홀경을 체험하고 그리스도의 환상을 보게 된다. 그것은 모세가 떨기나무 불꽃에서 경험했던 것과 다르지 않다 출 3:2-6 참고. 이 단계에 있는 그리스도인은 육체적 고통이나 박해를 당할지도 모른다. 하지만 그것은 사랑의 상처들이다. "이 모든 고통들은 배우자를 즐기는 소망을 증가시키기 위함이다."[4] 이 단계에 다다른 순례자들은 공동체를 위한 예언적 목소리의 역할을 감당한다.

마지막 방인 제7궁방에서 영혼은 그리스도와 가장 가까운 연합을 경험한다. 일시적인 황홀경의 순간들이 이제는 사랑하는 자와의 지속적인 교제로 변화된다. 그리스도는 순례자의 의식과 무의식의 모든 부분들과 결혼하게 되고, 순례자는 그리스도의 마음을 따라 생각하고, 뜻을 품고, 행동한다. 이 단계에서 사랑받는 자는 그리스도의 자발적 종이 되고 도움이 필요한 이들의 긍휼한 하인이 된다. "이 단계에서 하나님이 영혼에게 말씀하시는 것은 매우 큰 신비이자 더할 나위 없는 은혜이기에 나는 그 어떠한 것과도 이를 비교할 수 없다."[5]

『영혼의 성』은 그리스도인의 삶이 항복과 기도를 통해 하나님과의 친밀함을 깊어지게 하는 여정이라고 가르친다. 기도가 일상적 대화우정에서 내면의 교제구혼로, 그리고 친밀한 관상결혼의 단계로 나아가면서 주님과의 관계는 더욱 깊어져 간다. 이 특별한 여정의 영성 지도자는 그리스도 안에서 순례자의 성장을 도우시는 하나님의 자비로운 은혜다.

청교도 모델: 죄를 타파하기

존 번연의 『천로역정』은 기독교 영성 저작 중 가장 인기 있는 작품이다. 비유로 가득한 이 작품은 '멸망의 성'을 떠나 '천성'에 이르는 크리스천이라는 사람의 힘든 여정을 따라간다. 여정을 시작하는 크리스천은 온순Pliable 씨를 만나게 되고 그 둘은 낙담의 늪에서 큰 어려움을 겪게 된다. 여러 가지 문제들에 낙담한 온순 씨는 여정을 포기하고 더 이상 등장하지 않는다. 홀로 길을 걷던 크리스천은 고난의 산Hill of Difficulty을 올라 겸손의 골짜기Valley of Humiliation를 거쳐 여러 가지 위험들로 가득한 황량한 장소인 사망의 음침한 골짜기Valley of the Shadow of Death를 지난다. 크리스천은 홀로 순례의 여정을 하고 있기 때문에 불필요한 시험들을 겪게 된다. 광야에서 크리스천은 여정을 함께할 수 있는 격려의 영혼인 믿음Faithful 씨를 만난다.

둘은 악이 지배하는 허영의 시장Vanity Fair를 지나게 된다.

"허영의 시장에는 집, 땅, 장사, 명성, 장소, 존경과 같은 모든 것들이 판매되고 있었고…정욕과 쾌락과 기쁨과 관련된 창녀, 아내, 남편, 아이,

주인, 종, 생명, 피, 영혼, 은, 금, 진주, 귀한 돌과 같은 것도 팔리고 있었다. 시장에는 마술사, 사기꾼, 흥정꾼, 도박꾼, 광대, 모방자, 깡패, 온갖 종류의 불량배들이 득실거렸다. 그곳은 강도, 살인자, 호색가, 거짓 맹세자, 음란한 자들의 소굴이었다."[6)]

크리스천과 믿음 씨는 그들의 증언으로 인해 마을에 있는 감옥에 갇히게 되고 믿음 씨는 그곳에서 악한 당국자들에 의해 순교를 당한다. 크리스천은 소망Hopeful 씨라는 다른 순례자를 만나게 되고, 그 둘은 의심의 성Doubting Castle 의 땅에서 잠이 든다. 성주였던 절망 거인Great Despair 은 그들을 어두운 감옥 속에 가두고 사정없이 때렸다. 크리스천과 소망 씨는 여정을 계속하여 기쁨의 산Delectable Mountain 에 다다르게 되고, 거기서 먹여 주고, 상처를 싸매 주고, 그들에게 하늘의 도시를 가르쳐 주는 목자들을 만난다. 위험천만한 여정의 동반자인 크리스천과 소망 씨는 그들의 이야기를 함께 나누고 찬양을 부른다.

길을 가는 도중 순례자들은 그들의 최종 목적지로부터 멀어지게 하려는 수많은 적들을 만난다. 거짓 조언자들의 이름은 각각 교묘한 유혹의 내용을 담고 있다. 세속 현자Worldly Wisdom, 음탕 부인Wanton, 율법Legality, 헛된 확신Vain-Confidence, 아첨Flatter, 무신론자Atheist 와 같은 것들이 바로 그들의 이름이다. 순례자들이 만난 최고의 적은 아마도 파괴의 장소로 그들을 유혹한 아볼루온Apollyon 이었을 것이다.

물론 진정한 도움을 주었던 조언자들도 크리스천과 그의 친구들 앞에 나타난다. 전도자Evangelist 는 그들에게 시온 산에 이르는 문을 알려 주고, 천성의 왕King of the Celestial City 은 자비Goodwill 씨에게 천성을 향해 가는 크리스천의 길잡이가 되어 주라고 말한다. 해석자Interpreter는 그들에게 힘든 여정에 대한 하나님의 뜻을 풀어 주기도 한다.

크리스천과 소망 씨는 마법의 땅Enchanted Ground을 지나 하늘의 가장자리에 위치한 뿔라Beulah로 들어간다. 거기서 그들은 웅장하게 펼쳐진 천성의 일부를 바라보게 된다. 하지만 천성에 이르기 전 그들은 먼저 무시무시한 죽음의 강River of Death을 건너야 한다. 크리스천과 소망 씨는 맞은편에 계신 예수님께 눈을 고정하고 함께 강을 건넌 뒤, 언덕을 올라 마침내 예루살렘에 도착한다. 왕은 기쁘게 그들을 집으로 맞아 주시고 그들의 머리 위에 금 면류관을 씌워 주신다. 그곳에서 그들은 천군천사들과 믿음의 선배들과 함께 왕을 영원히 경배하고 찬양한다.

번연의 비유는 순례자들이 집으로 가는 여정에서 만나게 되는 유혹들, 낙담의 요소들, 적들을 면밀히 묘사한다. 또한 우리가 맞닥뜨리는 유혹들을 강조하면서 하나님과 거리를 두는 죄에 초점을 맞춘다. 반면 번연의 비유에 등장하는 긍정적 요소들은 순례자들이 천성으로 가는 길에 초점을 맞추도록 도와주는 영적 인도자요 상담자들이다.

1장

1. Lauren F. Winner, "From Mass Evangelist to Soul Friend," *Christianity Today*, 2 October 2000, p. 58.
2. Bernard of Clairvaux, as quoted by G. McLeod Bryan, *In His Likeness* (Louisville, John Knox Press, 1959), p. 46.
3. Clement of Alexandria, "Who Is the Rich Man That Shall be Saved?" in *Ante-Nicene Fathers*, vol. 2 (Peabody, Mass.: Hendrickson, 1994), p. 21.
4. Gregory the Great, as quoted by Bryan, p. 42.
5. 토마스 아 켐피스, 이장호 역, 『그리스도를 본받아』(엔크리스토, 2008).
6. John Arndt, as quoted by Bryan, p. 117.
7. 프랑소아 페넬롱, 김창대 역, 『그리스도인의 완전』(브니엘, 2007).
8. 존 칼뱅, 고영민 역, 『기독교 강요』(기독교문사, 2008).
9. William Law, as quoted by Bryan, p. 139.

2장

1. George Gallup, Jr. and Timothy Jones, *The Next American Spirituality* (Colorado Springs: Victor Books, 2000), p. 177, 178, 180.
2. Jamling Tenzing Norgay, *Touching My Father's Soul* (San Francisco: HarperSanFrancisco, 2001), p. 198.
3. George Barna and Mark Hatch, *Boiling Point* (Ventura, Calif.: Regal Books, 2001), p. 186.
4. *USA TODAY*, 27 June 2001, p. 7D.
5. Barna and Hatch, p. 223.
6. Composed by George Carlin and transmitted via e-mail by a third party.
7. Barna Research Online, "America is Spiritually Stagnant," www.barna.org, accessed March 5, 2001.
8. Reported in *Ministries Today*, May/June 2000, p. 23.
9. Barna and Hatch, p. 225.
10. Reported in *The Dallas Evening News*, 25 December 1998.
11. "Families Unite in Grief Over Slaying," *Denver Post*, 8 April 2001. p. 1B.
12. 헨리 데이빗 소로우, 양병석 역, 『월든』(범우사, 2006). 소로우는 "대부분의 남자들은 [그리고 여자들은] 조용한 자포자기의 삶을 이어간다"라고 표현했다.
13. "Clergy Concerns," *In Trust* (2001), p. 25.
14. Adrian Van Kaam, *Looking for Jesus* (Denneville, N.J.: Dimension Books, 1978), p. 63.

3장

1. 래리 크랩, 정성준 역, 『지상에서 가장 안전한 곳』(요단, 2005).
2. Augustine, *Christian Instruction*, I.34, in The Fathers of the Church, vol. 4 (Washington, D.C.: Catholic University Press, 1950), p. 55.
3. Irenaeus, *Against Heresies*, IV.11.1, in Ante Nicene Fathers, vol. 1 (Grand Rapids: Eerdmans,

1981), p. 474.
4. Lee B. Spitzer, *Endless Possibilities* (Lincoln: Spiritual Journey Press, 1997), pp. 40-42.
5. 닛사의 그레고리, 고진옥 역, 『모세의 생애』(은성, 2003).
6. 자넷 해그버그 & 로버트 귈리히, 변명혜 역, 『더 깊은 믿음으로의 여정』(디모데, 2008).
7. 위의 책.
8. 위의 책.
9. 위의 책.
10. 토마스 아 켐피스, 이장호 역, 『그리스도를 본받아』(엔크리스토, 2008).
11. 스캇 펙, 김민예숙 역, 『평화 만들기』(열음사, 2006).
12. 월터 브루그만, 김선길 역, 『시편의 기도』(기독교문서선교회, 2003).

4장

1. "Saga of Terminal Illness Tests 'Dateline' Producer," *USA TODAY*, 23 December 1999, p. 4D.
2. Dallas Willard, "Spiritual Formation—Why Bother?" www.forministry.com, accessed July 10, 2001.
3. 밥 빌, 김성웅 역, 『멘토링』(디모데, 2007).
4. Richard V. Peace, "From Discipleship to Spiritual Direction," *Theology News and Notes*, March 1999, p. 7.
5. "What Is Mentoring?" The Uncommon Individual Foundation, www.mentoringfoundation.org, accessed july 5, 2001.
6. 밥 빌, 위의 책.
7. Fred Smith, "Mentoring That Matters," *Leadership Journal*, Winter 1999, p. 95.
8. 사이몬 찬, 김병오 역, 『영성 신학』(IVP, 2002).
9. Stephen Strang, "Don't Struggle Alone," *Ministries Today*, November/December 2000. p. 38.
10. Henri Nouwen, "Spiritual Direction," *Worship* 55, 1981, p. 402.
11. 래리 크랩, 정성준 역, 『지상에서 가장 안전한 곳』(요단, 2005).
12. G. Campbell Morgan, *The Gospel According to John* (London: Marshall, Morgan & Scott, 1933), p. 46.

5장

1. *The Saying of the Desert Fathers*, trans. Benedicta Ward (Kalamazoo, Mich.: Cistercian Publications, 1984), p. xxvi.
2. *The Saying of the Desert Fathers*, p. 154.
3. Basil, as quoted by 케네스 리치, 신선명 & 신현복 공역, 『영혼의 친구』(아침영성지도연구원, 2006).
4. Gordon S. Jackson, *Quotes for the Journey* (Colorado Springs: NavPress, 2000), p. 133.
5. Gregory, Pastoral Rule, I.1, in *The Nicene and Post-Nicene Fathers*, second series, vol. 12 (Grand Rapids: Eerdmans, 1979), p 1.
6. Bernard of Clairvaux, as quoted by Tilden Edwards in *Spiritual Friend* (New Your: Paulist, 1980), p. 248.
7. Aelred, as quoted by Leech, p. 54.
8. 토마스 아 켐피스, 이장호 역, 『그리스도를 본받아』(엔크리스토, 2008).
9. Teresa of Avila, *The Book of Her Life*, 19.15, in *The Collected Works of St. Teresa of Avila*, Vol. 1, trans. Kiernan Kavanaugh and Otilio Rodriguez (Washington, D.C.: ICS Publications, 1976), p. 128.

10. 테레사, 안응렬 역, 『성녀 소화 테레사 자서전』(가톨릭출판사, 2001).
11. John of the Cross, *The Ascent of Mount Carmel*, Prologue, in *The Collected Works of St. John of the Cross*, trans. Kavanaugh and Rodriguez (Washington, D.C.: ICS Publications, 1973), p. 70.
12. Francis of Sales, *Introduction to the Devout Life*, I.4, (Westminster, M.D.: Newman Press, 1956), pp. 15-16.
13. Jeremy Taylor, as quoted by Reginald Somerset Ward in *A Guide for Spiritual Directors* (London: A.R. Mowbray, 1958), p. 9.
14. 리처드 백스터, 최치남 역, 『참 목자상』(생명의말씀사, 2003).
15. Francois Fénelon, *Talking With God*, ed. Hal M. Helms (Brester, Mass.: Paraclete Press, 1977), contains fifty-one of his letters.
16. Reginald Somerset Ward, p. 8.
17. C. S. Lewis, as quoted by Paul Clasper in "C. S. Lewis as Spiritual Director," *Review for Religious* 48.2, March/April 1989, p. 272.
18. Thomas Merton, *Spiritual Direction and Meditation* (Collegeville, Minn.: Liturgical Press, 1960), p. 9.
19. 유진 피터슨, 차성구 역, 『균형 있는 목회자』(좋은씨앗, 2008).
20. 위의 책.
21. 헨리 나우웬, 피현희 역, 『예수님을 생각나게 하는 사람』(두란노, 1999).
22. "Pastor's Progress," *Leadership*, Fall 2000, pp. 24-31.
23. Thomas Oden, *Care of Souls in the Classic Tradition* (Philadelphia: Fortress Press, 1984), p. 39.

6장

1. Roy Lessin, as quoted in *Quotes for the Journey*, compiled by Gordon S. Jackson (Colorado Springs: NavPress 2000), p. 174.

7장

1. Quoted by Alfred Plummer, *The Gospel According to Luke* (Grand Rapids: Baker Books, 1981), p. 122.
2. John Calvin, *Commentary on the Gospel According to John*, vol.1 (Grand Rapids: Eerdmans, 1956), p. 152.
3. Ephraem, as qouted by G. R. 비슬리-머레이, 이덕신 역, 『WBC 성경주석-요한복음』(솔로몬, 2001).
4. John Bosco, as quoted by Ronda De Sola Chervin, *Quotable Saints* (Ann Arbor: Servant Publications, 1992), p. 25.
5. Janet K. Ruffing, *Spiritual Direction* (New York: Paulist Press, 2000), p. 35.
6. 윌리엄 배리 & 윌리엄 코놀리, 김창재 & 김선숙 공역, 『영적 지도의 실제』(분도출판사, 1995).

8장

1. Brooke Foss Westcott, *The Gospel According to St. John* (1980; reprint, Grand Rapids: Baker Books), p. 183.
2. G. Campbell Morgan, *The Gospel According to John* (London: Marshall, Morgan & Scott, 1933), p. 88.
3. Josef Pieper, *Faith, Hope, Love* (Ft. Collins, Colo.: Ignatius, 1997), p. 118.

4. 케네스 보아, 송원준 역, 『기독교 영성, 그 열두 스펙트럼』(디모데, 2005).
5. James Stalker, *The Seven Deadly Sins* (Colorado Springs: NavPress, 1998), p. 77.
6. John Cassian, *Conferences. Ancient Christian Writers* series, vol. 57 (New York: Paulist Press, 1997), p. 189.

9장

1. 제랄드 메이, 노종문 역, 『영성 지도와 상담』(IVP, 2006).
2. C. H. Spurgeon, *Popular Exposition of Matthew* (Grand Rapids: Zondervan, 1962), p. 141.
3. John of the Cross, as quoted by Susan Muto, *Dear Master* (Liguori, Mo.: Liguori/Triumph, 1999), p. xix.
4. 윌리엄 바클레이, 바클레이 신약주석 시리즈 『마태복음 (하)』(기독교문사, 1997).
5. Alan H. McNeile, *The Gospel According to Matthew* (1980; reprint, Grand Rapids: Baker Books), p. 250.

10장

1. 이 이야기는 요한복음의 믿을 만한 초기 사본에서는 나타나지 않는다. 복음서의 필사자들은 그 정확한 위치에 대해서는 확실히 알지 못했다. 이 때문에 요한복음이나 누가복음 사본에서 이 장소는 여러 가지로 나타난다. 하지만 이 이야기가 예수님의 사역에서 일어난 진짜 사건이라는 데는 의심의 여지가 없다.
2. Augustine, *Homilies on the Gospel of John*, vol. 1 (Grand Rapids: Eerdmans, 1983), p. 198.
3. 윌리엄 바클레이, 바클레이 신약주석 시리즈 『요한복음 (하)』(기독교문사, 1994).
4. T. W. Manson, *Jesus and the Non-Jews* (London: Athlone Press, 1955), p. 10.
5. C. S. Lewis, *Letters to an American Lady* (Grand Rapids: Eerdmans, 1967), p. 77.
6. 헨리 나우웬, 김항안 역, 『탕자의 귀향』(글로리아, 1997).
7. C. S. Lewis, *Letter: C. S. Lewis/Don Giovanni Calbria* (Ann Arbor: Servant Publication, 1988), p. 67.
8. 텔마 홀, 차덕희 역, 『깊이 깊이 말씀 속으로』(성서와함께, 2001).

11장

1. "Balance Body and Soul," *USA TODAY*, 7 September 2001, p. 3D.
2. George Barna and Mark Hatch, *Boiling Point* (Ventura, Calif.: Regal Books, 2001), p. 101.
3. 토마스 머튼, 오지영 역, 『새 명상의 씨』(가톨릭출판사, 2005).
4. *Great Devotional Classics: Selections from the Writings of Evelyn Underhill*, ed. Douglas Steere (Nashville: The Upper Room, 1961), p. 10.
5. A. W. 토저, 이영희 역, 『하나님을 추구함』(생명의말씀사, 2006).

12장

1. C. S. 루이스, 이종태 & 장경철 역, 『순전한 기독교』(홍성사, 2008).
2. Augustine, as quoted by Jill Haak Adels in *The Wisdom of the Saints* (New York: Oxford University Press, 1987), p. 164.
3. Augustine, Sermon, 311.15, in *The Works of St. Augustine*, part 3, vol. 9 (Hyde Park, N.Y.: New York City Press, 1994), p. 78.
4. Augustine, *The Trinity*, 2.17, in *The Fathers of the Church*, vol. 45 (Washington, D.C.: Catholic University of America Press, 1963), p. 86.

5. John Wesley, as quoted by Gordon S. Jackson in *Quotes for the Journey* (Colorado Springs: NavPress, 2000), p. 110.
6. Augustine, Letter, 31.5., in *The Fathers of the Church*, vol. 12 (Washington, D.C.: Catholic University of America Press, 1951), p. 115.
7. Athanasius, *Life of Antony*, 17, in *Nicene and Post-Nicene Fathers*, second series, vol. 4 (Grand Rapids: Eerdmans, 1980), pp. 200-201.

13장

1. 크리소스톰, 송종섭 역, 『로마서 강해』(지평서원, 1990).

14장

1. Augustine, *The Gospel According to St. John*, vol. 2 (Grand Rapids: Eerdmans, 1978), p. 314.
2. Jane Greer and Margery Rogen, *How Could You Do This to Me?* (New York: Doubleday, 1997), p. 12.
3. 제임스 스토커, 허창범 역, 『나사렛 사람 예수』(생명의말씀사, 2003).

15장

1. Adopted from an actual life story by Doug Herman in *Faith Quake* (Grand Rapids: Bakers, 2002). Used with permission.
2. Adrian Van Kaam, *Looking for Jesus* (Denneville, N.J.: Dimension Books, 1978), p. 113.
3. R. Kent Hughes, *John* (Wheaton, Ill.: Crossay, 1999), p. 355.
4. C. S. Lewis, *The World's Last Night* (New York: Harcourt Brace, 1959), p. 8.
5. Van Kaam, p. 134.

16장

1. Augustine, *Homilies on the Gospel of John*, vol. 2 (Grand Rapids: Eerdmans, 1978), p. 241.
2. 헨리 나우웬, 김항안 역, 『탕자의 귀향』(글로리아, 1997).
3. 헨리 나우웬, 신선명 역, 『라이프 싸인』(아침영성지도연구원, 2007).
4. Augustine, *Expositions on the Psalms* (Grand Rapids: Eerdmans, 1983), p. 69.

17장

1. David E. Rosage, *Beginning Spiritual Direction* (Ann Arbor: Servant Publications, 1994), p. 48.
2. W. H. G. Thomas, *Outline Studies in the Gospel of Luke* (Grand Rapids: Eerdmans, 1950), p. 377.
3. Martin Luther, as quoted by Mary Louise Bringle, *Despair: Sickness or Sin?* (Nashville: Abingdon, 1990), p. 59.
4. Martin Luther, as quoted by Bringle, p. 151.
5. George Gallup, Jr. and Timothy Jones, *The New American Spirituality* (Colorado Springs: Victor Books, 2000), pp. 185-186.

18장

1. 요한복음에 대한 수많은 주석가들(웨스트코트, 플러머, G. C. 모건, 로버트슨, 템플, 홉스, 거스리, 래니)은 예수님이 베드로의 사랑의 피상성을 깨닫게 하시기 위해 의도적으로 *agapaō* 와

*phileō*를 분명히 구분하셨다고 생각한다. *Life Application Study Bible*, p. 2286과 *The NIV Study Bible*, p. 1638에서도 이와 동일한 해석을 볼 수 있다. 성경의 어디에서도, 하나님이나 이웃을 *philia*로 사랑하라는 계명은 없다. 언제나 *agapē*가 강조된다.

다른 주석가들(태스커, 비슬리-머레이, 모리스, 카슨, 버지)은 예수님이 '사랑'에 대해 두 개의 단어를 사용하신 것은 단순히 문체일 뿐이라고 판단한다.

2. F. F. 브루스, 서문강 역, 『요한복음』(로고스, 2000).
3. Adrian Van Kaam, *Looking for Jesus* (Denneville, N.J.: Dimension Books, 1978), p. 50
4. Van Kaam, p. 48.
5. *Life Application Study Bible* (Wheaton, Ill.: Tyndale House; Grand Rapids: Zondervan, 1995), p. 2033.
6. From stanza three of the hymn, "Come Thou Fount of Every Blessing," by Robert Robinson.

19장

1. W. M. Ramsey, *The Church in the Roman Empire* (Grand Rapids: Baker books, 1954), p. 32.
2. Basil, as quoted by Ronda De Sola Chervin, *Quotable Saints* (Ann Arbor: Servant Publications, 1992), p. 16.
3. Abba Agathon, as quoted by Roger Ray in *Christian Wisdom for Today* (St. Louis: Chalice, 1999), pp. 68-69.
4. Jerome, as quoted by De Sola Chervin, p. 168.
5. 게리 콜린스, 피현희 & 이혜련 공역, 『크리스천 카운슬링』(두란노, 2003).
6. Neil T. Anderson, et al., *Christ Centered Therapy* (Grand Rapids: Zondervan, 2000), p. 156.

20장

1. F. B. Meyer, *Gospel of John* (Washington, Pa.: Christian Literature Crusade, 1970), p. 115.
2. 레지날드. H. 풀러, 진연섭 역, 『이적: 성서적 이해』(대한기독교서회, 1983).

21장

1. Augustine, *Homilies on the Gospel of St. John* (Grand Rapids: Eerdmans, 1983), p. 396.
2. David G. Benner, *Care of Souls* (Grand Rapids: Baker Books, 1998), p. 131.

22장

1. 윌리엄 레인, 이상훈 역, 『뉴 인터내셔널 성경주석: 마가복음』(생명의말씀사, 1988).
2. Dale Bruner, *Matthew*, vol. 2 (Nashville: Word, 1990), p. 983에서는 다음과 같이 말하고 있다. 예수님은 "하나님 뜻을 거역하시려는 것이 아니라, 하나님 뜻이 달라지기를 갈망하신다."
3. Bruner, vol. 2. p. 988.
4. Lane, p. 518.

23장

1. Herschel H. Hobbs, *The Gospel of Mark* (Grand Rapids: Baker Books, 1970), p. 248.

24장

1. 디트리히 본회퍼, 문익환 역, 『신도의 공동생활』(대한기독교서회, 2003).
2. A. W. Tozer, *Of God and Men* (Camp Hill, Pa.: Christian Publications, 1960), p. 67.

3. 제럴드 메이, 노종문 역, 『영성 지도와 상담』(IVP, 2006).
4. Katherine Hanley, "Jesus as Spiritual Director," *Spiritual Life* 31.2, Summer 1985, p. 77
5. David G. Benner, *Care of Souls* (Grand Rapids: Baker Books, 1998), p. 28.

25장

1. 예수의 테레사, 최민순 역, 『영혼의 성』(바오로딸, 1993).
   Teresa of Avila, *Interior Castle*, mansion 6, trans. E. Allison Peers (New York: Doubleday; New York: Image, 1961), p. 183.
2. *Songs and Prayers for Taizé*, (Chicago: GIA Publications, 1996), p. 49.
3. Paul J. Roy, "Inside Out: Spiritual Direction for Ministry," *Journal of Pastoral Care* 22.1, 1987, p. 11.
4. 헨리 나우웬, 최원준 역, 『상처 입은 치유자』(두란노, 1999).

에필로그

1. 토마스 그린, 성찬성 역, 『밀밭의 가라지』(바오로딸, 1994).
2. Teresa of Avila, as quoted by Tilden Edwards in *Spiritual Friend* (New Your: Paulist, 1980), p. 250.

부록

1. Bernard of Clairvaux, *On Loving God, in Bernard of Clairvaux: Selected Writings*, trans. G. R. Evans, The *Classics of Western Spirituality* (New York: Paulist Press, 1987), pp. 173-205.
2. Richard Sibbes, *Works, The Soul's Conflict*, vol. 1 (London: J. Nichol, 1862), p. 247.
3. 예수의 테레사, 최민순 역, 『영혼의 성』(바오로딸, 1993).
4. 위의 책.
5. 위의 책.
6. 존 번연, 박영호 역, 『천로역정』(기독교문서선교회, 2008).